Aus Freude am Lesen

Buch
Vom Leben im Norden: Fünf Jahre lang wohnte Tilmann Bünz mit seiner Familie in Stockholm und berichtete als ARD-Korrespondent über eine Region, in der alles ein wenig anders ist als anderswo. Wo sonst begegnet man schon Killerwalen in ihrem Winterlager und Eisbären beim Haareschneiden? Andere Korrespondenten sitzen in den Hauptstädten fest und werden von der Politik aufgerieben. Hier findet die große Politik vor Ort statt, etwa bei den Fischern von Qaanaaq, die den Klimawandel ausbaden müssen, oder im Bücherbus von Lappland, der die Bildung zu jedem Gehöft bringt und Finnland zum PISA-Sieger macht...

»Amüsant zu lesen, wie Tilmann Bünz bewusst die Bullerbü-Brille abgenommen und sich Schweden ganz genau angeschaut hat. Dass er dieses Land nach wie vor liebt, macht seine spürbar warme Zuneigung noch wertvoller.«
Gerhard Fischer, Süddeutsche Zeitung

Autor
Tilmann Bünz berichtete für die ARD fünf Jahre lang aus Skandinavien und dem Baltikum. Bünz ist Hamburger, Jahrgang 1957, und träumte schon als Junge davon, einmal nach Schweden zu ziehen. Ein langer Weg mit vielen Stationen: Deutsche Journalistenschule in München, Aktion Sühnezeichen Friedensdienste in Amsterdam, Evangelische Akademie Tutzing, Redakteur bei »Tagesschau« und »Tagesthemen«, Auslandseinsätze in Tokio, Washington und – immer wieder – in Stockholm. Tilmann Bünz ist verheiratet und hat zwei Kinder.

Tilmann Bünz

Wer die Kälte liebt

Skandinavien für Anfänger

btb

Verlagsgruppe Random House FSC-DEU-0100
Das FSC®-zertifizierte Papier *Munken Pocket* für Taschenbücher aus
dem btb Verlag liefert Arctic Paper Munkedals AB, Schweden.

4. Auflage
Originalausgabe August 2008
Copyright © 2008 by btb Verlag
in der Verlagsgruppe Random House GmbH, München
Umschlaggestaltung: Design Team München
Umschlagfoto: Wolf Huber
Satz: Uhl + Massopust, Aalen
Druck und Einband: CPI – Clausen & Bosse, Leck
UB · Herstellung: BB
Printed in Germany
ISBN 978-3-442-73635-5

www.btb-verlag.de

Für Jutta, Philipp und Carlotta

Inhalt

---

9 **Vorwort**

15 **Schweden: Leben von Sommer zu Sommer**
Konzert in Wollhosen – Sommerland in Hospitantenhand – Bitte kein Gedränge – Deutsch-schwedische Missverständnisse – Transparenz total – Die Hassliebe zum Schnaps – Open Party – Fähren mit Anhänger – Kleine Fluchten – Menschen sind keine Rentiere – Die Kunst, auf dem Eis zu überleben – Das Gesetz von Jante – Eine unerwiderte Liebe – Die nordische Familie

83 **Winter am Polarkreis: Dreißig Grad unter null**
Pimpeln am Polarkreis – Der Iglu – Der Dichter auf der Loipe – Mit dem Bücherbus durch Lappland – Der Männerchor vom Eismeer – Winterbaden mit den Orcas

125 **Island: Begegnungen mit Menschen und Elfen**
Ein Armenhaus – Hindernisse auf vier Beinen – Wale um Mitternacht – Durch die Wüste – Eine Landschaft wird umgebaut – Elfen im Straßenbau – Islands jüngstes Kind

163 **Spitzbergen: Seebären, Eisbären und Einsiedler**
Die Fahrt der Senta *– Von Eisbären und Einsiedlern – Eisbären hautnah – Sommer bei den Trappern*

207 **Grönland: Leben unterm Nordpol**
Reise ans Ende der Welt – Erste Gänge – Fräulein Smilla – Drei Generationen – Die Wiederkehr des Lichts – Jagd auf dünnem Eis

239 **Glückliches Norwegen**
Matratzen für Milchkühe – Das Land der beheizbaren Bürgersteige – Frauenquote im Aufsichtsrat – Die Frau von der Bohrinsel

271 **Vier Jahreszeiten im Schärengarten**
Rückkehr nach Rödlöga – Swing in den Schären – Mit dem Hubschrauber in den Kindergarten – Mit dem Postboten im Packeis – Sommer unter Schweden im eigenen Haus

325 **Anhang**
Dank – Literatur zum Weiterlesen

Vorwort

Für mein Büro schaffte ich mir eine wandfüllende Landkarte des Nordens von Island bis Karelien an, auf der jahrelang ein kleiner, gelber Zettel klebte: »Grönland hängt in der Küche«.

Das Reich der Kälte ist groß.

Wir waren nicht zum ersten Mal in Schweden. Ich hatte schon als Junge davon geträumt, einmal hier zu leben. Nun – sechsundzwanzig Jahre nach meinem ersten Besuch – ging mein Traum endlich in Erfüllung.

Meine Frau wollte eigentlich lieber nach Rom. Unsere Kinder Philipp und Carlotta, damals acht und zwölf Jahre alt, hatten keinerlei Neigung, das vertraute Hamburg zu verlassen. Wenn schon Schweden, dann bitte ein Haus auf einer eigenen Insel mit Segelboot, Skilift und Rodelbahn. Schließlich bestimmte die Jüngste den Kurs: Wenn Papi nach Schweden will, dann gehen wir für ein Jahr mit. Das schien vernünftig. Aus einem Jahr wurden zwei, und am Ende wollten die Kinder gar nicht mehr nach Deutschland zurück.

Wir ahnten, dass der Winter die wirkliche Bewährungsprobe sein würde. Spötter sagen, die echten Freunde kommen im Winter auf Besuch. Ein erster Hinweis auf die nahende Kälte war der Winterfahrplan in Stockholm: Es muss wohl seinen Grund haben, dachten wir, dass er bereits am zwanzigsten August beginnt, ganz so, als ob es keinen Herbst gäbe.

Wir waren in der Region der beheizten Bürgersteige gelandet. Wir freuten uns an richtigen Wintern, Schnee statt Matsch, dem unendlichen skandinavischen Himmel, an den Farbnuancen des Eises – von klar bis dunkelblau – und dessen Kontrast zum ausgeblichenen Schilf. Licht und Dunkel bilden hier ein Nullsummenspiel. Was im Winter fehlt, gibt es im Sommer überreichlich. Wie langweilig muss es dagegen am Äquator sein.

Das Land der Kälte kennt Feinheiten, die Menschen aus gemäßigten Klimazonen auf ewig verborgen bleiben. Wie den Unterschied zwischen minus dreißig Grad (da kribbeln die kleinen Haare in der Nase) und minus zehn Grad (es geht eigentlich auch ohne Schal). Es gibt Vergnügungen, die Südländer nie erleben, etwa Wintertage mit wunderbar weißem Schnee, der das Restlicht reflektiert und die helle Zeit dehnt.

Wir freuten uns über die Gesellschaft der vier Rehe in unserem Garten, die uns oft unverwandt anstarrten, als ob wir die Gäste wären und sie die Stammbewohner. Wir genossen die langen Sommer, in denen sich ganz Schweden kollektiv in den Urlaub verabschiedet.

Wir lernten, mit dem Kalender zu leben. Schweden ist nach den Jahreszeiten getaktet. Vom prasselnden Lagerfeuer in der Walpurgisnacht bis zum (leider häufig verregneten) Mittsommerfest mit Tanz, vom Krebsessen in den schon dunkler werdenden Nächten des Augusts bis hin zum Lichterfest Lucia – mit der Neugier der Neuankömmlinge nahmen wir alle Feste mit. Die Kinder liebten Lucia am meisten, diesen Lichtblick im Dezember, wenn man Glanz besonders nötig hat. Das Schönste daran war allerdings nicht der Zug in die Kirche mit dem Lichterkranz auf dem Kopf, fanden Philipp und Lotta, sondern der traditionelle frühmorgendliche Besuch bei den Klassenlehrern. Vorher übernachtete man irgendwo gemeinsam.

Eine schwedische Spezialität lernten wir zwar kennen, ernannten sie nach der ersten Kostprobe aber nicht zu unserer Leibspeise. Im August hat der Surströmming Saison, jene unbekömmliche Delikatesse aus gegorenem Hering. Besser schmeckte uns die Zimtschnecke, die alljährlich am vierten Oktober ihren eigenen »Tag der Zimtschnecke« hat. Trotzdem feierten wir diesen Tag nicht: Man kann, das lernten wir schnell, nicht allen Sitten folgen.

Natürlich gab es auch einiges zu meckern in unserem ersten Winter auf dem sechzigsten Breitengrad: über die Schweden und ihre gesenkten Blicke im Bus, die kurzen Tage von neun bis um drei, das dünne Bier und das lange Warten in der Poliklinik. Wir entdeckten zwei völlig konträre Seiten ein und derselben Mitmenschen und waren ziemlich verwirrt. Bis wir uns das widersprüchliche Verhalten saisonal erklärten. Danach fühlten wir uns etwas wohler. Wir unterschieden zwischen den »Sommerschweden« und den »Winterschweden«. Den Sommerschweden erkennt man unserer Theorie nach daran, dass er zurückgrüßt, wenn man ihm auf einem einsamen Waldweg begegnet. Der Winterschwede hingegen vermeidet jeglichen Blickkontakt, aus Angst, lästig zu fallen.

Es ist auch unter Schweden üblich, gelegentlich über die eigenen wortkargen Landsleute zu seufzen. Geändert hat sich dadurch wenig. Wahrscheinlich, weil diese Zurückhaltung auch ihre sehr positiven Seiten hat: Schweden dämpfen ihre Stimmen am Strand und meiden im Allgemeinen Buchten, in denen schon mehr als vier Personen lagern. Nach fünf Jahren in Schweden erscheint uns das als ein durchaus vernünftiges Verhalten. Schade, dass der Platz in Mitteleuropa für so viel sinnvollen Abstand nicht reicht.

Fünf Jahre haben wir in Schweden verbracht und erfahren, wie es ist, im Ausland Wurzeln zu schlagen. Die Kinder fühlen sich als halbe Schweden. Sie wechseln mühelos zwischen den Sprachen und benutzen Schwedisch, wenn sie sich in Deutschland über Deutsche(s) lustig machen.

Auslandsjahre zählen doppelt. Als Gast auf Zeit hat man keine Zukunft und keine Vergangenheit. Das ist bedauerlich, hat aber einen großen Vorteil: Es gibt keinen Grund, etwas aufzuschieben.

Für Korrespondenten gilt dieses Prinzip der unbeschränkten Neugier ohnehin. Unser Auftrag ist es, in die Kultur des Gastlandes einzutauchen und darüber Bericht zu erstatten. Die meisten Auslandskorrespondenten sitzen in den Hauptstädten fest und werden von der großen Politik aufgerieben. Im Norden ist das anders. Hier findet die große Politik vor Ort statt, etwa bei den Fischern von Qaanaaq, die den Klimawandel ausbaden müssen, weil das Eis brüchig ist und die Robben sich zurückziehen, oder im Bücherbus von Lappland, der die Bildung zu jedem Gehöft bringt und Finnland zum PISA-Sieger macht. In dieser Region darf man, hier muss man reisen. Am Ende sind es bei mir 200 000 Kilometer in fünf Jahren geworden, von der nördlichsten Gemeinde der Welt in Grönland bis zum östlichsten Landhandel mitten im Meer.

Doch die eigentlichen Abenteuer erlebten wir als Familie vor der eigenen Haustür.

Erstes Kapitel

Schweden:
Leben von Sommer zu Sommer

Konzert in Wollhosen – Sommerland in Hospitantenhand – Bitte kein Gedränge – Deutsch-schwedische Missverständnisse – Transparenz total – Die Hassliebe zum Schnaps – Open Party – Fähren mit Anhänger – Kleine Fluchten – Menschen sind keine Rentiere – Die Kunst, auf dem Eis zu überleben – Das Gesetz von Jante – Eine unerwiderte Liebe – nordische Familie

Konzert in Wollhosen

Der Mai beginnt damit, dass überall in Schweden tapfere Menschen singend den Winter verabschieden. Sie stehen in wollenen Unterhosen um große Scheiterhaufen und trällern aufmunternde Lieder, in denen von der Macht des Sommers die Rede ist. In diesen Liedern lacht die Maisonne. Sie sollen darüber hinweghelfen, dass es tatsächlich nur sieben Grad warm ist. Jahr um Jahr lauschen die Schweden den schönen Liedern und treten dabei von einem Bein auf das andere, um die Blutzirkulation in Gang zu halten.

Es ist der Abend vor dem ersten Mai, die Walpurgisnacht ist nah. Auch der Motettenchor unserer Insel hat heute seinen festen Auftritt unter freiem Himmel, diesmal mit einer neuen Sängerin, die fröstelnd rechts am Rand bei den dunkleren Stimmen steht. Jutta verstärkt den Alt und freut sich, einen angemessenen Platz für ihre schöne Stimme gefunden zu haben. Ein bisschen Neid ist bei ihr auch dabei, auf die Schweden und die Selbstverständlichkeit, mit der sie ihre Bräuche pflegen. Das halbe Land singt, und die andere Hälfte hört zu. Schweden ist das Land der Chöre und der ungebrochenen Sangestradition, wie das Wetter auch sein mag.

Hinter uns stürmt die Ostsee, vor uns singt der Chor gegen die Kälte an, und seitlich wartet ein Holzhaufen von zwanzig Meter Durchmesser darauf, in Brand gesteckt zu werden. Die Festrednerin im Wollmantel und in dicken Strümpfen beschwört den nahenden Sommer und erinnert sich an ihre eigene Jugend, als sie an Walpurgis ausgelassen feiern wollte und sich schrecklich darüber ärgerte, dass die Mutter sie in wollenen Unterhosen auf das Fest schickte.

Kleine Jungs stehen am Strand und schnipsen Steine ins Wasser. Das Ufer liegt voll Treibholz. Der Winter war lang, wie gut, dass er vorbei ist.

Das letzte Lied ist verklungen. Mit brennenden Stöcken nähern sich ein paar Auserwählte dem Scheiterhaufen, und dreihundert Menschen raunen gleichzeitig »Oooh«, als die ersten Flammen züngeln.

Sommerland in Hospitantenhand

Nach Walpurgis dauert es noch sieben Wochen, bis der richtige schwedische Sommer beginnt. Den merkt man daran, dass alle weg sind. Verschwunden, untergetaucht, niemand ist zu sprechen. Bei der Schulabschlussfeier

Mitte Juni verabschieden sich die Familien mit den Worten »bis nach dem Sommer«. Das kann man durchaus wörtlich nehmen.

Weil es Jahr für Jahr nur einen Sommer gibt, machen während dieser Zeit alle Ferien. Wenn man behauptet, »alle« seien im Urlaub, so stimmt das nicht ganz. Es trifft aber immerhin auf achtundachtzig Prozent der Beschäftigten zu. Schweden ist zweifellos eines der Länder, die den Sommer erfunden haben – und die passende Philosophie dazu. Urlaub ist hier wichtiger als Umsatz. Die Praktikanten übernehmen die Macht. Wer dennoch arbeiten muss, tut es murrend. Es ist besser, Geburtstermine außerhalb der Sommerferien zu legen – wenn es sich denn einrichten lässt. Die Sommerferien sind so heilig, dass an Ostern 2006 die SAS-Stewardessen in Norwegen für ihren fairen Anteil an Sommerzeit streikten. Das alles muss man wissen, wenn man in den Norden zieht. Es gibt Schlimmeres. Wie schön, dass ein Land kollektiv die Seele baumeln lässt und Kraft schöpft nach dem langen, harten Winter.

Unangenehm kann es allerdings werden, wenn die allgemeinen Zeitläufe dem Sommer in die Quere kommen. So wie im Juli 2004: Es herrscht die übliche Funkstille. Unsere schwedische Büroleiterin Lisa versucht vergeblich, auf den Ämtern Leute zu erreichen, selbst der zuständige Pflichtverteidiger ist auf seiner Schäreninsel verschwunden. Es geht immerhin um das Urteil in letzter Instanz gegen den Mörder der Außenministerin

Anna Lindh. Zurechnungsfähig oder psychisch gestört, lebenslänglich Gefängnis oder Einweisung in die Heilanstalt – das sind die spannenden Fragen.

Wir warten in der Halle des Reichsgerichts auf den Urteilsspruch, zusammen mit ein paar Kollegen. Gleich wird sich eine Holztür öffnen, der Gerichtsdiener wird einen Stoß Kopien auf den Tisch legen, und wir werden uns alle darauf stürzen.

Es ist ein wichtiger Termin: Als Erste wird die junge Kollegin vom schwedischen Rundfunk berichten, Sekunden nach der Urteilsverkündung. Sie kann jederzeit in das laufende Programm schalten, sobald sie das Papier in Händen hält. Den Sender mit den langen Antennenstäben hat sie wie einen Rucksack auf den Rücken geschnallt.

Ich werfe einen Blick in die Runde und stelle wie selbstverständlich die Frage, ob wir uns diesmal wieder an den Druckkosten für die Urteilsbegründung beteiligen müssen wie bei den beiden Vorinstanzen. Zur Antwort ernte ich erstaunte Blicke. Um mich herum erkenne ich nur neue Gesichter. Da wird mir schlagartig klar: Alle anderen sind in Urlaub – hier steht die zweite Garnitur, die Ersatzreserve. Alle anderen sind ausgeflogen.

Der Mörder von Anna Lindh wurde übrigens für schuldfähig erklärt und musste lebenslänglich hinter Gitter.

Bei vielen Berufsgruppen mag es angehen, wenn die Hospitanten im Sommer die Macht übernehmen, meinetwegen auch bei Journalisten. Was aber ist mit wirklich zentralen Figuren des öffentlichen Lebens wie Polizisten und Krankenschwestern? Was ist, wenn etwas passiert? Ein Thema, das uns in geradezu schwejksche Abgründe führt: Zehn Monate lang funktioniert Schweden wie ein hoch effektives Industrieland, den Rest der Zeit leistet es sich eine Sommerpause wie in einer Dorfschule. Ist dieses Urteil übertrieben?

Im kleinen Landstädtchen Kisa machen wir die Probe aufs Exempel. Es liegt in Mittelschweden und verfügt über 493 Badeseen. Kisa gehört nicht zu den sechzig unglücklichen Gemeinden, in denen es im Sommer gar keine Polizeiwache gibt. In Kisa wird immerhin eine Art Notdienst gefahren. Die beiden Streifenpolizisten Arne und Mans reagieren am Telefon zunächst etwas zögerlich auf unsere Anfrage: Wir würden gerne am Beispiel einer ländlichen Polizeistation erfahren, wie man die Verbrecher in Schach halten kann, ohne auf seinen Urlaub als Polizist zu verzichten. Die beiden Polizisten sehen dann aber doch ein, dass dies eine berechtigte Frage ist.

Arne und Mans stecken in der klassischen blauen Uniform. Beide haben breite Schultern, sprechen das gedehnte Idiom des südlichen Schwedens und strahlen Freundlichkeit und Ruhe aus. Arne ist der Ältere und seit fünfundzwanzig Jahren Polizist. Mans arbeitet seit einigen Jahren mit ihm zusammen.

Die Polizeiwache ist ein schmuckloser Flachbau im Zentrum der Kreisstadt, mit Platz für sechs Polizisten und ein Empfangszimmer. Dort sitzt die Sekretärin Barbro, die aber nächste Woche für vier Wochen in Urlaub gehen wird. Sie wird während dieser Zeit nicht ersetzt, die Polizei muss sparen. Die beiden Herren müssen in den kommenden Wochen allein zurechtkommen.

Der Ventilator dreht sich, es ist warm im Büro. Arne und Mans hören den Anrufbeantworter ab und beschließen, den Tag mit einer Streife durch die Landgemeinde zu beginnen. Die beiden Polizisten halten in Kisa die Stellung, aber nur an ausgewählten Tagen. Es ist schwer, den Dienst aufrechtzuerhalten, wenn zwei Drittel des Personals Urlaub machen. Die Kernzeiten der Wache von Kisa kann jeder in der Zeitung nachlesen:

Montag	7.00 – 15.00 Uhr
Dienstag	7.00 – 15.00 Uhr
Freitag	14.00 – 23.00 Uhr
Samstag	14.00 – 23.00 Uhr
Sonntag	14.00 – 23.00 Uhr

Für den Rest der Woche hat die Wache geschlossen. Heute ist einer der aktiven Tage, und Arne und Mans nehmen uns mit durch ihr ländliches Revier. Wir kurven über sanfte Hügel, grüne Weiden, vorbei an kleinen Holzhäusern in Rot oder Gelb, und landen an einem der größeren Badeseen mit Bootsanleger. Fünfzig Motorboote schaukeln in der Mittagsbrise, neunundvierzig davon haben einen Motor am Heck hängen. Einer fehlt.

Letzte Nacht haben sich Diebe auf dem Steg herumgetrieben. Arne und Mans hatten da gerade Feierabend – doch die Wache verfügt zum Glück über einen Anrufbeantworter. Sie erfuhren von dem Diebstahl, als sie gleich am Morgen alle Nachrichten abhörten. Nun sehen sie nach, ob sich die Lage am Tatort wieder beruhigt hat. Sie machen ein Foto und notieren den Bootstyp. Jährlich verschwinden in Schweden viele Tausende von Außenbordmotoren. Die Aufklärungsquote bei diesen Verbrechen ist minimal.

Ganz verstanden haben wir die innere Logik des sommerlichen Dienstplans noch nicht. Im Winter zählt der Landkreis etwa zwanzigtausend Einwohner, im Sommer kommen noch einmal genauso viele Sommergäste dazu. Diebe machen im Allgemeinen keinen Urlaub, sie arbeiten im Gegenteil am liebsten im Sommer.

»Aber warum haben Sie dann ausgerechnet im Sommer geschlossen, wenn doch zu dieser Zeit mehr los ist?«, fragen wir arglos.

Für die Antwort muss Arne nicht lange nachdenken. »Damit auch wir Polizisten im Sommer Urlaub machen können.«

Wenn man den Dienstplan aufmerksam liest, können Diebe in Kisa an drei Wochentagen weitgehend unbeobachtet ans Werk gehen. Denn man kann den Dienstplan auch so verstehen:

Dienstag 15.00 Uhr bis Freitag 14.00 Uhr: Wache geschlossen.

Pünktlich um drei Uhr werden wir Zeugen einer blitzschnellen Verwandlung: Arne schlüpft in Tennisschuhe, Freizeithemd und Bermudashorts, verstaut die Dienstwaffe im Tresor, schließt die Akten und ist nur noch Mensch. Möglich, dass er jetzt mit seinem Kollegen Mans angeln geht – ganz privat, versteht sich.

Nach dem Modell Kisa funktioniert das gesamte Land, wenn auch örtlich abgewandelt. Selbst die Krankenhäuser machen im Sommer dicht. In Stockholm wandern wir mit Chefarzt Stefan Engqvist durch seine leere Klinik im Vorort Huddinge, und er erklärt uns, dass die Leere durchaus politisch gewollt sei. Krankenhäuser in Schweden stellen im Großen und Ganzen während der Sommermonate alle Operationen und Behandlungen ein, die nicht als dringend medizinisch notwendig erachtet werden.

»Bedenken Sie unsere geografische Lage auf dem Erdball«, sagt Stefan Engqvist und lacht. »In Schweden ist es den Rest des Jahres dunkel, kalt, nass, verregnet und windig. Und wenn der Sommer endlich kommt, sehnen sich alle nach ein paar Wochen Urlaub.«

Der Chefarzt führt uns in einen Operationssaal, der während der nächsten zwei Monate nicht benutzt werden wird, und in einige Krankenzimmer, deren Betten leer bleiben werden. Schweden verzeichnete lange Zeit nur halb so viele Arztbesuche pro Einwohner und Jahr wie Deutschland (drei statt sechs). Man kann daraus ablesen, was man will. Vielleicht lösen sich manche Probleme von selbst, wenn die Warteschlange nur lang genug ist. Die Schweden sind zäh, sie werden es schon über den Sommer schaffen. Die warme Zeit ist wie ein Test: Mal sehen, wie es ohne all die Technik funktioniert.

Der schwedische Unternehmerverband betrachtet diese ausgesprochene Urlaubsmentalität mit einer Mischung aus Fatalismus und Missvergnügen, zumal er selbst nicht vom Sommerbazillus verschont bleibt. Auf den Gängen der Zentrale in der Stockholmer Innenstadt geht es recht beschaulich zu. Der Chefökonom steht bei unserem Besuch gerade in der Teeküche und braut Kaffee. Stefan Fölster ist ein schlanker, blonder Mann mit einem freundlichen Lächeln und einem der klügsten Köpfe des Landes. Seine Großeltern sind legendäre Figuren der schwedischen Geschichte, die geistigen Erschaffer der modernen Familienpolitik. Seiner Großmutter Alva Myrdal wurde 1982 der Friedensnobelpreis verliehen.

Stefan Fölster setzt ein leicht ironisches Lächeln auf, bevor er ausholt: »Früher fand das Ausland unsere kollektiven Ferien im Sommer merkwürdig. Heute hat man sich dran gewöhnt. Man arbeitet ja auch mit Chinesen, die in der zweiten Januarhälfte vierzehn Tage Urlaub machen. Ich wundere mich vielmehr darüber, warum sich die Schweden gestresst fühlen, obwohl sie doch, insgesamt gesehen, wenig arbeiten.«

Es ist eine der Lieblingsthesen von Stefan Fölster, dass die Schweden wenig arbeiten und viel krankfeiern. Er steht mit dieser Meinung nicht allein. Das Problem sei nicht die Sommerpause, sagt Stefan Fölster, bevor er sich selbst in den Urlaub verabschiedet, sondern die allgemeine Arbeitsmoral.

Zurück auf dem Land, in Kisa. Wir wollen nicht unterschlagen, dass in wirklich wichtigen Fällen die Polizei aus dem Hauptort der Region anrückt. Kisa ist also nicht ganz schutzlos. Die Zentrale liegt allerdings einhundert Kilometer entfernt.

Unsere beiden Polizisten Arne und Mans haben eine Strategie entwickelt, um ihre Präsenz zu steigern – zumindest in der Wahrnehmung der Einwohner. Regelmäßige Alkoholkontrollen gehören dazu, das spricht sich herum. Noch wirksamer, so wissen sie aus jahrzehntelanger Erfahrung, ist ein einfacher Verdopplungstrick.

»In so einem kleinen Ort kennt jeder jeden«, sagt Arne ernst. »Die Leute erkennen auch unsere Autos, deshalb parken wir mal hier, mal da, immer woanders. Damit verhindern wir, dass die Leute an der Polizeiwache vorbeifahren und gleich wissen: Heute sind Arne und Mans im Dienst. Wir wollen es ihnen nicht so leicht machen.«

Mit derart einfachen Tricks ist es ihnen in all den Jahren gelungen, ihre Sommerferien zu retten.

Bitte kein Gedränge

»Der Schwede wimmelt nicht«, soll Gerhard Polt einmal gesagt haben.

Wimmelbücher, das sind diese großformatigen, detailverliebten Bilderbücher aus Pappe, mit denen man Kleinkindern die Vielfalt des Lebens erklären kann. Polt gehört seit seiner Studienzeit in Göteborg Anfang der sechziger Jahre zu den stillen Liebhabern des Nordens. Seine Beschreibung ist so kurz wie richtig. Schweden meiden tatsächlich eine Bucht, wenn dort schon andere liegen. Sie können es sich erlauben, in einem Land mit 96 000 Seen und einer 3218 Kilometer langen Küstenlinie von Svinesund bis Haparanda.

Jeder Schwede besitzt ein Boot. Und auch wir wollen eines kaufen. Ohne es recht zu wissen, entscheiden wir uns für einen Klassiker, den Archetyp des schwedischen Bootsbaus. Das Kajütsegelboot vom Typ »Folkeboot« erweist sich als Kontaktmagnet. Die einen gucken, weil das Folkeboot (Konstruktionsjahr 1942) im Hafen so winzig aussieht neben den Neubauten aus Vollplastik. Es hat keinen Kühlschrank und keine Dusche, und wer aufrecht stehen will, muss an Deck gehen. Die anderen gucken, weil das Boot sie an ihre Kindheit erinnert.

An Pfingsten unternehmen wir unsere erste große Reise in den Schärengarten vor Stockholms Haustür und landen in einem riesigen Naturhafen an der Insel Ladna.

Dort werfen wir Anker und vertäuen unser Boot mit einer langen Leine an einer Kiefer an Land. Das kann uns niemand verwehren: In Schweden gilt das Jedermannsrecht zu Wasser und zu Lande, wonach jeder Mensch überall kampieren darf, vorausgesetzt er hält Abstand zu bebautem Gelände und bleibt nicht länger als eine Nacht. Der Insulaner, der wenig später vom gegenüberliegenden Bauernhof zu uns herüberrudert, kommt in freundlicher Absicht. Er darf mit uns einen Schnaps an Bord trinken.

»Im Sommer ist hier die Hölle los«, sagt der Bauer und zeigt auf den achthundert Meter langen und zweihundert Meter breiten Naturhafen. Nun gibt es tatsächlich Häfen im südlichen Dänemark, in denen der alte biblische Traum wahr werden kann, dass man trockenen Fußes über das Wasser kommt – so dicht liegen die Boote nebeneinander. Als ich vorsichtig nachfrage, ob denn im Hochsommer um die einhundert Boote hier anlegen, ernte ich ein mildes Lächeln. Nein, man solle es nicht übertreiben, aber fünfzehn wären es mindestens, und das wäre wahrlich genug.

Schweden haben gerne ihre Ruhe und respektieren diese auch bei anderen. Laut sind sie nur im Ausland oder beim Krebsessen, am Mitsommerabend und wenn sich einer in der Schlange vordrängelt. Bei ihrem Streben nach einem ruhigen und überraschungsfreien Leben ist ihnen einiges gelungen: Die Welt verdankt dem praktisch orientierten schwedischen Erfindergeist den Reißverschluss und auch den Anschnallgurt, ganz zu schweigen vom Elchtest.

Doch die technischen Errungenschaften greifen nicht im Zwischenmenschlichen. Die Angst vor allzu großer Nähe, so stellt man als Mitteleuropäer fest, führt zu einer gewissen Armut an Kontakten außerhalb des gewohnten Kreises, einem Mangel an Offenheit gegenüber anderen.

Die Ausnahme bilden Schweden, die selbst eine Weile im Ausland gelebt haben wie unsere überaus netten und großzügigen Nachbarn Gustav und Inger. Sie haben fünf Jahre als Diplomaten in London gelebt und wissen, wie sich die Fremde anfühlt.

Vor allem in der Großstadt Stockholm können sich Neuzugänge ziemlich einsam fühlen. Schweden lernen ihre Freunde fürs Leben in aller Regel bereits in der Schule kennen. Wenn dann auch noch, wie in Schweden üblich, die erweiterten Familienbeziehungen intensiv gepflegt werden, bleibt für neue Freundschaften wenig Zeit.

Eine ganze Seite widmete die führende schwedische Morgenzeitung einer deutschen Familie, die darüber klagte, dass sie in vielen, vielen Jahren im Land noch nie zu einer schwedischen Familie nach Hause eingeladen worden sei. Auf diesen Artikel kamen als Reaktion einige hundert Leserbriefe und E-mails, wie die Redaktion erstaunt – und vielleicht auch ein bisschen erschrocken – in ihrer nächsten Ausgabe berichtete.

»Was ist los mit uns Schweden?«, fragten sie.

Sie sind sich selbst ein Rätsel, ganz offenbar. Es ist vielleicht besser, als Fremder die landestypische Zurückhaltung nicht allzu persönlich zu nehmen. Die Schweden klagen, wenn sie unter sich sind, selbst über Kontaktmangel, vor allem im Winter.

Am lautesten artikulieren jedoch Südeuropäer ihr Leiden am schwedischen Hang zur Grübelei und zum Rückzug in die eigenen vier Wände. Mein italienischer Frisör klagte besonders heftig. Er war vor zehn Jahren seiner schwedischen Urlaubsliebe nach Stockholm gefolgt. Bald kam ein Kind, doch dann ging die Beziehung in die Brüche. Der Frisör blieb im kalten Norden, des Kindes wegen. Er schüttete mir häufig sein Herz aus. Bei den Schweden falle nach dem Sommer die Klappe. Sie würden allen Ernstes einfach zu Hause bleiben und Bücher lesen. In seiner Heimat in Süditalien gebe es nur zwei vernünftige Gründe, eine Verabredung auszuschlagen: entweder eine schwere Krankheit – doch dann könne man Besuche am Krankenbett empfangen. Oder man habe sich schon anderweitig verabredet – aber auch das sei kein Grund für eine Absage. Schließlich könne man beide Verabredungen zusammenlegen. Mit Italienern, so sein Fazit, könne man sich jederzeit verabreden. Mit Winterschweden praktisch nie.

Wenn man Schweden mit solchen Aussagen konfrontiert, reagieren sie verhalten. Unsere schwedische Freundin Karin, die selbst mit einem Ausländer, dem Iren Noel, verheiratet ist, verzieht das Gesicht, wenn sie solche Stereotypen hört. »Leute, die so reden, bleiben eben unter sich«, sagt sie. »Das ist die Klagemelodie der Ausländer, und kein Schwede hört sie sich gerne ständig an.«

Deutsch-schwedische Missverständnisse

Wie ist es nun wirklich? Darüber denken die Leute nach, die hier Geschäfte machen müssen. Alle Manager, die ins Ausland gehen, müssen heutzutage ein interkulturelles Training durchlaufen. Sonst leiden die Geschäfte unter Missverständnissen. Tatsächlich sind die Unterschiede selbst zu Nachbarländern so gewaltig, dass sie sogar Eingang in Schulbücher gefunden haben. Die folgenden Tipps stammen aus einem schwedisch-deutschen Lehrbuch:

Bau dein Zelt auf dem Grundstück eines Schweden mit Blick auf das Meer und murmle etwas von »Allemansrätten«, vom Jedermannsrecht.

Unterbrich den Schweden im Gespräch zwei- oder dreimal – er wird dann garantiert nichts mehr sagen. Frag den Schweden nach seiner Meinung und red trotzdem selbst weiter.

Im Wald und am Strand signalisiere durch lautes Sprechen und Rufen deinen Freunden und Bekannten, dass du noch da bist. »Hallo, Paul« über 100 Meter zeigt auch den Schweden, dass die Deutschen gekommen sind.

Grüß fremde Leute im Treppenhaus oder im Hotel mit einem freundlichen »Guten Morgen« oder »Guten Tag«.

Steh vom Essenstisch auf, ohne »tack för maten« zu sagen.

Betritt die Wohnung eines Schweden, ohne dir die schmutzigen Straßenschuhe auszuziehen.

Zeig dem Schweden stolz das Warnungsschild für Elche, das du in Norrland abmontiert hast.

Tatsächlich kann man im mitmenschlichen Umgang viele Fehler machen, wenn man zu direkt auftritt. Auf einem Fest beim Regierungspräsidenten von Stockholm begegnen wir unter lauter weißen Häuptern, unter Fracks und Roben einem Paar, das die Abendgarderobe mit einer sympathischen Distanz trägt. Ylva ist Malerin, Anders Fotograf. Ylvas Großmutter stammt aus der samischen Minderheit und hat ihrer Enkelin etwas Kostbares weitergegeben, nämlich einen ironischen Blick auf die eigenen Landsleute. Ylva und Anders haben ihre Stadtwohnung verkauft und sind nach dreißig Jahren in Stockholm in den nördlichen Schärengarten gezogen.

Als sie fragen, wie es uns in Schweden gefällt, antworten wir brav, dass wir die Natur und das Land lieben, um dann vorsichtig nachzulegen: »Die Menschen sind uns im Sommer näher als im Winter, und manchmal kommen sie uns etwas unverbindlich vor – fast wie Amerikaner. Auf eine angekündigte Einladung kann man mitunter lange warten.«

Als drei Wochen später ein Brief mit einer Einladung nach Yxlan kommt, feixt unser Sohn Philipp: »Das habt ihr euch erschlichen.« Tatsächlich entwickelt sich daraus im Laufe der Jahre eine freundliche Bekanntschaft.

Ylva und Anders wohnen in einem uralten Dorf am Wasser, mit Häusern aus dem siebzehnten Jahrhundert. Die Bucht ist versteckt und war während der Prohibition einer der Rückzugshäfen der Schmugglerkönige. Es sind Ylva und Anders, die uns das Landleben schmackhaft machen. Eines Tages sehen wir uns eine kleine Hütte an, die der örtliche Großbauer an Sommergäste vermietet. Auf dem Weg zum Bootssteg passieren wir ein ausgedehntes Himbeerfeld, das erst zu einem Viertel abgeerntet ist. Nun hat jeder eine Obstsorte, der er nicht widerstehen kann. Bei mir sind es Himbeeren.

Das Feld gehört Ake, dem Großbauern. Es wäre ein Leichtes, zu ihm hinzugehen und ihm für einige Scheine ein paar Stunden Pflückerlaubnis abzukaufen. Allen wäre gedient. Man müsste sich nur ein Herz fassen und den ersten Schritt machen.

»Aber so funktioniert Schweden nicht«, erklärt uns Ylva. »Es ist unschwedisch, angesichts eines halbgepflückten Himbeerfelds zum Besitzer zu gehen und zu fragen: ›Darf ich?‹ Man wartet, bis Bauer Ake kommt und seufzt: ›Ach, ich werde mit der Arbeit gar nicht fertig. Wollt ihr nicht auch mal Beeren pflücken?‹«

Transparenz total

Wenn der schwedische Sommer nach zehn langen Wochen zu Ende geht, kehren die Menschen an ihre Arbeitsplätze zurück, und Schweden wird wieder ein modernes Land. Wie modern und durchrationalisiert es ist, merken wir, als wir beginnen, alle Formalitäten zu erledigen. Das Auto muss ein schwedisches Kennzeichen bekommen, und wir brauchen eine Hausratversicherung. Ich rufe die Versicherung an, stelle mich vor und erläutere unser Anliegen. Dann ist es an mir, erstaunt zu sein. Für den Sachbearbeiter sind wir ein offenes Buch. Das Gespräch läuft folgendermaßen ab:

»Hej, mein Name ist Lasse. Gib mir deine Personennummer.« (Kurze Pause: Der Computer wird mit der Nummer gefüttert) »Ich sehe hier, dass deine Frau Jutta heißt und eure Kinder Philipp und Carlotta. Stimmt das? Ihr wohnt auf Lidingö in einem Miethaus. Wie hoch, sagtest du, ist der Wert eures Hausrats?« Schon sind wir bei der Sache.

Die Personennummer, eine schwedische Besonderheit, spart auf Ämtern viel Zeit. Von Geburt an hat jeder Bewohner eine persönliche Nummer, die ihn bis zu seinem Ableben begleitet. Der gläserne Bürger ist in Schweden Realität. Die Personennummer wirkt aber auch wie eine Eintrittskarte. Man kann es sogar noch drastischer fassen: Ohne Personennummer ist man ein Niemand.

Die Dame am Schalter meiner neuen Hausbank wirft einen kurzen Blick auf meine Kreditkarte. Die reicht ihr aber nicht. Sie verlangt nach meinem neuen schwedischen Identitätsausweis. Sie tippt die zehnstellige Nummer in den Computer, der Computer bestätigt meine Existenz, sie hebt den Blick vom Schirm und lächelt. Erst ab diesem Moment bin ich geschäftsfähig.

Ein Kollege bei einer großen konservativen Zeitung wollte vor vielen Jahren mit seiner Katze nach Schweden ziehen. Das Tier, so geht die Legende, musste erst einmal einige Zeit an der Grenze in Quarantäne verbringen. Das Herrchen richtete sich derweil schon mal in der verlagseigenen Wohnung in Stockholm ein. In den ersten Tagen geriet er zufällig in eine Verkehrskontrolle, der Beamte überprüfte seine Personennummer und sagte zu ihm: »So, so – du hast also eine Katze in Malmö in Quarantäne.« Fortan stand für den Berichterstatter fest, dass er in einem Polizeistaat gelandet war.

Schweden sehen das gelassener. Sie leben ohnehin in dem Bewusstsein, dass der Staat viel über sie weiß, aber auch in dem Vertrauen, dass die Behörden die persönlichen Daten nicht missbrauchen. So ein Vertrauen entsteht über Jahrhunderte. Die Schweden gehören zu den beneidenswerten Völkern, die seit zweihundert Jahren keine wirklich schlechten Erfahrungen mit ihrer Obrigkeit gemacht haben.

Wenn ein Kind auf die Welt kommt, wird es von seiner Personennummer bereits erwartet. Denn mit der

Anmeldung zur Geburtsvorbereitung reserviert das Einwohnermeldeamt eine zehnstellige Nummer mit einigen Lehrstellen. Die Lücken sind unvermeidlich. Selbst der Staat kann nicht bestimmen, wann genau ein Kind geboren und ob es ein Junge oder ein Mädchen wird. Nach der Geburt werden die ersten sechs Ziffern für das Geburtsdatum und die neunte Ziffer für das Geschlecht ergänzt. Bei Mädchen ist die neunte Ziffer gerade, bei Jungen ungerade.

Jeden Tag kann das schwedische Einwohnermeldeamt eintausend unterschiedliche Nummern vergeben. Bisher sind noch nie mehr als fünfhundert Männer und fünfhundert Frauen am gleichen Tag geboren worden, bisher reichten die zur Verfügung stehenden Nummern aus. Zwischen dem Geburtsdatum und dem persönlichen Code steht ein Strich. Hundertjährige müssen anstelle des Strichs ein Sternchen schreiben, damit keine Verwechslungen mit den Neugeborenen des neuen Jahrhunderts passieren. Die Statistiker haben wirklich an alles gedacht.

Das Transparenzgebot gilt auch für Nummernschilder. Wer sich über den Halter eines vor ihm fahrenden Autos informieren möchte, schickt die Autonummer per SMS an die Straßenverkehrsbehörde und erhält innerhalb von Sekunden Antwort. Mitgeteilt werden Wagentyp und genaue Angaben zum Halter mit Vor- und Nachname, Straße und Wohnort.

Selbst die finanziellen Verhältnisse eines jeden Steuerbürgers sind im Finanzamt am Computer einsehbar.

Wer möchte, kann die Einkommenssteuererklärung des Außenministers Carl Bildt ebenso anschauen wie die des früheren ABBA-Sängers Benny Andersson oder des eigenen Nachbarn. Nach jeder Reichstagswahl veröffentlichen die Zeitungen lange Listen über die Einkommensverhältnisse der Abgeordneten – und über die Zahl ihrer Strafmandate.

Als die Schweden 2006 nach langer Pause wieder eine bürgerliche Regierung wählten, mussten die ersten Minister bereits nach einer Woche ihren Hut nehmen. Die Handelsministerin hatte den Gewinn aus einem Aktiengeschäft nicht angegeben. Die Kultusministerin, von Amts wegen zuständig für die Kontrolle des öffentlich-rechtlichen Rundfunks, hatte sechzehn Jahre lang ihre Rundfunkgebühren nicht bezahlt (und sich damit vor ihren Parteifreunden auch noch gebrüstet). Der Außenminister hatte Anteile an einer russischen Ölfirma, die undurchsichtige Geschäfte mit dem Sudan betrieb. All das kam schnell ans Licht, die zwei Ministerinnen mussten gehen, der Außenminister trennte sich von seinen Papieren. So weit, so richtig.

Mit etwas List kann man sich im Internet auch zu jeder Person ein (Pass-)Foto besorgen. Neonazis nutzten diese Möglichkeit Ende der neunziger Jahre, um Jagd auf unbequeme Gewerkschafter wie etwa Björn Söderberg zu machen. Söderberg hatte einen Arbeitskollegen als führenden Neonazi geoutet. Die Rechtsextremen stellten eine Art Mordliste im Internet zusammen, mit Bildern und allen Details, die sie sich in öffentlichen Bibliotheken besorgt hatten. Der gläserne Bürger wurde zur Zielscheibe. Björn Söderberg wurde vor seiner Wohnungstür von drei Rechtsradikalen erschossen.

Schweden könnte dank seiner Informationsfreiheit ein ideales Arbeitsumfeld für den investigativen Journalismus sein. Vor allem die Boulevardzeitungen nutzen die öffentlichen und halböffentlichen Quellen extensiv. Manchmal geht der Schuss nach hinten los. Nach dem Mord an Schwedens Außenministerin Anna Lindh breiteten die Zeitungen auf Dutzenden von Seiten die Vorgeschichte des Verdächtigen aus: seine Vorstrafen, seine missglückte Schullaufbahn bis hin zum Besuchsverbot, das sein Vater gegen ihn erwirkt hatte. Es fehlte auch nicht der Hinweis, dass der groß gewachsene Mann mit dem Kapuzenshirt und den halblangen Haaren einem in der Stockholmer Szene weit verbreiteten Typ entspreche und zudem eine gewisse Ähnlichkeit mit dem langjährigen Freund der Kronprinzessin Victoria habe. Seite um Seite berichteten die Boulevardblätter über den jungen Mann – bis die Polizei ihn nach ein paar Wochen aus der Verdächtigenliste strich und freiließ.

Dem gläsernen Bürger stehen im Idealfall Medien gegenüber, die nicht hemmungslos im Privatleben der Bevölkerung herumwühlen. Schweden ist, was das angeht, kein Paradies. Die Abendzeitungen mussten zwar Schadenersatz an den zu Unrecht Verdächtigen zahlen, machten aber munter weiter mit der nächsten Indiskretion. Die Presse wird laufend mit neuen Informationen versorgt: Polizisten werden in Schweden nicht üppig bezahlt, und nicht wenige stehen auf den Gehaltslisten der Boulevardblätter.

Für eine gewisse Balance bedarf es eines Staats, der sich in die Karten blicken lässt. Der schwedische Staat benimmt sich wie ein Patriarch, der bestimmt, was die Bürger wissen dürfen und was nicht. Einerseits gibt es das Recht jedes einzelnen Bürgers, sogar die offizielle Post von Staatsminister Reinfeldt einzusehen. Die wirklich wichtigen Dinge wird Reinfeldt – wie alle anderen – aber vermutlich unter vier Augen besprechen.

So birgt Schweden – trotz aller Transparenz – einige Rätsel, wie etwa den nie vollkommen aufgeklärten Mord an Olof Palme oder den Untergang der Estonia. Da endet in beiden Fällen die Auskunftsfreude, der Staat mauert – und alle, die Rätsel lieben, freuen sich, vor allem die schwedischen Kriminalschriftsteller.

Die Hassliebe zum Schnaps

Die Schweden haben ein sehr spezielles Verhältnis zum Alkohol. Es schwankt zwischen kategorischer Ablehnung und magnetischer Anziehung. Vielleicht liegt es in den Genen begründet. Kurz vor dem vierzehnten Geburtstag unseres Sohnes bekommen wir eine Broschüre ins Haus geschickt. Wir werden darüber aufgeklärt, dass unser Kind ein Teenager ist. Es gelte, ihn vor den Gefahren des Alkohols zu bewahren, bis er zwanzig sei, und wenn möglich weit darüber hinaus. Wir Eltern möchten bitte in Sachen Alkohol gegenüber unserem Kind die Haltung der Null-Toleranz praktizieren. Die Regeln seien eindeutig. Kein Verkauf von Alkohol an Jugendliche bis zum zwanzigsten Lebensjahr. Konsum erst ab achtzehn Jahren. Unter achtzehn dürfe ein Jugendlicher gar nichts Alkoholisches trinken, noch nicht einmal ein alkoholfreies Bier.

Bei dieser Gesetzeslage haben wir Mühe, unseren Erziehungsauftrag zu erfüllen. Wir kommen aus einer anderen Tradition. In Deutschland wird bei der Konfirmation mit Wein oder Sekt angestoßen, also im Alter von etwa fünfzehn Jahren.

Schweden dürfen mit achtzehn eine Firma gründen, zur Armee gehen und heiraten. Normales Bier dürfen sie sich aber erst mit zwanzig kaufen. Wie soll das funktionieren?, fragt man sich als Deutscher.

Wir lernen schnell: In Sachen Alkohol sind Nordländer vorbelastet. Der Staat muss schwere Geschütze auffahren, um überhaupt zu ihnen durchzudringen. Alkohol ist in Schweden keine Frage der Pädagogik, sondern der Moral, und damit besonders geeignet als Konfliktfeld für ansonsten eher brave pubertierende Schweden. In der öffentlichen Diskussion über den Alkoholkonsum Jugendlicher sind die Eltern fast nie erschrocken oder böse, sondern immer gleich »enttäuscht«.

Als Philipp dann fünfzehn wird, kommt es auf einem

Elternabend der gemischt schwedisch-deutschen Schule zu einer erstaunlichen Szene. Die Lehrer der neunten Klasse sollen während der mehrtägigen Fahrt in ein Ferienheim nicht nur streng darauf achten, dass die Kinder keinen Alkohol anrühren. Ein (schwedisches) Elternpaar regt sogar an, auch die Lehrer sollten, selbst in ihren Zimmern, auf ihr Bier verzichten. Der (deutsche) Klassenlehrer lehnt das Ansinnen als Eingriff in seine Privatsphäre ab.

Wo bleibt hier die schwedische Gelassenheit? Eine Mehrheit der jungen Schweden argwöhnt sogar, dass der Staat als Alkoholmonopolist absichtlich Brechmittel in den Alkohol schütte. Der Staat betreibt den Verkauf in eigener Regie in sogenannten System-Läden. Diese Läden ähneln normalen Supermärkten, bloß dass es nie Rabatte oder Sonderangebote gibt. Sie haben feste Öffnungszeiten und sind immer dann geschlossen, wenn der spontane Bedarf am größten ist, etwa am Samstagabend. Den Verkäufern merkt man die Last ihrer paradoxen Rolle an. Sie sollen einerseits beraten, welcher Wein am besten zu Elch und welcher zu Lachs passt. Auf der anderen Seite dürfen sie nicht zu viel Umsatz machen. Also gucken sie gern ein bisschen streng und kontrollieren alle Kunden, die jünger aussehen als fünfundzwanzig. Vor Feiertagen bilden sich manchmal lange Schlangen vor den Kassen.

Unsere Kinder haben offiziell erst mit zwanzig Zugang zum *Systembolaget*. In den Supermärkten gibt es für Kunden ab achtzehn Jahren Dünnbier mit einem

Alkoholgehalt von maximal 3,5 Prozent zu kaufen, aber auch nur gegen Vorlage des Ausweises.

Das ist die eine Seite. Die andere erlebten wir eines Tages, als wir dem Drängen unseres Sohnes nachgaben und ihm gestatteten, ein Sommerfest bei uns daheim auszurichten.

Open Party

Am Morgen danach zogen wir Bilanz. Niemand war verletzt worden. Der Flügel war noch heil. Na ja – irgendjemand hatte eine Mischung aus Cider und Bier hineingekippt. Der Notarzt musste nicht kommen, ebenso wenig die Polizei, auch wenn Lottas Fahrrad und die Portemonnaies der Mädchen mit den Notgroschen fürs Taxi und sogar einige von Philipps Geschenken fehlten. Überall im Haus schliefen Teenager in Partyklamotten, es war zwar ein warmer Spätsommertag, aber in Ermangelung von Decken wärmten sie sich gegenseitig.

Bis Mitternacht war den Jugendlichen das Feld allein überlassen gewesen. Sohn Philipp hatte uns ins Kino geschickt. »Wenn ihr heimkommt, zieht euch bitte ins Obergeschoss zurück. Mich beruhigt zwar eure Anwesenheit, aber einige der Jugendlichen könnten dadurch erst recht aufdrehen.«

Philipp zog seit einem Jahr von einer Wochenendparty zur nächsten – jeweils mehr oder weniger eingeladen. Jetzt fand er es an der Zeit, sich zu revanchieren. Wir räumten die besten Möbelstücke weg und kauften besagtes Dünnbier und Erfrischungsgetränke für das Fest, versteckten aber alle harten Getränke. Von vielen Diskussionen an der Schule kannten wir die strikten Vorstellungen einiger Eltern, die Hochprozentiges niemals zugelassen hätten. Ein Mitschüler unseres Sohnes musste sogar regelmäßig ins Röhrchen blasen, wenn er von einem Fest nach Hause kam.

Wir respektierten diese abstinente Haltung, wussten aber von den Kindern, dass sie sich keinen Deut um das Alkoholverbot scherten. Der alkoholüberprüfte Mitschüler freute sich jedes Mal diebisch, wenn er nur so tat, als ob er kräftig ins Röhrchen pusten würde, und dadurch seine Eltern überlistete. Zumal die meisten Eltern nicht recht plausibel machen können, warum Alkohol für ihre Kinder so lange tabu sein soll, während doch fast alle Erwachsenen einen Rausch außerordentlich zu schätzen wissen. Was sollen Jugendliche davon halten, wenn die Tageszeitung ihrer Eltern mit Andacht und Kennerschaft in einer regelmäßigen Kolumne die neuesten Import-Biere preist, als handle es sich dabei um die feinsten Lesen von Burgunder oder Barolo? Warum dürfen Fünfzehnjährige an Silvester nicht mit ihren Eltern mit einem Glas Sekt anstoßen? Der Versuch, die Kinder bis zum zwanzigsten Lebensjahr an der Kandare zu halten, scheitert schon am schlechten Vorbild der Erwachsenen. Wer einmal ein typisches schwedisches Krebsessen mitgemacht hat, weiß, wohin die eiserne Trinität (ein Krebs, ein Lied, ein Schnaps) unvermeidlich führt: zu einem handfesten Rausch.

Als wir um halb zwölf aus dem Kino zurückkommen, treffen wir einen völlig erschöpften Gastgeber Philipp an, der nach eigenen Worten keine Minute Spaß gehabt hat. Das Haus ist mit etwa einhundert Menschen gefüllt. Sie stehen auf der Veranda in der warmen Nacht, sie tanzen im Garten, sie sitzen auf unseren Stühlen und lehnen sich an den Kühlschrank. Sie sind nicht übermäßig laut, aber ziemlich angeheitert. Philipp ist sein eigener Türsteher und hat zusätzlich acht (!) Jungs aus seiner Klasse rekrutiert, um ungebetene Gäste wegzuschicken. Es gelten immer noch die gleichen Regeln wie früher bei uns: Wer den Gastgeber kennt oder eine gute Referenz vorweisen kann, darf bleiben. Wer niemanden kennt, muss gehen. Allein stehende Häuser haben in der Regel mehrere Eingänge, also versuchen die abgewiesenen Gäste ihr Glück bei einem anderen Eingang, bis sie dann entdeckt werden und rausfliegen. Mag sein, dass einer der ungebetenen Gäste für den Weg zum Bahnhof Lottas Fahrrad benutzte.

Wir halten uns im Obergeschoss auf, bereit, unserem Sohn zu Hilfe zu kommen, falls das nötig werden sollte. Manchmal stolpern Teenager in unser Schlafzimmer auf der Suche nach einem ruhigen Plätzchen. Wir bitten sie höflich, sich aus unseren Privaträumen draußen zu halten, und wenn das nicht fruchtet, rufen wir Philipp per

Handy um Hilfe, und er mobilisiert seine Garde. Es ist nicht das, was man einen schönen Abend nennt, aber es funktioniert.

Nachts um drei Uhr ist die Party zu Ende. Zwei Dutzend Gäste bleiben und legen sich allmählich schlafen. Barfuß durch den Garten zu gehen ist nun keine gute Idee: Überall liegen Scherben, und ein paar von Juttas Töpfen sind von der Balustrade in die Rosenhecke gekippt. Unten im Garten finden wir acht Flaschen Wodka einer unbekannten Marke, vermutlich vom Schwarzmarkt. Das Pfand der Bierflaschen investieren wir in ein ausgedehntes Frühstück auswärts, bis wir uns dann frisch gestärkt ans Aufräumen machen.

Philipp hatte erst einmal genug von Festen. Besonders schmerzte ihn, dass auch die Champagnerflasche verschwunden war, die ihm seine Klasse zum sechzehnten Geburtstag geschenkt hatte.

Diese Party hätte auch in jedem anderen Land Europas schiefgehen können, sagten wir uns. Das Besondere an diesem Fest war, dass so viel Alkohol aus dunklen Quellen stammte.

Bei einer Faschingsfeier unter Abiturienten 1975 an einer Stockholmer Vorortschule in Danderyd, an der ich als Gast teilnahm, passten Lehrer und Eltern in einem doppelten Kontrollring auf, dass ja kein Schüler Alkohol mit ins Gebäude brachte. Das funktionierte gut. In der Schule selbst gab es nur Erfrischungsgetränke. Ihren Rausch hatten sich die Schüler schon auf dem Parkplatz angetrunken, teilweise so heftig, dass sie sich kaum auf den Beinen halten konnten. Mit dabei und genauso entsetzt wie ich über ihre torkelnden Klassenkameraden war unsere Freundin Karin Nilsson-Kelly. Heute arbeitet sie im schwedischen Sozialministerium in der Abteilung für Gesundheit und Alkohol und vertritt ihr Land bei internationalen Verhandlungen um eine strengere Alkoholpolitik. »Ohne unsere restriktiven Maßnahmen wäre es in Schweden noch viel schlimmer«, sagt sie. »Wir haben es geschafft, auf einem Mittelplatz in Sachen Konsum zu landen. Alkohol ist hierzulande wirklich das Schlüsselproblem, bei Gewalt und bei allen schweren Autounfällen.«

In »Stadt meiner Träume« beschreibt der schwedische Schriftsteller Per Anders Fogelström das Stockholm des Jahres 1860 und wie sehr die Schweden damals dem Alkohol nahestanden. Die Polizei finanzierte sich aus den Alkoholsteuern, Bußgelder für übermäßiges Trinken wanderten in die Pensionskasse der Beamten. Der Autor berichtet von einer Schulklasse im Stockholm des Jahres 1878, in der die dreizehnjährigen Schuljungen zum Unterricht jeder ein Viertel Branntwein in die ungeheizte Klasse mitnahmen (und dem Lehrer in geeigneten Momenten Tabak aus dem Beutel klauten). Ganz zu schweigen davon, dass die Soldaten, die in zweiundzwanzig langen Jahren den Götakanal aushoben, mit Schnaps bezahlt wurden.

»Das ganze Land riecht nach Selbstgebranntem«, berichtete mein Vater, der in den dreißiger Jahren ausgedehnte Reisen per Anhalter in den Norden Schwedens unternahm. Stockholm galt in den zwanziger Jahren als Sündenbabel mit Dutzenden von Bordellen und Lasterhöhlen. Dann kam die Stunde der Sozialdemokraten. Sie ließen sogar über ein absolutes Alkoholverbot abstimmen und verloren knapp.

Das staatliche Alkoholmonopol ging aus einer genossenschaftlichen Einrichtung hervor: Die Grubenarbeiter von Falun wollten sich nicht mehr in Alkohol bezahlen lassen und nahmen das Geschäft lieber selbst in die Hand. 1850 gründeten sie das erste *Systembolaget* und übernahmen den Alkoholverkauf und -ausschank im Interesse der Allgemeinheit. Die Gewinne wurden für gemeinnützige Zwecke eingesetzt.

Sozialdemokratie und Nüchternheitsbewegung sind hierzulande siamesische Zwillinge. Die einzige Schwäche, die Astrid Lindgren in all ihren Büchern nicht gelten lässt, ist der Schnaps: Alkoholtrinken führt bei ihr unweigerlich zu Arbeitslosigkeit und zerrütteten Familien.

Die Preise in den staatlichen Monopol-Läden des Nordens laden bekanntlich nicht zur Vorratshaltung ein. Lange ist es noch nicht her, da gab es Schnaps nur auf Bezugsschein und Bier nur in der Apotheke. Diese Regelung galt von den zwanziger Jahren bis 1957. Erwachsene Männer konnten per Bezugsschein einen Liter Alkohol erstehen – pro Monat. Frauen gingen leer aus, es sei denn, sie waren geschieden, dann hatten sie Anrecht auf die gleiche Ration. Wer höhere Repräsentationspflichten glaubhaft machen konnte, etwa ein Fabrikdirektor, durfte die vierfache Menge an Schnaps beziehen. Arbeitslose verloren mit der Arbeitsstelle auch gleich ihre Bezugskarte.

Diese Hassliebe zum Schnaps ist in ganz Nordeuropa zu Hause. Sie hält das Volk in Bewegung – und sei es auf der Suche nach preiswerten Alkoholquellen. Eines Tages werden wir zu staunenden Zeugen der nordischen Völkerwanderung.

Fähren mit Anhänger

Jeden Morgen um neun Uhr verlassen mehrere Großfähren Richtung Finnland und Baltikum den Stockholmer Hafen. Die Schiffe sind im Linienverkehr unterwegs und auch in der Nachsaison gut gebucht. Es ist nicht nur die Neugier auf die Kultur der Nachbarn jenseits der Ostsee, die die Menschen in Scharen an Bord treibt. Es ist vor allem die europäische Union mit ihren Einkaufsmöglichkeiten. Der Platz an Bord reicht kaum noch aus: Eigentlich bräuchte man Fähren mit Anhängern, um all den billigen Alkohol zu transportieren. Zwei von drei Flaschen harten Alkohols kaufen die Schweden außer Landes.

Die Reedereien helfen bei der Selbsttäuschung und

werben für ihre Zweitagesreisen mit dem hohen kulturellen Wert der alten Hansestadt Tallinn. Auch wir haben uns eingeschifft: Voll Vorfreude stehen wir zwischen all den anderen Alkoholtouristen an Deck und blicken hinunter auf den herbstlichen Schärengarten im Abendlicht. Der Herr neben uns an der Reling heißt Peter. Wir kommen schnell ins Gespräch, denn die Aussicht auf ein gutes Geschäft löst die Zungen. Peter ist Polizist und privat unterwegs. Er hofft, so erzählt er uns, auf ein bisschen Kulturgenuss und preiswerten Schnaps. Peter reist in einer kleinen Gruppe von Freunden. Er ist ein ruhiger, freundlicher Typ, einer dieser Männer, dem man unbesorgt den vollgetankten Familienkombi überlassen würde und von dem keine Exzesse zu erwarten sind. Das Schiff wimmelt von solchen Leuten.

Als am nächsten Morgen die Fähre in Tallinn anlegt, drängen sich achthundert Menschen an Deck, bereit zum Landgang. Wie viel Zeit für Kultur bleibt, wenn man morgens um elf Uhr ankommt, nachmittags um fünf Uhr wieder fährt und zwischendurch drei Stunden einkaufen geht? Das Einkaufszentrum liegt jedenfalls nicht weit entfernt, man muss sich nicht groß mit der Kultur abgeben.

Der Supermarkt ist in einer großen Wellblechhalle mit Fertigbetonwänden untergebracht, keine zweihundert Meter hinter dem Zoll. Daheim in Schweden gibt es keine Weinproben und auch keinen Rabatt bei größeren Mengen. In den staatlichen Läden wird man zwar beraten, welcher Wein am besten zu Elch passt, aber niemand käme dort auf die Idee, Wein herzuschenken. Deshalb greifen Peter und Konsorten in Tallinn gerne zu. Es ist ein Paradies für Trinker – und ein Alptraum für Gesundheitspolitiker. Jeder darf zehn Liter harten Alkohol mit nach Hause nehmen. Die Verpackungsindustrie ist den Reisenden deshalb entgegengekommen: Wegen der besseren Raumausnutzung gibt es harte Getränke inzwischen auch im Drei-Liter-Kanister, wie geschaffen zum Koma-Trinken. Das bewusste Trinken bis zum Limit ist eine Spezialität des Wodkagürtels, der von Russland über Finnland und Schweden bis nach Norwegen reicht. Es findet bevorzugt freitagabends statt, ersatzweise auch samstagabends, und ist eine sehr kontrollierte Art von Maßlosigkeit.

Im Supermarkt sehen wir Peter und seine Freunde durch die Regalreihen streifen, mit glänzenden Augen. Es ist auch die Lust des Verbotenen, die sie treibt. Wir decken uns lieber mit herzhaftem Bier aus Estland ein. Dann treffen wir Peter in der Schlange wieder. Sein Reisekumpan zählt die Flaschen in seinem Einkaufskorb, kommt auf sieben und rechnet, ob er damit über die Runden kommt. »Ich bin kein Superkonsument«, sagt er schließlich. »Ich hoffe, mein Einkauf hält bis zum Frühjahr vor.«

Die Zeit bis zur Abfahrt wird knapp, es reicht nur noch für den Weg zurück zum Schiff, die mittelalterliche Altstadt von Tallinn grüßt aus der Ferne. An Bord ist nun Gelegenheit, sich mit Bier einzudecken. Die Sackkarre gibt es umsonst dazu, es soll sich ja keiner einen

Bruch heben. Die Europäische Union hat die Freigrenze bei Bier für jeden erwachsenen Passagier auf einhundertzehn Liter pro Fahrt festgesetzt. Damit könnte man glatt einen eigenen Kiosk betreiben. Solch einen Transport schaffen nur gesunde und ausgeruhte Touristen. Als die Fähre am nächsten Morgen wieder in Stockholm anlegt und die Karawane von Bord zieht, kommt es mir vor, als ob das Schiff erleichtert wieder einen Meter höher aus dem Wasser ragt.

Eines Tages werden auch in Schweden die Steuern auf Alkohol sinken. Dann können sich die Schweden bei Auslandsreisen ganz auf die Kultur konzentrieren.

Kleine Fluchten

Glaubt man den Miesmachern, so geht der schwedische Sommer von einem Tag auf den anderen in den Winter über. Wie auch immer, irgendwann ist der Sommer unwiderruflich vorbei, und die Tage werden spürbar kürzer. Darunter leiden vor allem die Kinder. Die Schulzeit ist sinnigerweise so angelegt, dass die Kinder vom späten November bis Ende Februar im Dunkeln zur Schule gehen und im Dunkeln nach Hause kommen. Wir machen das bei einem der ersten Elternabende zum Thema. Doch der Lehrplan bleibt wie er ist. Es gibt keine Spaziergänge in der Mittagszeit und auch nicht mehr Sport im Freien. Solche Vorschläge stoßen auf taube Ohren. Alle Kinder hier oben hätten sich daran gewöhnt, so lautet die Botschaft der Schule, und unsere würden es sicher auch überleben.

Philipp und Lotta sind auf einer renommierten deutschen Auslandsschule gelandet, die sich bemüht, das beste beider Systeme zu verbinden. Die Deutsche Schule Stockholm ist eine Begegnungsschule mit kostenlosem Schulessen, einem deutschen Lehrplan für einen unproblematischen Weg zurück ins deutsche Schulsystem und einem erfreulich hohen Anteil an schwedischen Schülern. Die Sprache auf dem Schulhof ist Schwedisch, im Unterricht überwiegend Deutsch. Bis auf die gewisse Hartherzigkeit in Sachen Licht und Dunkel ist an der Schule nichts auszusetzen.

Nun herrscht aber im Körper eines jeden Menschen, der sich nicht täglich ertüchtigt, ein gewisser Ausnahmezustand. Glücklich ist, wer als Freiberufler regelmäßig Licht und Luft in der Mittagspause tanken kann. Jutta etwa schreibt ihre Bücher, geht zwischendurch spazieren, raschelt durch das Laub und gewinnt Schweden lieb. Wir anderen aber sind mürrisch und kraftlos. Im Büro stellen wir spezielle Lampen auf, die uns die fehlenden Lux liefern sollen.

Wir sind in bester Gesellschaft. Ein Drittel aller schwedischen Frauen und ein Viertel aller Männer spüren neueren Untersuchungen zufolge die Unterschiede der Jahreszeiten an ihrem Schlaf und ihrer Stimmung. Die entsprechenden Beschwerden treten fast nie im Sommerhalbjahr auf, sondern fast ausschließlich in der dunklen Jahreszeit. Der November ist der schlimmste Monat: kahle Bäume, fahles Licht, Trauer um den Sommer, der sich für sieben lange Monate verabschiedet hat. In späteren Jahren begingen wir in diesem Monat immer eine Feier unter dem offiziellen Titel »Anti-Depressionsfest«.

Eines Tages leidet Philipp unter einem markanten Stimmungstief. Draußen ist es stockdunkel, um sechs Uhr am Abend. Zudem ist noch Neumond. Wir folgen einer spontanen Eingebung und fahren zur einzigen Erhebung unserer Insel. Im Sommer wird am Hang des achtzig Meter hohen Hügels Golf geübt, im Winter Ski gefahren. Beide Sportlergruppen haben dem Hügel ordentlich zugesetzt, der kleine Berg ist voll von Buckeln und Furchen. Doch für unsere Zwecke reicht es.

Unter lautem Gebrüll rennen wir den Hang hoch, bis wir keuchend oben stehen, mit Blick auf die Stadt und die Schären. Niemand kann uns hören, die nächsten Häuser sind Kilometer entfernt. Das Gerenne und Gebrülle den Hügel hoch wird uns zum Rettungsanker in all den Jahren. Manchmal reicht schon der Gedanke an das Bergaufstolpern im Dunkeln, und es stellt sich ein heilender Effekt ein.

Menschen sind keine Rentiere

»Wenn du das elektrische Licht einmal ausgemacht hast, kannst du auch im Dunkeln sehen.«

Mit Weisheiten wie diesen hangeln wir uns über den langen Winter. Aber es ändert nichts daran, dass es um drei Uhr nachmittags stockdunkel wird. Wir lesen viel, halten den Kamin am Brennen, stellen Talglichter vor das Fenster und lernen Langmut. Jetzt kommt die gefürchtete Zeit der Lichtarmut, und je nach Breitengrad hält sie zwei bis vier Monate an.

Es ist einer jener Novembertage, an denen auch in Deutschland den Redakteuren die Decke auf den Kopf fällt und sie sich auf einmal brennend für neue Methoden der Lichttherapie interessieren. Schweden ist aus naheliegenden Gründen Vorreiter in diesem Bereich, wenngleich die Lichttherapie hier noch kein Massenphänomen ist. Die meisten Schweden, die unter der Dunkelheit leiden, tun das stumm. Es gehört zum Wesen der Winterdepression, dass sie mit einer gewissen Antriebslosigkeit einhergeht. Auf Bitte der ARD-Tagesthemen verbinden wir das Angenehme mit dem Nützlichen. Das komplette Studio macht sich auf die Suche nach vielen Lux, und wir werden bei Martin fündig. Martin ist ein Unternehmer in Sachen Licht und kann von seiner Geschäftsidee zumindest im Winter gut leben.

Martin betreibt ein Lichtcafé in der Stockholmer Südstadt Södermalm. Seine Hauptaufgabe ist es, für einen gewissen Kontrast zu sorgen. Alles in der früheren Erdgeschosswohnung ist weiß gestrichen. Also läuft er mit einem Tablett voller Fruchtsäfte durch die Räume. Das sind hier die einzigen Farbtupfer. Martin hat auch schon ein Reisebüro geleitet, aber Licht läuft besser.

Eine Stunde Lichttherapie kostet etwa zwölf Euro. Zwanzig Menschen überwiegend jüngeren Alters sitzen mitten in der Woche am Nachmittag auf Korbstühlen in einem Raum von der Größe eines normalen Wohnzimmers und schauen ins Licht. Die meisten werden danach direkt zur Arbeit gehen: Hier sitzt die Nachtschicht. Die, die tagsüber die wenigen Stunden Tageslicht verpasst haben, weil sie sich ausschlafen mussten.

Weiter oben im Norden ist die Lichtperiode noch kürzer. Die Rentiere, haben Wissenschaftler herausgefunden, schalten in Norrland im Winter ihre innere Uhr aus, weil der Tag so stark der Nacht ähnelt.

»Menschen sind nun mal keine Rentiere und können auch nicht wie die Bären einfach einen Winterschlaf halten«, lacht Carina, eine quirlige Frau von sechsundzwanzig Jahren, die im Event-Marketing tätig ist und schon von Haus aus gute Laune versprühen muss. Sie fiel ab Ende November regelmäßig in eine Winterdepression. Doch mit der Lichttherapie sei das besser geworden. »Ich weiß nicht, ob das ein Placeboeffekt war, weil ich unbedingt wollte, dass es funktioniert. Aber ich habe es gespürt. Ich war die ganze Woche voller

Energie, ich war fröhlich und fühlte mich leicht wie eine Feder.«

Die Lichttherapie hat es bisweilen schwer, richtig ernst genommen zu werden. In regelmäßigen Abständen kommen Studien zu dem Ergebnis, dass Lichttherapie eigentlich keinen messbaren Nutzen habe, allerdings auch nicht schädlich sei. Nicht strittig ist, dass der Lichtmangel ein Problem darstellt, für den Einzelnen und für die Volkswirtschaft. Die eigentliche Schwierigkeit in der lichtarmen Zeit ist nämlich, dass der Körper keinen klaren Unterschied mehr zwischen Licht und Dunkelheit erkennt. Wachsein und Schlaf verschlechtern sich, und die Erholungsphase ist nicht mehr so erholsam.

Diese wissenschaftliche Erklärung trifft den Nagel auf den Kopf: Auch unsere Familie entwickelte eine gewisse winterliche Gereiztheit. Die Stimmung sackte regelmäßig nachmittags ab, wenn sich dichte Dunkelheit über die Stadt legte, es aber noch viel zu früh war, um sich der Müdigkeit hinzugeben.

In den ersten schwedischen Krankenhäusern beginnt man, die Müdigkeit der Mitarbeiter im Winter ernst zu nehmen. Das Krankenhaus in Danderyd, ein Großklinikum in Stockholms Norden, hat für die Mitarbeiter einen Lichtraum eingerichtet. Alle sieben Sessel sind im Winter über weite Strecken des Tages ausgebucht. Das Bad in der künstlichen Sonne zählt nicht zur Arbeitszeit, also bleiben die meisten Angestellten nur zehn Minuten. Optimal wäre eine Sitzung von einer Stunde Dauer. Die Lampen im Raum haben etwa 4500 Lux, wenn man sich ihnen direkt aussetzt – zehnmal so viel wie eine Bürolampe.

Besser als jede Lampe ist aber allemal die Sonne. Sie strahlt gleich mit 100 000 Lux. Ein kurzer Spaziergang in der Mittagspause schlägt alle Sitzungen vor der Lichtlampe. Nicht zu unterschätzen sind die bekannten Hausmittel wie sportliche Betätigung und frische Fruchtsäfte. Besonders wichtig ist, dass man es gut mit sich meint, und deshalb kann auch die häusliche Lichttherapie nicht schaden. Die Lampen sind frei zu erwerben. Anders als vor der Höhensonne sollte man die Augen aber geöffnet lassen: Das Licht gelangt über die Netzhaut in das Gehirn und löst dort Munterkeit und Frohsinn aus.

Das Gleiche lässt sich mit einigem Recht auch vom schwedischen Sommer sagen. Es ist ausgesprochen schwierig, zur Ruhe zu kommen, wenn die Sonne erst um elf Uhr abends untergeht, um dann ab zwei Uhr morgens wieder ins Schlafzimmer zu strahlen.

Das Lichtcafé in Stockholms Südstadt hat bisher nur im Winter geöffnet. Martin, der Chef und Erfinder, hat schon überlegt, ob es bei der Überdosis an Licht im Sommer nicht auch Bedarf an etwas geben könnte, an einer Dunkelkammer beispielsweise.

Doch seine Stammkundin Carina hält nichts davon. »Im Sommer blühen doch alle auf«, sagt Carina und räkelt sich im Korbstuhl. »Sie sitzen in Cafés, sind fröhlich und reden miteinander. Aber wenn der Winter kommt, ist es so, als ob sich alle in ihr Schneckenhaus zurückziehen und in ein kollektives Koma fallen würden.«

Die Kunst, auf dem Eis zu überleben

Aus dem kollektiven Koma kann man entfliehen. Wie alle Schweden haben auch wir es nicht weit zum Wasser.

Eines Tages in unserem ersten skandinavischen Winter friert die Ostsee zu. Seit Wochen herrscht Hochdruck. Der finnische Meerbusen ist seit Anfang Januar dicht, die Eisdecke zwischen Finnland, Russland und Estland hat sich geschlossen, die Tanker stecken fest. Schweden teilt sich jetzt das Großklima mit Russland und sieht an solchen Tagen aus wie die wohlhabende Schwester von Sibirien. Der Atemhauch hängt noch minutenlang in der Luft. Die Schneekristalle flirren, die Busse fallen aus. Die Natur hat endlich wieder die Oberhand gewonnen, die Schweden haben ein gemeinsames unverfängliches Thema, und alle sind glücklich.

Tochter Carlotta will mit mir einen Spaziergang wagen. Gegenüber auf der anderen Seite der Ostseebucht liegt in vier Kilometer Entfernung der Stockholmer Stadtteil Nacka. So lange wollen wir nicht gehen, so weit trauen wir uns nicht. Denn durch das dicke Eis der Ostsee bohren sich morgens und abends die großen Fährschiffe. Mannshohe Eisplatten haben sich übereinandergeschoben, die Sonne steht tief. Wir werfen lange Schatten. Wir haben uns bis dreihundert Meter an die Fahrrinne herangewegt, da hören wir in einiger Entfernung den dumpfen Knall von zerborstenem Eis und wir machen schnell kehrt. Bald ist es Zeit für die Abendfähre aus Helsinki, die sich dann mit Stahlplatten am Bug und verminderter Fahrt durch das Eis frisst. Diese Passage sehen wir uns lieber vom sicheren Wohnzimmerfenster aus an.

Abends im Fernsehen taucht dann vor allem eine Sorte von Experten auf: die Hautärzte. Sie warnen vor Cremes auf Wasserbasis. Die könnten bei diesen strengen Minustemperaturen unter der Haut gefrieren. Die Experten stehen während ihres Auftritts vorzugsweise selbst draußen im Freien. Es sind bärtige Männern mit Zipfelmütze und dem beruhigenden Grundton: »Mit der Kälte kann man leben. Man darf nur nicht so häufig das Gesicht waschen, weil man sonst den natürlichen Fettfilm beschädigt«. Ein Ratschlag kommt vielen Männern entgegen: Sie könnten ruhig das Rasieren für ein paar Tage einstellen, der beste Schutz für das Gesicht sei ohnehin ein Bart.

Die trockene Kälte ist erstaunlich gut auszuhalten, besser als nasskaltes Schmuddelwetter, selbst wenn die Temperaturen auf zwanzig Grad minus fallen. Die Geschafte für Outdoor-Bekleidung sehen uns häufig als Kunden, bis wir die richtigen Klamotten zusammengesucht haben. Wie alle Menschen des Nordens tragen wir etliche Schichten Kleidung übereinander, Schuhe in leichter Übergröße und dicke Socken, Mützen, Schals und Handschuhe. Als sehr praktisch erweisen sich kleine Heizkissen für Zehen und Hände, die man überall kaufen kann.

Ein paar hundert Meter entfernt von unserem Wohnhaus liegt ein kleiner See mitten im Wald, mit zwei Badefelsen und einer Kolonie von Sommerhäusern aus der Zeit der vorletzten Jahrhundertwende. Der Kottla-See ist nur ein paar Meter tief und friert im Winter monatelang zu.

Die Gemeinde Lidingö schickt regelmäßig einen kleinen Schneepflug auf das Eis, der dann eine kilometerlange Rundstrecke freifegt. Das überzeugt auch die Zweifler: Wenn das Eis den Schneepflug trägt, können Menschen wohl unbesorgt ihre Runden drehen. Außerdem macht das Polieren Sinn. Blankes Eis friert besser durch, es wird belastbarer. Nach einiger Zeit in Schweden ist das für mich ein sehr plausibler Gedanke: Schnee isoliert und speichert die Wärme.

Wir sehen unsere Nachbarn schwere Bergschuhe zuschnüren und den Schlitten hinter sich herziehend familienweise zum Kottla stapfen. Schwedische Schlittschuhe sind für die Langstrecke gedacht: Die Kufen werden untergeschnallt und dann geht es los, im hohen Tempo. Das sieht so lässig, elegant und kraftvoll aus, ganz anders als bei den wackeligen Versuchen meiner Kindheit in den schwarzen hohen Schlittschuhen.

Freundin Karin, die jeden unserer Schritte in Schweden aufmerksam verfolgt, dämpft die Begeisterung: »Passt bloß auf. Wir Schweden neigen bei allem Sicherheitsdenken auch zu bodenlosem Leichtsinn, vielleicht aus Kompensation. Jährlich ertrinken mehrere Dutzend Menschen im Eis. Ohne diese Dinger lass ich euch nicht aufs Eis.«

Sie schenkt jedem Familienmitglied ein weißes Halsband, an dem zwei rote Griffe mit je einem Metalldorn hängen. Wenn man einbricht, zieht man die Griffe aus der Halterung und rammt die Pickel ins Eis. Eine Trillerpfeife gehört auch zum Ensemble. Die Pickel erinnern mich an Dosenöffner für Kaffeemilch.

Eines Tages in diesem kalten Winter springt eine komplette Schulklasse in einen Nachbarsee. Die schwedischen Rettungsorganisationen hätten gerne, dass alle Kinder des Landes einmal durchs Eis gehen, damit sie lernen, wie man aus eigener Kraft wieder aus dem Loch herauskommt. Die Instrukteure tragen selbst Taucherdress und knallgelbe Überlebensanzüge, die Schulkinder kommen in Daunenparkas und Moonboots über das Eis geschlurft. Das Probeloch haben die Lebensretter Sven und Olaf mit der Motorsäge ausgeschnitten. Es misst zwei mal zwei Meter und ist durch kleine rote Fähnchen abgesteckt.

Der Hausmeister harrt mit laufendem Motor im VW-Bus am Seeufer aus, um die tropfnassen Teenager in das Schulgebäude zu kutschieren, wo warme Duschen auf sie warten. Sie alle haben diese Halsbänder um, und trotz anfänglichem Gejohle sind sie hochkonzentriert, spätestens wenn sie in Dreiergruppen im Wasser landen. Ein kurzer Schrei, dann geht der erste Griff an den Hals zu den Metalldornen. Während die Hände an den Griffen nesteln, müssen die Beine die Schwimmarbeit allein leisten. Einige Schwimmer schlucken Wasser und husten, aber alle schaffen es bis an die Kante und rammen die Pickel ins Eis, dort wo es fest aussieht. In einer kombinierten Bewegung aus Fußstrampeln und Klimmzügen ziehen sie sich langsam aus dem Wasser hoch. Nass und keuchend, aber erwiesenermaßen überlebenstauglich.

In der Realität wartet allerdings kein VW-Bus mit laufendem Motor. Stattdessen stünde der Schlittschuhlangläufer keuchend und bibbernd auf dem Eis, gerettet zwar, aber auf dem sicheren Weg zur Lungenentzündung.

Doch das ist natürlich nicht das Ende der Geschichte. Im Laden für Outdoor-Ausrüstung lernen wir, dass wir erstens eine Wurfleine und einen Eispickel brauchen, zweitens einen Spezialrucksack mit Schnallen für den Eispickel und drittens immer eine Montur Wechselklamotten dabeihaben sollten. Die Kleidung soll in Plastik verpackt sein. Das hält sie trocken und verwandelt den Rucksack in eine Art Schwimmkörper mit Auftrieb. Der Rucksack sollte eine Außenhalterung haben, damit wir die zwanzig Meter lange, signalfarbene Rettungsleine stets griffbereit haben. Rettungsleinen, das hatte uns schon Karin gelehrt, sollen auch dafür sorgen, dass man Abstand hält. Nichts wäre unsinniger, als sich einer Einbruchsstelle zu sehr zu nähern. Wo es für einen zu dünn ist, reicht es auf keinen Fall für zwei. Also müssen wir Lassowerfen üben.

Mitten im tiefsten Winter macht die ganze Familie eine erfreuliche Erfahrung. Unsere Mitmenschen tauen auf, je dicker das Eis gefriert. Ungezwungene Kontakte werden plötzlich möglich. Man darf die Kommunikation allerdings nicht überfrachten. Eine gute Einstiegsfrage ist, ob das Eis trägt. Selbst die drei älteren Damen, die, wie sie uns stolz berichten, seit den frühen fünfziger Jahren von Mai bis September täglich im Kottla baden, sind jetzt gesprächig.

Wir haben sie im Sommer erlebt, haben beobachtet, wie hintereinander drei graue Schöpfe über die kleine Brücke am Badefelsen in den See tauchten. Vorher warfen sie einen Blick auf das Thermometer, das an einem Bindfaden von der Brücke in den See baumelt. Die aktuelle Temperatur spielte für ihre Entscheidung, in das Wasser zu steigen, offenbar keine Rolle. Sie badeten in jedem Fall. Es kann vorkommen, dass wir uns jetzt auf dem Weg zum See begegnen und eine der Damen unaufgefordert die Schönheit des Winters preist. Wir freuen uns über den schwedischen Smalltalk. Wenn das Eis erst einmal gebrochen ist, dann können Schweden sehr herzlich sein.

Nachmittags um drei Uhr geht die Sonne unter, die blaue Stunde kommt, der See leert sich, aber nur vorübergehend. Ab sechs Uhr abends kommen dann die Berufstätigen, um auf Schlittschuhen ihre Runden zu drehen. Häufig laufen sie vornübergebeugt, die Hände auf dem Rücken gefaltet, um den Luftwiderstand gering zu halten. Man erkennt sie an den kleinen Stirnlampen, mit denen sie die Eisbahn ausleuchten wie ein Häuflein Bergarbeiter auf Besuch über Tage. Mit diesem simplen Hilfsmittel lässt sich der Tag in den Abend verlängern.

Noch halten wir, meine Frau, meine Kinder und ich,

uns an unseren Kottla-See, aber heimlich träumen wir von langen Touren auf dem Eis der Ostsee, weit draußen, wo das Eis dünn ist und sich unter der Last der schnellen Läufer zentimeterweise hebt und senkt und dabei singt.

Das Gesetz von Jante

Schweden sind bei aller Bescheidenheit geneigt zu glauben, dass sie im besten Land der Welt leben. Dennoch haben sie einen Hang zur Grübelei über sich selbst und andere. An den langen Winterabenden finden sie dafür genügend Muße. Diese Stimmung inspirierte jüngst zwei sehr renommierte Historiker zu einem großen Werk über den schwedischen Nationalcharakter, das den schönen Titel trägt: »Sind Schweden Menschen?«. Natürlich wird die Frage positiv beantwortet. Die beiden Autoren attestieren ihren Mitbürgern zwar eine gehörige Portion Eigenbrötelei und Ungeselligkeit, loben aber zugleich ihre Freiheitsliebe und Naturverbundenheit.

Wer mit Schweden über ihren Nationalcharakter diskutiert, hört früher oder später ein Argument, das ein bisschen wie eine Entschuldigung klingt. Es lautet: Wir stehen alle unter dem Gesetz von Jante.

Nun findet sich das Jante-Gesetz in keinem Gesetzbuch, dafür ist es aber fest in den Köpfen der Schweden verankert. Staatsminister Fredrik Reinfeldt unterliegt ihm genauso wie der Großbauer Åke, die Malerin Ylva und alle anderen Bürger. Es besagt, dass sich keiner allzu wichtig nehmen dürfe. Die genaue Formulierung lautet: »Glaub nicht, dass du etwas Besonderes bist.«

Das Gesetz von Jante hat der dänische Schriftsteller Aksel Sandemose vor achtzig Jahren formuliert, und es ist immer noch aktuell. Es gilt in gewisser Weise sogar für die Königshäuser des Nordens. Sie müssen zwischen Erhabenheit und Bescheidenheit Balance halten, sonst machen sie sich schnell unbeliebt. An diese Regeln hält sich der ganze Norden.

Das Gesetz von Jante ist kein Witz, obwohl es vom Erfinder als Satire gedacht war. Es ist der Kitt der Gemeinschaft, der Preis für die spezielle nordeuropäische Art des Zusammenlebens. Nicht umsonst gilt das Bonmot: Wer auch immer die Wahlen gewinnt, am Ende regieren Sozialdemokraten.

Nichts fasst dieses Phänomen besser als das Wort »lagom«, das als Ausdruck höchster Wertschätzung gebraucht wird. Man kann es mit »gerade recht« übersetzen. Schweden liefern – ob es stimmt oder nicht – üblicherweise eine etymologische Erklärung aus der Wikingerzeit. Da wurde bei Tisch angeblich »lag om« getrunken – jeder bekam das Gleiche.

Dieser Hang zum Mittelmaß hat Folgen, vor allem in der Gastronomie. Service hatte es lange schwer im Norden. Selbstbedienungsrestaurants, bei denen es keinen

Kellner und keinen ordnenden Gast gibt, entsprechen dem Jante-Gesetz. Das ist praktisch, aber etwas prosaisch, wenn man sich, wie wir, gerne einmal verwöhnen lässt. Sarah Kirsch unternahm einst eine Reise nach Island an Bord eines Frachtschiffs und lernte schnell, dass die Betten ungemacht blieben. In ihrem ungemein amüsanten Buch »Islandhoch« schreibt sie treffend: »Der Isländer dient nicht, richtet keinem die Betten.« Die Schweden halten es ebenso.

Vordrängen in der Warteschlange gilt als unfein, ebenso wie allzu hohe Lautstärke in der Öffentlichkeit. In Bussen scheint das Jante-Gesetz allerdings keine Gültigkeit zu besitzen. Die sonst so zurückhaltenden Schweden sprechen zwar nicht im Bus, sie telefonieren aber ununterbrochen.

Unter dem Gesetz von Jante leidet zudem die spontane Hilfsbereitschaft, wie man in der Stockholmer U-Bahn feststellen kann. Schon Blickkontakt gilt schnell als aufdringlich, weswegen Schweden bei einem eventuellen Zwischenfall als Augenzeugen nicht die erste Wahl sein sollten. Und wer möchte sich schon dem Verdacht aussetzen, er dränge sich in den Vordergrund? Ein Neuankömmling in Schweden erntet schnell böse Blicke, wenn er voll guten Willens jungen Müttern mit Kinderwagen beim Aussteigen aus dem Bus helfen will. Flirten in der U-Bahn ist sowieso verpönt, ebenso wie offene Blicke.

Das gilt für beide Geschlechter. Schwedische Männer verhalten sich nach einem anderen Code als deutsche

Männer. Sie sind schließlich von schwedischen Müttern erzogen, die ihrerseits seit Jahrzehnten ein großes Maß an Selbstständigkeit genießen. Das verändert die Balance zwischen den Geschlechtern. Männer sind in Schweden anders konditioniert. Spötter behaupten, sie seien domestiziert. Es soll auch Frauen geben, denen die schwedischen Männer allzu zahm geworden sind.

Im Allgemeinen scheinen Frauen in Schweden selbst bewundernde Blicke eher als aufdringlich und störend zu empfinden. Der Ruf der besonderen sexuellen Freizügigkeit der Schwedinnen ist ohnehin eine Erfindung der schwedischen Filmindustrie, die damit jahrzehntelang ihre Produkte glänzend im Ausland vermarktete. Natürlich wird in Schweden jeden Tag überall geflirtet, aber die Spielregeln sind für Außenstehende nicht leicht zu durchschauen.

Den ungünstigsten Einfluss haben das Gesetz von Jante und der ihm innewohnende Egalitätsgedanke lange Zeit auf die Küche des Landes gehabt. Doch dort sind deutlich spürbar andere Zeiten angebrochen, nicht zuletzt durch hochwillkommene mediterrane Einflüsse. Schweden ist ein Einwanderungsland mit mehr als einer Million »neuen Schweden«, die zwar gerne an den Segnungen einer modernen Sozialdemokratie teilhaben, dabei aber nicht in der nordischen Volksküche essen wollen. Das Essen ist inzwischen vielseitiger und gesünder als noch vor dreißig Jahren – mit all den traurigen Erinnerungen an die Jahre davor, an zahnlose vitaminisierte Nudeln aus dem Genossenschaftsladen und Fischklößchen aus der Dose.

Der Norden ist hedonistischer geworden und pflegt nun auch die Ungleichheit. So kaufte der langjährige sozialdemokratische Regierungschef Göran Persson ein ansehnliches Landgut für etwa zwei Millionen Euro. Seine Vorgänger waren alle dem Reihenhaus treu geblieben. Vielleicht hatte ihn der Anblick der vielen Porsches neidisch gemacht, die Anfang 2000 auf dem Höhepunkt der Euphorie um den neuen Markt durch Stockholm rollten. Aktiengesellschaften gönnten ihren Vorständen Bonuszahlungen in astronomischen Summen, Vorstände ließen Luxuswohnungen für ihre Kinder durch den Konzern bezahlen. Am Stureplan, dem zentralen Treffpunkt der Stadt, tranken die jungen IT-Millionäre Champagner im Stehen.

Dann kam der Börsencrash, die meisten Porsches verschwanden. Seither ist nicht ganz klar, wohin die Reise geht – zu mehr Gleichheit oder mehr Hedonismus. Einiges spricht dafür, dass die Schweden ihrem alten Grundsatz treu bleiben: Wer zu sehr aus der Masse herausragt, wird auf Normalmaß gebracht.

Das Gesetz von Jante hat sogar einen Mechanismus der Buße. Wer öffentlich seine Fehler bereut, dem wird verziehen. Auf Schwedisch heißt das »den Pudel machen«, was man vielleicht damit erklären könnte, dass einer sich auf den Rücken legt und alle viere von sich streckt.

Eine unerwiderte Liebe

Deutschen Auswanderern auf Zeit schlägt fast überall Freundlichkeit entgegen. Es gibt eine innere Nähe, eine natürliche Verwandtschaft zwischen Deutschen und Schweden. Es lebt sich gut in Schweden. Der Umgangston ist gelassen, die Hierarchien sind flach, und auf den Autobahnen werden keine Rennen gefahren. Die Luft ist sauber, und das Wasser in den Seen und Meeresbuchten (selbst im Hafen von Stockholm) hat Badequalität.

Schweden ist ein Sehnsuchtsland für eine nennenswerte Gruppe von Deutschen, die in dem nördlichen Nachbarland das Unversehrte schätzen, die Schönheit der Natur, die Abstinenz von allen Kriegen seit 1809 und die freundliche Provinzialität.

Ein Mann hat sich darüber manche helle Sommernacht den Kopf zerbrochen und am Ende einen großen Coup gelandet. Unser Insel-Nachbar, der Soziologe Berthold Franke, der mit seiner Familie um die Ecke am Kottla-See wohnt, hat den Begriff »Bullerbü-Syndrom« erfunden. Schweden ist so, wie Deutschland gerne wäre, behauptet er.

Die Frankes sind serielle Auswanderer auf Zeit mit vielen Stationen von Polen bis Westafrika. Als wir sie kennenlernen, leitet Berthold Franke für ein paar Jahre das Goethe-Institut in Stockholm. Seine Wortschöpfung »Bullerbü-Syndrom« hat der schwedische Sprachrat im

März 2008 zum »Wort des Monats« gewählt und in die schwedische Sprache übernommen. Es muss also etwas dran sein.

»In Stockholm wohnt doch Karlsson!« – diese Reaktion seiner Tochter, als feststand, dass die Familie nach Schweden ziehen würde, verdeutlichte Berthold Franke vor allem eines: »Es gibt kein Land der Welt, in dem meine Kinder noch nicht gewesen sind und von dem sie so viele positive Bilder im Kopf haben wie von Schweden.«

In dem sehr lesenswerten Aufsatz »Das Bullerbü-Syndrom. Warum die Deutschen Schweden lieben« fragt sich Franke, wie es kommt, »dass Astrid Lindgren ihren bei weitem größten Erfolg, ihre treueste Anhängerschaft und beinahe ein Viertel ihrer Weltauflage in Deutschland hatte? Schon ein kurzer Blick auf die Einzelheiten, etwa die Tatsache, dass es in Deutschland fast zweihundert Schulen gibt, die ihren Namen tragen, verweist auf eine Beziehung der besonderen Art.«

Schweden, so meint Franke, sei für viele Deutsche »eine Art imaginiertes Groß-Bullerbü«. Das kleine Dorf aus Lindgrens Romanwelt sei der sehr spezielle deutsche Traum einer verlorenen Kindheit.

Franke, ganz kritischer Intellektueller, wundert sich doch ein bisschen über die Deutschen auf dem Weg »ins gelobte Land«, die »mit großer Lust verregnete Juliwochen, dünnes Bier, grauenvolle Wurst und Mückenattacken an stehenden Gewässern« ertragen. Doch er gibt gerne zu, dass der durchschnittliche Schwedenfahrer sein Bullerbü auch in der Wirklichkeit finden kann: »Jene kaum berührte, wunderbar milde schwedische Natur, bildhaft verdichtet im mythischen schwedischen Sommer. Der Elch lebt, manchmal steht er sogar mitten auf der Landstraße...«

Es lebt sich gut hier als Deutscher, selbst wenn Deutschland gerade gegen Schweden bei der WM antritt und alle Welt davon redet. Es gibt keine offensichtlichen Ressentiments, anders als in den einst von Deutschland besetzten Nachbarländern. Besonders willkommen sind deutsche Ärzte, Krankenschwestern und Handwerker. An sich ist es nicht schwer, als Deutscher die Sprache zu lernen. Hinderlich ist allerdings die Bereitschaft freundlicher Schweden, mit Ausländern Englisch zu reden.

Irgendwann platzt mir der Kragen, als auf meine Frage in passablem Schwedisch wieder einmal eine englische Antwort kommt. Ich stelle mich dumm und beteuere auf Schwedisch: »Ich kann kein Englisch.« Das glaubt mir zwar niemand, aber es hilft trotzdem.

Den Kindern hat man bei unserer Ankunft im Sommer erzählt, an Weihnachten würden sie die Sprache beherrschen – aber keiner hat erwähnt, an welchem Weihnachten.

Wenn wir mit Schweden reden, dann geht es um ihr Leben, das Leben im Norden. Woher wir kommen, spielt keine große Rolle. Das hatten wir als Auswanderer auf Zeit auch nicht anders erwartet. Erstaunt sind wir aber doch, dass die mittlere und jüngere Generation der Schweden wenig Interesse für Deutschland zeigen (mit einer wichtigen Ausnahme: Berlin mit seinen vielen leerstehenden Wohnungen wirkt wie ein Magnet auf unangepasste Schweden). Junge Schweden wissen mehr über England als über Deutschland. Das ist kein Wunder. Wem es in Schweden zu eng ist, der zieht nach London. Dort wohnen schon zweihunderttausend Landsleute und machen London zur fünftgrößten schwedischen Stadt.

Schweden leistet sich eine eigenartige Mischung aus Zugehörigkeit und Nicht-Zugehörigkeit, eine »splendid isolation« wie Großbritannien, und spricht von Mitteleuropa als denen »da unten auf dem Kontinent«. Deutschland ist ein Teil des Kontinents. Das schwedische Fernsehen mit seinen Tausenden von Mitarbeitern hat den Korrespondentenplatz Deutschland nach der Wende dichtgemacht und Deutschland unter Europa einsortiert: Die gesamte Europa-Berichterstattung ist nach Brüssel verlagert.

Dem geringen Interesse der Nachkriegsschweden an Deutschland kann man auch gute Seiten abgewinnen. Der Schriftsteller Hans Magnus Enzensberger, ein häufiger Gast in Schweden, meinte einst, Gott sei Dank sei Deutschland in den letzten Jahrzehnten ein bisschen langweiliger geworden.

Doch hinter der Gleichgültigkeit steckt möglicherweise auch eine gehörige Portion Verdrängung. Erst zögerlich beginnt Schweden, seine Verstrickungen mit dem Nationalsozialismus aufzuarbeiten. Die schwedische

Regierung hat im Jahr 2000 eine eigene Kommission eingesetzt, um dem beunruhigenden Rechtsextremismus eines kleinen Teils der Jugend entgegenzuwirken. Schweden war während des Zweiten Weltkriegs offiziell neutral. Um einer Invasion vorzubeugen, verkaufte das Land jedoch Eisenerz an Deutschland und gestattete den deutschen Truppen den Durchzug auf dem Weg nach Norwegen. Die kulturellen Beziehungen zwischen Schweden und den Nazis blühten während dieser Zeit regelrecht auf. Die schwedische Regierung und die Behörden hatten das ihres Erachtens Notwendige getan, um den Frieden zu erhalten. Allerdings haben sie wohl mehr getan als notwendig.

Nach allem, was man liest und hört, war Schweden bis zur Schlacht von Stalingrad ziemlich nazifreundlich eingestellt. Man hatte sogar einen Teil der Nürnberger Rassengesetze übernommen. Pfarrer verhinderten die Heirat zwischen »arischen« Deutschen und schwedischen Juden mit Verweis auf die Rassengesetze – auf Empfehlung des Außenministeriums. Es gibt ziemlich dunkle Kapitel in der schwedischen Geschichte, wie etwa die Zwangssterilisierung zehntausender Frauen bis in die siebziger Jahre nach dem Vorbild der NS-Biologie, Kapitel, über die man nicht mehr spricht als unbedingt nötig.

Nach 1943 und der Niederlage der Wehrmacht in Stalingrad haben die Schweden die Leitbilder gewechselt, meint der frühere Kulturchef des schwedischen Außenministeriums und Diplomat Karl-Erik Normann. England und die USA seien an die Stelle Deutschlands getreten. Das Deutschlandbild der Nachkriegsschweden sei stark geprägt gewesen von der eigenen Anschauung ausgemergelter Überlebender der Konzentrationslager und von englischen Serien, in denen der Deutsche nur als Bösewicht vorkomme. So offen wie Karl-Erik Normann sagen das nur wenige in Schweden.

Es ist auch in erster Linie Sache der Schweden selbst, im eigenen Haus zu kehren. Schwedens Blick auf Deutschland wäre wohl ehrlicher, wenn es sich der eigenen Geschichte stärker bewusst wäre. Umgekehrt erfreut sich Schweden in Deutschland großer Popularität. Der Norden ist ein Sehnsuchtsraum der Deutschen, und Schwedens Weltfirmen wie IKEA und H&M vermarkten ihre Produkte glänzend, indem sie schwedische Lebensanschauung mitverkaufen: egalitär, praktisch, preiswert und schick.

Nun laden kleine Länder überhaupt eher zum Liebhaben ein als das große, sperrige Deutschland. Vielleicht ist Deutschland überhaupt ein bisschen zu groß, um es wirklich zu mögen?

Eines Tages klopft das schwedische Fernsehen an und bietet mir als ARD-Korrespondenten einen Auftritt in der meistgesehenen wöchentlichen Politiksendung »Agenda«. Der Anruf kommt gerade recht, denn in der kleinen deutschen Gemeinschaft brodelt es. Vor einigen Tagen hatte eine landesweite Kampagne begonnen mit dem erkennbaren Zweck, Schweden von einem Besuch in Deutschland abzuhalten. Das eigentliche Motiv der

Kampagne, die als vierundzwanzigseitige farbige Werbebeilage eines Elektronik-Discounters in alle Haushalte flatterte, besteht zwar nur darin, möglichst viele Flachbildfernseher zu verkaufen: Die Fußballweltmeisterschaft steht vor der Tür, und auf mehreren Seiten, verziert mit schwarz-rot-goldenen Umrahmungen, heißt es: »Es gibt viele gute Gründe, nicht nach Deutschland zu fahren: Bleibt besser hier und kauft bei uns einen neuen flachen Fernseher.«

Nun könnte man sich schnell wieder abregen – oder gar nicht erst aufregen. Hier spricht ja nicht das Außenministerium, sondern nur eine Werbeagentur. Außerdem ist Deutschland gerade jetzt schwer als gastfreundliches Nachbarland zu vertreten: Der ehemalige deutsche Regierungssprecher warnt farbige Menschen vor dem Besuch von Teilen Ostdeutschlands und Berlins; sie würden dort in Lebensgefahr schweben. Zudem wird bekannt, dass Deutschlands Behörden mithelfen, die Prostitution während der WM in geregelte Bahnen zu lenken. Sie richten »Kontakthöfe« nach niederländischem Vorbild ein und fangen sich dafür eine Boykottdrohung des schwedischen Ombudsmanns ein. *Svenska Dagbladet* titelt: »Deutschland ist Europas größtes Bordell.« In Schweden ist der Kauf von Sex seit 1999 verboten und wird mit einer Geld- oder Haftstrafe geahndet.

Die Werbetexter und ihre Auftraggeber wissen ganz gut, welche Gefühle abrufbar sind: Sie treffen die Neigung der meisten Schweden, den großen Nachbarn zu ignorieren. Eine umfassende Studie im Auftrag des schwedischen Außenministeriums und des Exportrates kommt jedenfalls zu dem Schluss, dass die Schweden am liebsten durch Deutschland hindurchschauen.

Der »Korrespondent der Woche« darf sagen, was er will: »Liebe Schweden! Fahrt hin und macht euch selbst ein Bild. Deutschland in Zukunft zu meiden, ist keine gute Idee. Deutschland und Schweden sind schließlich Nachbarn. Und überhaupt: Rassismus ist ein gemeinsames Problem oder etwa nicht?« Schließlich hat auch Schweden ungelöste Alltagsprobleme mit Menschen aus anderen Kontinenten. In den hässlicheren unter den Beton-Vorstädten sind die Einwanderer unter sich. Dort wächst eine zunehmend frustrierte Generation von Immigranten heran, die sich trotz aller Qualifikation schwertut, auf dem Arbeitsmarkt Fuß zu fassen.

Das Echo auf meinen kurzen Auftritt zur besten Sendezeit ist kaum der Rede wert. Ein älterer Mann ruft auf unserer Privatnummer an und verlangt im mürrischen Ton nach mir. Mein Sohn vertröstet ihn, und der Anrufer verzichtet auf einen zweiten Anruf. Eine alte Freundin aus Nordschweden meldet sich nach dreißig Jahren Funkstille.

Am Ende ist der Fußball stärker als die Werbung: Die Schweden ignorieren die Kampagne und fahren in großen Massen zur Weltmeisterschaft nach Deutschland. 80 000 schwedische Fans kommen, das ist die größte Menge an Schweden auf deutschem Boden seit dem Dreißigjährigen Krieg. Noch Monate danach schwärmten sie von deutscher Gastfreundlichkeit und guter Stimmung.

Die nordische Familie

Wenn man erst einmal leidlich Schwedisch spricht, kann es einem passieren, dass man in den Nachbarstaaten als Schwede durchgeht. Dann begegnet einem allerlei Spott, vor allem in Dänemark. Dänen machen sich etwa einen großen Spaß daraus, die langsamere und artikuliertere Sprache der Schweden nachzumachen. Nach außen ist der Norden eine große Familie, die im Zweifel zusammenhält. 1999 eröffneten die nordischen Länder sogar eine gemeinsame Botschaft in Berlin. Insider sagen, dass sie unter einem Dach erst richtig merkten, wie verschieden sie voneinander sind.

Die Dänen genießen im Norden den Ruf, leichtfertig zu sein. Die Schweden gelten als gesetzestreu, die Norweger als Naturburschen, die Finnen als Meister des Schweigens. Die Isländer, weit draußen im Atlantik, entziehen sich der Kategorisierung. Sie sprechen die älteste Sprache und sehen sich als die eigentlichen Nachfahren der Wikinger.

Die Länder lebten keineswegs einträchtig nebeneinander her. Dreihundert Jahre lang haben Dänemark und Schweden gegeneinander Krieg geführt – wenn nur die Jahre zählen, in denen offiziell der Krieg erklärt war. Dänemark ließ seine Kolonie Island zeitweise hungern, Finnland war einst schwedische Provinz, Norwegen ein Teil Dänemarks.

Als größtes und stärkstes Land wird Schweden zwar respektiert, aber nicht geliebt. Lange Zeit war Schweden mit seiner starken Industrie, den reichen Erzvorkommen und den zwei Automarken das Modell für die kleineren Nachbarn. Schwedens größte Schwäche, so der häufige Vorwurf der anderen, sei zu viel Selbstbewusstsein. Es gibt eine Haltung, die der Ethnologe Åke Daun das »Groß-Schwedentum« nennt: eine gewisse Überheblichkeit, wie die eines Erwachsenen gegenüber einem Kind. Meist kommt sie freundlich daher. Das ärgert die Dänen und Norweger noch mehr, und es behindert die Kommunikation zwischen den Skandinaviern.

Die Schweden hatten in den letzten zwei Jahrzehnten ausreichend Gelegenheit, die Kommunikation mit den kleinen Nachbarn neu zu üben. Seitdem das Öl aus der Nordsee sprudelt, geht es Norwegen blendend. Während Schweden in der Skala der wohlhabenden Länder langsam abdriftet, wird Norwegen jeden Tag um ein paar Millionen reicher.

Norwegen ist schuldenfrei und hat viele Milliarden auf der hohen Kante. Die Schweden kommen nun in ungewohnter Rolle: als Gastarbeiter. Sie bauen den Flughafen bei Oslo und kellnern in den Ferienhotels am Geirangerfjord.

Die Dänen haben nicht so viel Geld, aber viel Lebensart. Man fühlt sich eher Mitteleuropa zugehörig. Alkohol kann man an jeder Straßenecke frei kaufen. Sie rauchen mehr und leben kürzer und lustiger. Die Dänen lieben Ironie und Wortwitz, sie sind freimütig und schlagfertig. Der Humor zeigt sich etwa am Klingelbeutelspruch der dänischen Heilsarmee am Kopenhagener Flughafen: »Geld her oder wir singen.«

Dänen und Norweger halten die Schweden für steif und förmlich. Sie finden, dass diese unter dem Druck eines Zentralstaats mit großem Regelwerk leiden. In Schweden, so denkt man in Dänemark, wird jeden Tag eine Unmenge an neuen Gesetzen erlassen, die alle Einwohner sklavisch befolgen. Dänen meinen, dass schwedische Fußgänger auch nachts um drei Uhr in einer Kleinstadt an einer roten Ampel warten, selbst wenn weit und breit kein Auto in Sicht ist.

Auch die Finnen haben an den großen Nachbarn etwas auszusetzen: Sie finden, die Schweden reden zu viel. Nun gelten schon die Schweden als vergleichsweise wortkarg, aber niemand kann so hingebungsvoll in den eigenen See hineinschweigen wie die Finnen. Dort gelten sogar schwedische Männer als unmännlich, weil sie angeblich unangemessen viel sprechen. Ein echter Finne soll nur dann reden, wenn er etwas Wichtiges zu sagen hat. Während Schweden in langen Gesprächsrunden ausdauernd nach einem Kompromiss suchen und jeder Wortbeitrag gewürdigt wird, neigen Finnen eher zu zielgerichtetem Handeln.

Finnen und Schweden können einander leicht missverstehen. Ein Schwede packt seine Botschaft an das Ende eines Redebeitrags. Der Finne kommt sofort zum Punkt, der Rest ist dann Erläuterung. Wenn die Finnen nicht gerade schweigen oder neue Telefone entwerfen, dann tanzen sie Tango, der hier aber eher wie ein Blues klingt.

Übrigens neigt, so habe ich es jedenfalls erlebt, nur die männliche Hälfte der Bevölkerung zur Schweigsamkeit; ein Teil der weiblichen Bevölkerung gleicht das gerne aus. Es bleibt dennoch ein Rätsel, wie ausgerechnet Finnland seinen enormen Aufschwung dem Geschäft mit der (Mobil-)Kommunikation verdanken kann.

Die Finnen haben eine sehr schwierige Geschichte, in der sie gegen drei große Mächte bestehen mussten. Ein Erbe dieser Zeit ist der feine Humor der Underdogs und ein zuverlässiger Sinn für absurde Situationen. Wo sonst gibt es Wettbewerbe im Handy-Weitwerfen, Weltmeisterschaften in der Luftgitarre und einen äußerst beliebten Chor, der in allen Tonlagen schreit, statt zu singen?

Zu den Nachbarn gehören auch die Bewohner des hohen Nordens. Zwei Volksgruppen lebten lange vor den Wikingern im Norden: Sie wurden vertrieben, und als Rechtfertigung für den Landraub und die oft grausame Behandlung hängte man ihnen einen schlechten Ruf an und stellte sie auf eine Ebene mit den Tieren: Die Samen in Lappland und die Inuit in Grönland haben heute ihren Platz in den nordischen Gesellschaften gefunden. Beide Volksgruppen leben am Rand, beide tun sich schwer in der modernen Zeit. Wer sich mit den Minderheiten beschäftigt, lernt viel über die Mehrheiten.

Wenn es nach den Isländern geht, so zählen auch Trolle, Elfen und andere unsichtbare Wesen zu den Minderheiten. Sie hatten auch einiges zu erleiden, als Straßen durch ihr Gebiet gesprengt und heilige Steine verrückt wurden. Doch die moderne Stadtplanung nimmt mittlerweile Rücksicht auf die Unsichtbaren.

Zweites Kapitel

Winter am Polarkreis:
Dreißig Grad unter null

*Pimpeln am Polarkreis – Der Iglu – Der Dichter auf
der Loipe – Mit dem Bücherbus durch Lappland –
Der Männerchor vom Eismeer – Winterbaden
mit den Orcas*

Es ist relativ leicht zu erklären, warum Menschen den Zugvögeln auf dem Weg in den Süden folgen. Aber warum ertragen Menschen monatelang Kälte und Dunkelheit? In Zeiten der Globalisierung ist niemand gezwungen, sein Leben oberhalb des Polarkreises zu verbringen – und doch harren einige zehntausend Menschen in den Weiten Lapplands und an den Küsten des Eismeers aus.

Wenn es ein Thema gibt, das besonders zum nördlichsten Fernsehstudio der ARD passt, dann dieses. Der besondere Reiz besteht in der beträchtlichen Ungewissheit, ob wir dort – im wahren Reich der Finsternis – überhaupt etwas filmen können.

Dazu eine kurze Einführung in das Wesen der Fernseharbeit auf Reisen. TV-Korrespondenten ziehen bekanntlich nicht mit Block und Stift bewaffnet allein durch die Lande. Das plurale »wir« umfasst den Chef der Bilder, Kameramann Dieter Stypmann (bzw. seinen Nachfolger Matthias Jung), Toningenieur Thomas Schimmack und Martin Huesges, den Meister der Montage. Alle drei sind (wie auch der jeweilige Korrespondent) auf Zeit in den Norden abgeordnet.

Als Kameramann braucht man einen hervorragenden Blick und freundliche, nach oben gezogene Mundwinkel, um die Protagonisten zu entspannen, während die sich so natürlich wie möglich vor der Kamera bewegen sollen. Als Kameramann muss man sehr belastbar sein, auch im buchstäblichen Sinne: Eine Kamera wiegt rund zehn Kilo, das passende Stativ dazu, das auch im Wind nicht wackelt, noch einmal acht Kilo. (Zur Hebung der allgemeinen Stimmung tragen meistens die Korrespondenten das Stativ).

Den Tonmann erkennt man an seiner blauen Umhängetasche vor dem Bauch (für den Tonmischer) und dem langen röhrenförmigen Mikrofon mit fellgepolstertem Windschutz. Ein Tonmann wie Thomas kämpft unablässig um Stille beim Dreh. Nur die Originalgeräusche sollen aufs Band: »Handys bitte aus«, lautet seine ständige Mahnung.

Der Cutter Martin schließlich sortiert aus Kilometern von Bildmaterial die besten Szenen, bringt sie in die richtige Ordnung und führt bei größeren Produktionen unterwegs Regie.

Nun ist ein Auslandsstudio keine kleine deutsche Insel. Den schwedischen Teil der Unternehmung bilden die außerordentlich schlaue und versierte Büroleiterin Lisa Widegren und ihre nicht minder beschlagene Vertretung Sara Gustafsson. Last not least gibt es noch die Dolmetscher und Kundschafter, »Stringer« genannt, ohne die ein neuer Korrespondent sofort baden gehen würde. Sie bürgen für Kontinuität und vertreten das Studio in den acht Berichtsländern von Grönland bis Estland, allen voran sind das bei uns Jörgen Detlefsen und Tatjana Reiff.

Das klingt nach einer kleinen Kompanie, aber für handfeste Reportagen muss man Aufwand betreiben. Wer jemals den Abspann eines mittleren Kinofilms mit Hunderten von Mitwirkenden durchgesessen hat, wird unsere Stabliste eher übersichtlich finden.

Zurück zur Winterreise an den Polarkreis, die passenderweise mit einem Gespräch in einer hellen Sommernacht begann. Zu den Menschen, die sich mit Licht und Dunkelheit auskennen, gehört Semjon. Semjon ist trotz seines russischen Namens ein gebürtiger Rheinländer von dreißig Jahren, mit rotblonden Haaren, die er zu einem Pferdeschwanz gebunden hat. Semjon kam eines Tages in das norwegische Nyksund und blieb. Nyksund ist ein verlassenes, verwunschenes Fischerdorf oberhalb der Lofoten und eine der schönsten Ecken der Welt. Die Häuser stehen auf Pfählen im Wasser, über den kleinen Hafen kann man drüberspucken, und im Winter brechen fünf Meter hohe Wellen über die Mole. Die eine Hälfte der kunterbunten Häuser droht, in das Hafenbecken zu stürzen, die andere Hälfte wird von Semjon und ein paar Individualisten auf Vordermann gebracht. Nyksund war einst eine Perle der Heringsfischerei, aber das ist lange her.

Es war Sommer und ewig hell, und Semjon berichtete Thomas, Dieter, Tatjana und mir mit leuchtenden Augen vom Wiederaufbau des alten Fischerdorfs. Wir saßen in seiner alten, ganz aus Holz gebauten Pension am Hafen von Nyksund und ließen uns zweierlei Speisen schmecken, ohne die eine Kneipe in Norwegen gleich einpacken kann: Wer als Gastronom in Norwegen nicht Fischsuppe und Waffeln auf der Speisekarte hat, kann nicht bestehen. (Es gehört zu den Eigenheiten von Nyksund, dass Semjon, der Wirt, Vegetarier ist. Die Fischsuppe kocht er streng nach Rezept, und er lässt Freunde kosten, bevor er sie serviert. Im Zweifelsfall ruft er seine Mutter in Deutschland an.)

»Was hier oben aber wirklich zählt, ist, ob du den Winter packst, die dunkle Zeit. Wenn ich da drei Gäste habe, dann isst einer Frühstück, einer zu Mittag, einer zu Abend – alle zur gleichen Zeit. Keiner in Nyksund trägt eine Uhr«, sagte Semjon mit der Distanz des Neuankömmlings, der sich über die Gebräuche der Menschen noch wundern kann.

Folgt man Semjons Theorie, so ist die Negation der Zeit das verbindende Element der Menschen hier oben. So wie es im Sommer für sie keine Nacht gibt, so verschwindet im Winter der Tag.

Leben also alle Menschen oberhalb des Polarkreises ohne Zeitgrenzen? Verfallen sie dabei periodisch der Schwermut? Oder sind sie ganz besonders vital? Es gibt Fragen, die nur durch praktische Erfahrung zu beantworten sind. Uns war ein bisschen mulmig zumute. Was kann ein Kameramann schon drehen, wenn es immer nur dunkel ist? Kälte macht müde. Wie rüsten wir uns für längere Aufenthalte im Freien? Was werden wir nach Hause bringen, wenn uns unterwegs die Finger abbrechen? Es sollte alles ganz anders kommen. Damals ahnten wir noch nicht, wie reizvoll das Licht ist, wenn es mittags für ein, zwei Stunden von unten den Himmel bescheint.

Pimpeln am Polarkreis

Tausend Kilometer nördlich von Stockholm lassen wir das Auto stehen, auf einem Parkplatz bei Kiruna, und steigen um auf Motorschlitten. Kaum im Freien stellen sich die bekannten Symptome ein: Die Haut spannt an den Wangenknochen, und die kleinen Haare in der Nase kitzeln. Der Morgen ist noch jung, es ist stockdunkel und bitterkalt. Die Scooter starten mit einem bullernden Brummen, es riecht durchdringend nach Benzin. Die Handgriffe sind beheizt, zum Glück.

Heute werden wir in die Geheimnisse des Pimpelns eingeweiht. Doch bis wir zum See gelangen, müssen wir mit Tempo fünfzig über zugefrorene Bachläufe und durch Hochtäler fahren.

Wenn den Menschen am Polarkreis die Decke auf den Kopf fällt, dann gehen sie pimpeln – im Freien und gerne in großen Gruppen. Kleine Fluchten aus dem Alltag ersetzen die große Flucht und halten den Alltag erträglich.

Kiruna ist eine Stadt, die sich für kleine Fluchten geradezu anbietet. Laut Eigenwerbung ist die Siedlung von zwanzigtausend Einwohnern die modernste Stadt der Welt und wurde vor rund einhundert Jahren auf dem Reißbrett geplant. Das allein ist kein Garant für Schönheit. Unter der Stadt liegt ein gewaltiges Erzvorkommen, das mittlerweile so weit ausgebeutet wurde, dass die Stadt darüber ins Wanken gerät – und umziehen muss.

Das junge Ehepaar Matthias und Tina gehört zu denen, die irgendwann einmal ihr Haus verrücken müssen. Wir haben sie einen Tag lang mit der Kamera durch Kiruna begleiten dürfen und verdanken ihnen nun auch die Einladung zu einem sehr privaten Freizeitvergnügen à la Lappland. Sie warten auf dem Parkplatz, haben ihre Helme schon aufgesetzt. Wir nicken heftig zur Begrüßung und schütteln behandschuhte Hände.

Die Kolonne setzt sich in Bewegung. Vorneweg fahren Matthias und Tina auf einem blitzschnellen neuen Scooter, der nicht mehr ganz so fürchterlich nach halbverbranntem Öl stinkt wie mein Modell. Es ist harte Arbeit, die dreihundert Kilo schweren Kolosse sicher in der Spur zu halten. Es gibt eine Panne und einen kleineren Unfall, als Tonmann Thomas den Scooter bei einer Schräge abstützen will und sich dabei den Fuß verknackst. Es wird noch Wochen danach schmerzen.

Es dauert fast zwei Stunden, bis wir den Rautasjärvi

in der Ferne sehen. Eigentlich hätte die bisherige Portion Kälte für heute gereicht, aber nun fängt der Tag erst an. Es wird hell, die Sonne schickt rötliche Strahlen auf das graublaue Eis, ein paar sanfte Hügelkuppen werden sichtbar, und eine große Ebene öffnet sich vor uns: der zugefrorene See. Verstreut darauf stehen ein paar Hütten, weiß gepudert mit Schnee und überzogen mit Frost.

Als wir näher kommen, öffnet sich bei der letzten Hütte ein Vorhang, heraus kommt Inga mit dem Zahnputzbecher in der einen Hand, die Zahnbürste steckt sie in das Bohrloch. Inga ist eine kleine, rundliche Dame von etwa sechzig Jahren mit dunklen Haaren und vergnügten Augen unter der warmen Mütze. Sie ist die Mutter von Matthias und unbestrittenes Oberhaupt einer schwedischen Großfamilie aus Kiruna, deren Mitglieder allesamt an der größten Eisenerzgrube Schwedens arbeiten. Wenn sie genug haben von der Arbeit unter Tage, ziehen sie hinaus auf den Rautasjärvi. Und weil es sehr kalt ist – selbst mittags steigen die Temperaturen nicht über fünfzehn Grad minus – nehmen sie ihre Häuser gleich mit. Ganz bescheiden nennen sie ihre Behausungen »Arche«: Die Arche ist eine zusammenklappbare Hütte aus Sperrholz und wird im Anhänger hinter dem Scooter gezogen. Wie eine Schnecke im Gehäuse lebt, so fischen die Norrländer gleich aus ihren Hütten heraus.

Ingas Mann verkörpert, wie im Norden nicht unüblich, den wortkargen Teil des Ehepaars. Er ist zur Stelle, wenn der Motor des Scooters bei minus dreißig Grad nicht anspringt. Er hat die Arche gebaut und hält das Feuer in Gang. Doch die Kommunikation innerhalb der verzweigten Großfamilie wird von Inga beherrscht. Gemeinsam haben die beiden mehrere erwachsene Kinder. Einer davon ist Matthias, jener Mann, der uns auf das Eis gelockt hat. Allerlei Onkel, Tanten und Kinder schütteln sich an diesem Tag die Hände oder fallen sich um den Hals. Bei der allgemeinen Vermummung ist es für uns schwer, den Überblick zu behalten.

So weit man blicken kann, ist der Rautasjärvi übersät von Löchern, die mit großen Drillbohrern in das Eis gebohrt werden. Die Fische zieht es zum Licht, das durch die Löcher einfällt. Das ist ihr großer Fehler. Denn dort warten Menschen wie die blonde Tina, die sich bäuchlings auf das Eis gelegt hat, damit sie näher am Geschehen ist. Tina schwenkt die Rute in das Bohrloch. In drei Meter Tiefe sieht man den Seegrund und mit sehr viel Geduld auch ab und an einen roten Fischleib vorbeiflitzen. Tina ist Ende zwanzig, kommt eigentlich aus Mittelschweden und hat mit dem Mann auch gleich in die Pimpelfischerei hineingeheiratet. Gelegentlich werfen sich Tina und Matthias von Bohrloch zu Bohrloch verliebte Blicke zu – wir anderen schauen dann weg und sind gerührt.

»Wenn man liegt, sieht man viel besser in das Loch, bis hinunter auf den Grund, und man kriegt mit, wenn ein Fisch kommt, um anzubeißen. Das ist wirklich spannend«, sagt Tina, senkt die kurze Rute in das Bohrloch und wirft einen Blick in die Tiefe.

Ihr Mann Matthias hat schon als Zweijähriger seinen ersten Fisch am Haken gehabt und weiß aus jahrelanger Erfahrung, was man tun muss, um hier nicht selbst zu Eis zu werden. Er mustert uns prüfend. »Bloß nicht zu viel anziehen«, sagt er und ruckt an der kurzen Angelrute, »und keine zu engen Sachen. Frauen sollten hier auf dem Eis ausnahmsweise auf *bella figura*, also auf figurbetonte Kleidung, verzichten. Alles darf gerne einige Nummern zu groß sein, auch die Schuhe. Es muss Platz bleiben zwischen den Socken und den Schuhen.« Und mit einem Seitenblick auf Tina fügt er hinzu: »Bei Frauen fließt das Blut im Herzen. Deshalb frieren sie immer an den Fingern.«

Zum Fischen braucht man Muße und Ruhe. Es ist nicht leicht bei diesen Temperaturen, als Zuschauer Langmut zu entwickeln. Da wir selber nicht fischen, fehlt uns auch der Adrenalinschub der Jagd. Wir springen auf dem Eis auf und ab und spielen Piano in den Handschuhen. Die Eisangler verschaffen sich aber ebenso Bewegung: Wenn sie lange genug erfolglos geruckelt haben, ziehen sie weiter: Sie bewaffnen sich mit einem benzingetriebenen Drillbohrer und versuchen ihr Glück an einer anderen Stelle auf dem Eis. Den Drillbohrer treiben sie übrigens mit laut knatternden Bohrmaschinen an. Mit der Ruhe ist es dann kurzfristig vorbei, was die Rödinge in drei Meter Tiefe unten im Bergsee aber nicht dauerhaft verscheucht. Zweitakt-Gerüche wehen über den See und verziehen sich in den Weiten Lapplands.

Inga winkt uns in ihre Arche, die tagsüber als Wärmestube, nachts als Schlafquartier für drei Personen dient. Die Behausung hat eine Wohnfläche von knapp vier Quadratmetern und steht auf Kufen. Niemand muss drinnen auf das Pimpeln verzichten. Selbstverständlich gibt es auch in der Hütte ein Angelloch, ebenso wie einen Ausguck, einen Diwan im Kleinformat mit Rentierdecke und natürlich eine Gaslampe, die zudem Heizwärme abgibt und für eine Temperatur deutlich über null Grad sorgt.

»Man weiß nicht, wann der Fisch auftaucht, und deswegen angeln wir die ganze Zeit«, sagt Inga. Sie rückt auf der Bank ein bisschen zur Seite, damit wir allesamt darauf Platz finden. Tonmann Thomas reicht von draußen das große Mikrofon herein. »Man weiß nie genau, wann sie beißen. Die großen Fische fangen wir vor allem morgens, aber manchmal kommen sie auch erst spät am Abend.« Notfalls angeln sie auch nachts, vom Licht her macht es keinen großen Unterschied.

Draußen wird es dunkel, es ist Zeit für das Mittagessen. Das Pimpeln war erfolgreich. Inga streift sich die wollenen Handschuhe ab und nimmt bei minus zwanzig Grad ein Dutzend rotbäuchiger Fische aus. Das Rezept für den Forellen-Fisch aus dem Bergsee am Polarkreis ist einfach: Die Fische werden gesalzen, mit Zitronenpfeffer eingerieben und dann in Folie eingewickelt und auf den Grill gelegt. Lagerstätte ist ein Platz mitten auf dem Eis. Das Feuer aus mitgebrachten Birkenscheiten flackert, und wenn der Wind dreht, heißt es umziehen, sonst bekommt man zu viel Rauch ab. Um das Feuer herum sitzen ein Dutzend Menschen auf Rentierfellen, die meisten im Schneidersitz, und wärmen sich so gut es geht.

Eine blonde Frau mit langen Haaren summt Lieder. Yana Mangi stellt sich als »Sängerin der Sami« vor. Sie ist mit ihrem Sohn für einen Nachmittag auf dem Scooter von Kiruna gekommen. Um ein paar Ecken ist sie mit Inga verwandt.

Yana Mangi ist eine von zwanzigtausend schwedischen Samen, aber eine mit Eigentumswohnung und Mikrowelle – und mit einer schönen Stimme. Wenn sie nicht singt, erzählt sie Geschichten: Mitten in der Einöde hat die Welt uns wieder, denn Yana berichtet vom König der Schweden. Mit dem sei sie per Du. Jedenfalls habe er sich nicht beklagt, als sie ihn in der Konzerthalle in Kiruna mit »Hej, Kungen« begrüßte. Sie meint zu wissen, dass der König tief in seiner Seele ein echter Rock 'n' Roller sei. Yana durfte beim Empfang des neuen Reichstags in Stockholm aufspielen. Karl XVI. Gustav, so sagt sie, sei zwar tagein, tagaus mit Königin Silvia in der Hochkultur zu Gast, aber eigentlich höre er lieber Rockmusik. Außerdem liebe er die silbernen Seen Lapplands.

Man kann diese Sehnsucht des Königs nach der Urlandschaft des Nordens gut nachempfinden, wenn Yana das Glück besingt, ein Mensch zu sein, und man dabei eingemummelt, mit einem frisch gegrillten Röding in der Hand auf dem Eis am Feuer sitzen darf.

Doch irgendwann wird es mir zu kalt, und ich gehe

mich aufwärmen. Die Arche ist schon voll. Zum Glück gibt es noch eine Arche, eine zweite Wärmestube aus Eis.

Der Iglu

Zu den Freuden der mittleren Jahre gehört die Möglichkeit, alte Jugendträume aufleben zu lassen. Damals, als es in Deutschlands Norden noch richtige Winter gab, bauten wir Geschwister im Garten einen Iglu, stellten ein Teelicht hinein und redeten uns ein, das sei gemütlich.

Was da am Rande des Sees entsteht, sieht aus wie der Iglu meiner Kindertage, nur drei Mal so groß. Drinnen steckt Micke, einer dieser nordischen Tausendsassas: alterslos und freundlich, mit einem kleinen Schnauzer und dem langsamen, melodischen Idiom des Nordens. Micke kann Lastwagen auseinandernehmen und im Regen Feuer zaubern. (Ein hilfreicher Tipp: Birkenrinde brennt immer, auch wenn sie feucht ist.) Von Schneehütten versteht er eine Menge, denn er trainiert schwedische Soldaten in der Technik des Iglubaus als Teil ihres Überlebenstrainings.

Wir haben nicht ernsthaft vor, darin zu übernachten, aber ein Iglu wäre in jedem Fall eine Alternative zum heimischen Bett, falls etwa der Scooter nicht anspringen sollte.

»So ein Iglu hat eine Idealfigur – rein statisch«, meint Micke. Drei Meter Durchmesser und 165 Zentimeter Höhe. Die Bauzeit liegt bei vier bis fünf Stunden, in dieser extremen Kälte darf man nichts überstürzen. »Wenn man sich beeilt, dann fängt man an zu schwitzen«, sagt Micke und stützt sich auf seinen Spaten. Beim Reden steigen Dampfwölkchen aus seinem Mund, der Schnauzer ist gefroren. »Das ist nicht gut, denn wenn man mit der Arbeit aufhört, dann fängt man dank des Schweißes an zu frieren. Man muss ruhig bleiben, aber das ist nicht so schwierig für uns Nordschweden. Wir machen uns sowieso keinen Stress.«

Bevor er den Iglu aushöhlt, steckt Micke kleine Stöckchen mindestens fünfzehn Zentimeter tief in den Schneeberg, damit er später beim Graben nicht zu weit vordringt und dadurch die Wand des Iglus beschädigt. Dann packt er die Schippe und gräbt einen Eingang, schaufelt und schaufelt. Wir kriechen mit in den Innenraum, in dem drei Personen Platz zum Sitzen finden. Drinnen ist es warm. Die Temperatur liegt stabil um den Gefrierpunkt, mag es draußen auch zwanzig Grad minus haben.

Als Micke fertig ist, überfällt mich der unwiderstehliche Drang, für ein paar Minuten die Augen zu schließen. Micke lässt mir eine brennende Kerze zurück, kriecht rückwärts aus dem Iglu und verschließt den Eingang mit einer Decke. Doch vorher gibt er mir noch einen Rat. »Wenn die Kerze erlischt«, warnt er, »musst du sofort raus. Dann gibt es keinen Sauerstoff mehr im Iglu.«

Der Dichter auf der Loipe

Früher glaubten die Reisenden, sie seien am Ende der Welt angelangt, wenn sie am Tornefluss standen. Jenseits des Flusses gebe es nur Eis, Schnee und Einsamkeit. Später, als man wusste, dass die Welt hinter dem Fluss weitergeht, nannte man diese Gegend in Nordschweden schlicht »eine tote Ecke«. Tote Ecken ziehen verrückte Vögel an. Sie werden hier auch geboren, wie etwa das Sprachgenie Mikael Niemi aus dem kleinen Städtchen Pajala am Tornefluss. Pajala ist ein Ort voller unglaublicher Geschichten, obwohl er auf den ersten Blick wie die ewige Provinz wirkt. Es gibt dort noch nicht einmal eine Ampel.

Mikael Niemi ist in seiner Heimat ein berühmter Mann. Jeder kennt seinen Roman »Populärmusik aus Vittula«. Eine Million Schweden haben das Buch gekauft. Bei einer Gesamtbevölkerung von neun Millionen kann man ohne Übertreibung sagen, dass das Buch wie eine Offenbarung kam: Schweden hat sich dank Niemi endlich mit seinem dünn besiedelten Norden und seiner Arme-Leute-Ecke im Tornedal ausgesöhnt.

Mikael Niemi ist der Kopf und der Poet dieser Region. In der Schule lernte er einst, dass Schweden auf seine Heimat auch gut verzichten könnte. »Ein nördlicher Anhang, ein paar öde Sumpfgebiete, in denen kaum Menschen lebten, die es kaum schafften, Schweden zu sein.

Wir waren anders, ein bisschen unterlegen, ein bisschen ungebildet, ein bisschen arm im Geist. Wir hatten keine Rehe oder Igel oder Nachtigallen. Wir hatten keine Berühmtheiten. Wir hatten keine Achterbahnen, keine Verkehrsampeln, kein Schloss und keinen Herrensitz. Wir hatten nur unendlich viele Mücken (...).

Wir hatten die schlechtesten Ergebnisse im Standardtest im ganzen Reich. Wir hatten keine Tischsitten. Wir trugen auch im Haus Mützen. Wir suchten nie Pilze, vermieden Gemüse und aßen nie Krebsschnitten. (...) Wir gingen mit den Füßen auswärts. Wir radebrechten auf Finnisch, ohne Finnen zu sein, wir radebrechten auf Schwedisch, ohne Schweden zu sein.« Wer so schreibt, hat die Würde des Underdogs, und Underdogs haben ihren Stolz.

Wer den Schriftsteller persönlich treffen will, muss sich zu ihm bewegen. Wir verabreden uns auf der Langlaufloipe, nachmittags um vier Uhr. Das klingt vielleicht ungewöhnlich, ist es aber nicht. Mikael Niemi ist sehr naturverbunden und hat seine Gewohnheiten. Unser gemeinsamer Verlag unternahm vor einiger Zeit den Versuch, Niemi im Herbst aus Pajala herauszulocken, und lud ihn zu einer Lesung nach Deutschland ein. »Da kann ich unmöglich weg sein«, war die Antwort. Leider fiel der Termin mit der Elchjagd zusammen: Pech für das deutsche Publikum. So sind die Schweden; nicht alle, aber viele.

Das bedarf vielleicht einer Erklärung: Es weiß ja jeder, dass die Schweden gerne Elchen nachstellen, vom

Bauern bis hin zu König Karl XVI. Gustav. Wenn sie damit beschäftigt sind, dann sind sie für nichts anderes zu sprechen. Niemi macht da keine Ausnahme. Die Jagdbegeisterung geht sogar so weit, dass oben in Norrland während der Elchsaison viele Tankstellen geschlossen sind. Denn warum sollten ausgerechnet deren Pächter an der Kasse stehen, wenn alle anderen durch die Wälder ziehen? (Spötter behaupten übrigens, die schwedischen Männer würden ihren Erziehungsurlaub gerne in der Elchsaison nehmen.)

Mitte Januar kann die Elchsaison nicht mehr als Argument herhalten, denn dann ist sie lange vorbei. Die Zeit scheint passend für einen Besuch in Pajala und bei dessen Hauptattraktion Mikael Niemi. Eines der Viertel heißt Vittula, und das ist eine freundlich gemeinte Bezeichnung des weiblichen Geschlechtsteils. Vittula heißt so, weil es zu Mikaels Kindertagen ein ausgesprochen fruchtbarer Stadtteil war. In diesem Viertel wuchs Niemi auf.

Pajala liegt nicht weit von Kiruna entfernt. Uns erwartet eine Reise durch eine extrem dünn besiedelte Landschaft mit niedrigem Wuchs und vielen Hügeln. Leider gibt die Heizung unseres neuen ARD-Dienstmobils vom Typ Volkswagenbus kurz hinter Kiruna den Geist auf. Innen auf der Scheibe bilden sich Eisblumen. Wir müssen ständig kratzen, nur um dem Fahrer ein kleines Sichtfenster freizuhalten. Doch irgendwann haben wir Pajala erreicht. Die Loipe ist nicht zu verfehlen, aber von Niemi fehlt jede Spur. Wir stehen bis zu den Oberschenkeln im jungfräulich weißen Pulverschnee und warten. Endlich sehen wir ein winziges Lichtlein. Der Dichter nähert sich.

Niemi dampft und keucht und leuchtet: Er trägt die einschlägige Grubenlampe auf der Stirn. Der Autor liebt das Schreiben, er liebt den zähen Kampf des Langläufers, am meisten aber liebt er die Natur. »Das Langlaufen lasse ich nie ausfallen. Es ist doch so schön um diese Zeit, wenn die Zweige voller Schnee hängen.«

Niemi ist ein ungemein hagerer Mann mit einem blassen Teint, einer langen Nase und sehr durchdringenden Augen. Auf den ersten Blick wirkt er wie ein freundlicher, leicht entrückter Zeitgenosse, der sich einfach freut, dass er jeden Tag Skilaufen darf. »Aus irgendeinem Grund drehen sie auf dieser Anlage bei genau einundzwanzig Grad minus die Beleuchtung ab, aber dann gibt es ja immer noch den Mond.«

Es sind nur minus siebzehn Grad, und Niemi dreht noch eine Runde. Das ist vermutlich das Aufregendste, was man hier oben anstellen kann.

Dann packt Niemi uns in seinen Kombi und betätigt sich als Stadtführer. Es geht vorbei an einer Tankstelle und an der zweistöckigen backsteinernen Kläranlage, auf deren Dachboden die Jungs einst illegal Schnaps brannten. Niemi schraubt sich aus seinem Auto, um uns das Hinweisschild zu zeigen. Das Klärhaus ist dank des Millionenerfolgs seines Romans zum Kulturdenkmal avanciert und inzwischen ein fester Stopp für alle Bustouristen, die im Sommer auf Vittula-Tour durch Pajala reisen. Niemi freut sich sichtlich, dass eine nordschwedische Fäkalienentsorgungsstation zum kulturellen Highlight werden konnte.

Dann kurvt Niemi vorbei an den großen Holzhäusern des berühmten Vittula-Viertels und spricht von der Tristesse der langen Winterabende. Er erzählt, dass er schon früh angefangen habe zu schreiben. Es habe ja auch genug Stoff gegeben, etwa die klassische Aufklärungsstunde zwischen Vater und Sohn in der Familiensauna. Der pubertierende Sohn (Niemis Alter Ego) in »Populärmusik aus Vittula« denkt, der Vater wolle ihm Altbekanntes auftischen, wird aber eines Besseren belehrt. Was er vom Vater erfährt, ist vertraulich und nur für die Ohren der männlichen Familienmitglieder bestimmt.

»›Mein Vater, also dein Großvater, war ein richtiger Hengst in seiner Jugend. Deshalb habe ich zwei Halbgeschwister. (...) Sie sind in meinem Alter und haben selbst Kinder. Hier in der Pajala-Gegend hast du also fünf direkte Cousins und Cousinen, von denen du nichts weißt, genauer gesagt sind es drei Cousinen, und du musst wissen, wer sie sind, um Inzucht zu vermeiden.‹ Er zählte sie auf. Eine von ihnen ging in meine Parallelklasse und war richtig süß.«

Pajala ist auch in Wirklichkeit eine sehr fruchtbare Gegend, mit vielen familiären Verbindungen und deshalb nicht ohne Risiken für Heranwachsende. Niemi selbst hat ungefähr einhundert Cousinen im Ort, erzählt er uns glucksend vor Vergnügen, während wir die Dorfkneipe ansteuern. Zu ihm nach Hause dürfen wir nicht.

Keine Journalistenbesuche – das hat er seiner Frau versprochen.

Wir wärmen uns in der Kneipe auf, und Niemi leert eine Tüte voll mit Übersetzungen seines Buchs auf dem Holztisch aus. Wir probieren aus, wie sich »Populärmusik aus Vittula« auf Italienisch anhört, und als einer von uns die niederländische Version entdeckt, erzählt Niemi von seiner Ehefrau, die aus der Nähe von Groningen in Friesland stammt. Die Friesen bilden eine Minderheit in den Niederlanden, ähnlich wie die Tornedal-Schweden, zu denen Niemi zählt, in Schweden. Möglich, dass diese Erfahrung verbindet.

Die beiden lernten sich einst an der Universität von Luleå kennen. Es hat, so erzählt der Autor, seine innere Bewandtnis, dass er sich eine Frau von ganz weit weg zur Partnerin nahm: »So konnte ich es vermeiden, unwissentlich eine meiner eigenen Cousinen zu heiraten«, sagt er und lacht.

Niemi kennt hier jeden, und jeder kennt ihn. Er dürfte zu den wenigen Dichtern gehören, die ungestraft über die Heimlichkeiten ihrer Nachbarn schreiben können. August Strindberg hatte praktisch Hausverbot auf der vor Stockholm gelegenen Insel Kymmendö, die er in seinem Buch »Die Leute auf Hemsö« beschrieb. Thomas Mann hatte sich durch seinen Familienroman »Die Buddenbrooks« viele Sympathien in Lübeck verscherzt.

Niemi hat sein eigenes Rezept der Integration. Das beginnt schon mit der äußeren Erscheinung: Draußen vor dem Gasthaus steht sein rotes Auto mittlerer Preisklasse, ein typischer Familienkombi. Die Skikleidung ist alles andere als mondän, die Bücher trägt er in der Plastiktüte. Bei einer Million verkauften Exemplaren seines Romans allein in Schweden könnte er vermutlich auch anders leben.

»Natürlich hätte ich für mein Buch auch Prügel bekommen können, hier in Pajala. Aber ich bin rechtzeitig, nämlich drei Jahre vor dem Erscheinen, wieder hergezogen, und jetzt lebe ich hier. Als einer von ihnen.«

Sein Vater war Polizist, erzählt Niemi mit leuchtenden Augen. Er hatte von Berufs wegen Zugang zu allen Familien und kannte die wahren Geschichten hinter den Fassaden. Sein Sohn hat sie aufgeschnappt und ein Buch geschrieben, in dem sich viele Menschen wiederfinden. Denn Pajala ist überall (so der Tenor begeisterter Leserbriefe aus dem niedersächsischen Lohne-Dinklage bis aus Truro in Cornwall). Die Provinz ist global und bedurfte dringend einer literarischen Würdigung.

Wie unverwüstlich die Provinz ist, erfahren wir noch am selben Nachmittag: Als alles gesagt ist und die Stunde des Schweigens beginnt, zündet Niemi ein Feuer im Kamin der Gastwirtschaft an. Das klappt erst nicht, dann entwickelt sich plötzlich eine enorme Rauchwolke. Der Brandmelder tut, was er soll. Er piepst eine Weile und alarmiert die Zentrale. Es dauert eine Dreiviertelstunde, bis Hilfe kommt. Niemi ist längst in seinem Volksauto mit den drei Kindersitzen nach Haus gefahren, und das Feuer ist längst erloschen, als draußen ein Einsatzwagen der Feuerwehr das Hotel ansteuert. Wir können sie beruhigt wieder zurück zur Wache schicken.

Mit dem Bücherbus durch Lappland

Von Pajala ist es nur ein Katzensprung zu den Nachbarn, den Finnen. Sie haben der Welt ein Rätsel aufgegeben: Wieso liegt das kleine Land am Rande des Kontinents bei allen Bildungswettbewerben einsam an der Spitze?

Eine der einfachen Wahrheiten des Lebens am Polarkreis bei dreißig Grad unter Null ist, dass man viel Zeit zum Lesen hat. Einer alten finnischen Faustregel zufolge verhält sich die Größe des Bücherbergs umgekehrt proportional zur Einwohnerzahl pro Quadratkilometer. Penttii hat das so erklärt und dabei ein bisschen geschmunzelt. Er ist ein drahtiger Mann Ende fünfzig. Früher war er Hausmeister, jetzt ist er reisender Bibliothekar, und das macht ihm wesentlich mehr Spaß.

Penttii hat sich uns nur nach einigem Zögern für eine Reportage zur Verfügung gestellt, aus Bescheidenheit, wie ich vermute. Sein großer blauer Bus steht am Straßenrand, der Dieselmotor läuft schon und entlässt eine Rauchfahne in den klirrend kalten Morgen. Eine Million und dreihunderttausend Kilometer ist Penttii schon unterwegs gewesen. Die dreihunderttausend Kilometer zeigt der Tacho an, die Million muss man sich dazudenken.

Fünf Tage die Woche bringt Penttii den Menschen das, wonach sie wirklich verlangen. Während der Minuten vor dem Start des Busses darf man Penttii besser nicht ansprechen. Er hat den Kopf voller Einzelwünsche und sucht diese in den Regalen zusammen. Konzentriert durchforstet er seine Schatzkammer, die Stadtbibliothek von Kemi mit einem Bestand von mehr als zweihunderttausend Büchern.

Drinnen bietet der Bus Platz für eine ganze Schulklasse, hinten befindet sich ein Internetsalon mit drei PCs, seitlich gibt es ein paar Sitzplätze – zum Schmökern und zum Blutabnehmen, wenn einem danach ist. An den Wänden stehen Regale mit Lesestoff, der eine ganze Region durch den Winter bringen soll. Wenn man lange genug aus dem Fenster auf die kurz gewachsenen Nadelbäume und die undramatischen Hügel geblickt hat, versteht man den hiesigen Hunger nach Lektüre.

Die erste Station ist ein Schulhof bei Kemi. Die Region lebt vom Holz der ewigen Wälder, die hier zu Papier verarbeitet werden. Der süßliche Geruch der Zellulose hängt bei Ostwind über der Stadt. Penttii kommt pünktlich zur großen Pause, und obwohl er weder Eis noch Süßigkeiten verkauft, drängen sich die Schüler um seinen Bus. Sie sind eben Finnen und als solche Weltmeister im Lesen. Sie leihen einhundert Millionen Bücher aus, jeder von ihnen zwanzig pro Jahr.

Das Land ist zu dünn besiedelt, um auch nur auf einen einzigen Leser zu verzichten. Nichts verstaubt hier im Regal. Penttii hat schon vorsortiert, und er hat den Lesestoff thematisch den Lebensbedingungen am Polarkreis angepasst. Im Regal findet sich ein halbes Dutzend Fachzeitschriften für »Snowmobiles«, die bei Jungs jeden Alters sehr beliebt sind. »Snowmobiles« können bis zu zweihundert Kilometer schnell fahren, und jedes Jahr kommt ein Dutzend neue Modelle auf den Markt.

Auch eine Lehrerin blättert in der Auslage. Pirkko heißt die Dame mit den freundlichen Grübchen und den wachen Augen, die Deutsch und Englisch unterrichtet. Zum Abschied gibt sie uns einen Rat für daheim. »Wir Finnen gehen anders mit Kindern um. Ich kenne das deutsche Schulsystem ein bisschen. Ihr kümmert euch eher um das Abschneiden einer ganzen Klasse, wir uns um jeden Einzelnen.«

Man könnte annehmen, dass Penttii sämtliche Dörfer im Umkreis von einhundert Kilometern anfährt, aber das wäre untertrieben: Er fährt sogar jedes einzelne Gehöft an, in einer Gegend, wo sich sonst nur Schneehase und Elch Gute Nacht sagen. Um in diesem Job nicht unterzugehen, bedarf es eines langen Atems.

»Mein Hobby ist der Marathon«, sagt Penttii und kurbelt seinen Achtzehntonner um die Kurve. Der Hang zu Höchstleistungen scheint den Finnen im Blut zu liegen. Als der Bus die nächste Station ansteuert, zieht ein kleines Mädchen einen Schlitten voller Bücher hinter sich her. Sie heißt Esther, und der Bus mit seinen zweitausend Büchern an Bord fährt den Hof ihrer Familie einmal die Woche an. Andere Besuche sind dort selten, der Winter ist lang, kurz nach dem Mittagessen beginnt die Nacht, und vielleicht käme auch die Langeweile – wenn es Penttii nicht gäbe.

Penttii bringt nicht nur neue Bücher, CDs und ein bisschen Klatsch, sein Bus ist auch die erste medizinische Anlaufstation für seine Kunden und ein fahrender Bankschalter mit drei Terminals. Beim nächsten Halt, wieder an einer Schule, sind wir ein bisschen zu früh gekommen, und die Schulleiterin nutzt den Besuch des Busses, um am Computer einen Strafzettel zu bezahlen, selbstverständlich online.

Penttii fährt den Lesestoff tagein, tagaus quer durch die finnische Pampa, und niemand käme auf die Idee, darin einen besonderen Luxus zu sehen. Es finden sich allerdings auch gute Gründe, den Bücherbus einmal zu verpassen. Nicht alle Finnen sitzen den ganzen Winter hinter dem Fenster und lesen. Tatsächlich gibt es manchmal Wichtigeres zu tun, vor allem in der Jagdsaison. Deshalb findet Penttii einen seiner Stammkunden in der Garage vor; an einem Flaschenzug hängt ein frisch geschossener Elch, dem die Jagdgesellschaft gerade das Fell abzieht. Als wir mit der Kamera in die Garage stürzen, werden die Jäger misstrauisch. Ob wir von den radikalen Jagdfeinden kämen? Doch wir können sie beruhigen. Uns interessieren heute nur Bücher und deren Platz im Herzen der Finnen.

Der Chefjäger möchte eigentlich lieber den frisch geschossenen Elch fertig abziehen, aber Ausleihfrist ist Ausleihfrist, und die ist abgelaufen – und so zieht der Jäger seine Handschuhe aus, fischt seinen Bibliotheksausweis aus der Tasche und wendet seine volle Aufmerksamkeit der Literatur zu, wenn auch nur für ein paar Minuten. Der Mann erweist sich als ein Vielleser. »Ich kenne eigentlich alle Bücher schon. Das Angebot ist okay, für mich aber zu klein.«

Da er nun einmal im Bus ist, wird gleich sein Blutdruck gemessen und aufgezeichnet, eine Mitteilung geht an die Gesundheitszentrale.

»Dein Blutdruck ist ein bisschen hoch«, sagt Penttii.

Kein Wunder, er sei ja auch gerade eine halbe Stunde lang hinter dem Elch durch den Wald gerannt, entgegnet der Jäger.

Es ist sieben Uhr abends, als der Bus nach einer langen Reise von dreihundert Kilometern seine letzte Station anfährt, wo in der Dunkelheit Kinder auf ihre Wochenration warten.

Zwei Mädchen, sechs und acht Jahre alt, warten im Schnee, im Schein der Laterne. Die kleinere sagt kein Wort, von der älteren erfahren wir, dass ihre jüngere Schwester vier bis zehn Bücher ausleihe, jede Woche. Man könnte behaupten, es sei pure Geldverschwendung, einen tonnenschweren Bus regelmäßig auf Hausbesuch zu schicken.

»Aber Finnen«, so sagt Penttii, »können eben einen Gedanken nicht ertragen: dass irgendjemand auf der Strecke bleibt.«

Der Männerchor vom Eismeer

Wer im Winter in das norwegische Berlevåg will, muss die letzten fünfzig Kilometer über die kahle, eisige Hochebene in Kolonne fahren.

Tania Blixen fand in ihrer Erzählung »Babettes Fest« schöne Worte für dieses Ende der Welt, wo es rechts nach Murmansk und geradeaus zum Nordpol geht. »In Norwegen gibt es einen Fjord – einen langen, schmalen Meeresarm, zwischen hohen Bergen – mit Namen Berlevaag-Fjord. Am Fuß der Berge liegt die kleine Stadt Berlevaag, die wie ein Puppenstädtchen aus dem Kinderbaukasten aussieht. Lauter hölzerne Häuserchen in grau, gelb, rosa und vielen anderen Farben.«

Ganz so schön ist Berlevåg nicht mehr. Im Zweiten Weltkrieg brannten deutsche Truppen auf dem Rückzug alle Häuser bis auf zwei nieder. Die Bewohner flüchteten sich für Monate in Höhlen, und das in einer Gegend, wo man an einem normalen Tag im Spätsommer keinen Hund vor die Tür schicken würde.

Die Temperatur liegt im Winter bei drei Grad, im Sommer auch. Hier fängt die Arktis an, und ohne den Golfstrom gäbe es in dieser Region nur Permafrost und Schneewüste. Der Wind bläst an 365 Tagen im Jahr, so dass die Bewohner des kleinen Städtchens an der fischreichen Barentssee ihre liebe Mühe hatten, einen vernünftigen Hafen zu bauen. Die Bauarbeiten zogen sich von 1875 bis 1975, ein volles Jahrhundert. Vier Molen wurden von den Stürmen der Barentssee überrannt und weggerissen. Es ist noch gar nicht lange her, da konnten die Schiffe der Hurtig-Route nicht im Hafen anlegen, sondern mussten ihre Fracht draußen auf der Reede in kleinere Boote umladen. Als Transportmittel dienten große Käfige, und die Bewohner von Berlevåg fühlten sich wie Stückgut bei der Verladung, wenn sie mit der Hurtig-Route ankamen oder abreisten. Nun ist die Mole sturmfest, aber leider sind die Fische weg.

Berlevåg ist ein Beispiel dafür, was passiert, wenn die großen Handelsströme einen anderen Weg nehmen: Die schwimmenden Fischfabriken bleiben gleich auf See, die Konservenfabrik von Berlevåg ist pleite, Häuser kann man für zehntausend Euro kaufen, und im Hafenbecken ist viel Platz; wenn man lange genug sucht, entdeckt man darin vielleicht auch einen Seehund. Es sind schlechte Zeiten für alte Seebären.

Zwei von ihnen treffen sich zur Mittagszeit auf der Mole. Oddvar und Brynjar haben Besseres zu tun, als in alten Erinnerungen zu schwelgen. Sie machen Gesangsübungen, und das kann man schon von weitem hören, denn sie verfügen über zwei kräftige Männerstimmen mit der Übung von Jahrzehnten. Eine ganze Stunde Training am Tag haben sie sich verordnet. Ihre Frauen sehen es nicht so gerne, wenn sie zu Hause üben. Also bleibt ihnen nur die Mole, und so ein Spaziergang zur Mittagszeit hebt im Winter die Stimmung.

Draußen braut sich etwas zusammen, die Barentssee

ist flach und berüchtigt für ihre hohen Wellen. Dreizehn Meter werden erwartet. Oddvar ist früher zur See gefahren, in den Glanzzeiten der norwegischen Handelsmarine. Er hat sich den Seemannsgang bewahrt, der hier auf der Mole auch angesagt ist, und er trägt eine Pudelmütze. Oddvar hat wache braune Augen und ist immer nah am nächsten Scherz. Mit seinen siebenundfünfzig Jahren ist er einer der jüngsten Sänger von Berlevåg. Brynjar wirkt ein bisschen steifer. Er hat, nachdem er die Seefahrt an den Nagel gehängt hatte, die Schule des Orts geleitet, und nun dirigiert er den Chor.

Die beiden sind zu Späßen aufgelegt und demonstrieren uns eine wichtige Überlebensregel. »Lehnt euch nicht zu sehr in den Wind. Sonst überschlagt ihr euch, wenn der Wind plötzlich nachlässt.«

Sie dementieren aber die Sache mit den Handgriffen an den Häuserecken, die es hier wegen des starken Windes geben soll. Das sei ein Aprilscherz.

Während wir noch auf der Mole stehen, senkt sich die Nacht über Berlevåg. Tatsächlich ist es erst Viertel vor zwei, ein langer dunkler Nachmittag beginnt. Er könnte trostlos sein, wenn es nicht seit zweiundvierzig Jahren diesen einen festen Termin gäbe: Jeden Montag um halb acht Uhr am Abend findet die Chorprobe des Männergesangvereins von Berlevåg statt. Von draußen hört man sie schon singen: dreißig Männer in Cordhosen, Jeans und Seemannspullovern. Sie haben wenige Haare auf dem Kopf und viel Stimme. Das Durchschnittsalter liegt bei etwa siebzig Jahren.

Der Chor hangelt sich eine halbe Stunde lang die Tonleiter rauf und runter, dann proben die Männer norwegische Kirchenlieder und Seemannsweisen für den nächsten Auftritt.

Es gab Zeiten, da saß der Dirigent im Rollstuhl, und die beiden ältesten Chormitglieder waren zusammen einhundertneunzig Jahre alt. Das war 1999, und die Bilder rührten ganz Norwegen. Damals wurde der Chor entdeckt, und es entstand ein Dokumentarfilm, der in alle Kinos kam. Die Männer von Berlevåg reden darin, wie ihnen der Schnabel gewachsen ist, sie singen sehr schön und sehen prächtig aus mit ihren Goretex-Jacken über dem Smoking.

»Heftig und begeistert«, so der Filmtitel, avancierte zum Kassenschlager. Zur Vorstellung des Films wurden die singenden Seeleute vom Eismeer sogar nach Japan eingeladen. Ein Teil der Dokumentation handelt von einem dreitägigen Freundschaftsbesuch im nahen Murmansk, bei dem offenbar große Mengen Alkohol flossen und besonders die eine Hälfte der Einwohnerschaft den Kontakt mit den Herren aus Norwegen suchte. Ein Vergnügen, das sich bei jedem erneuten Erzählen immer noch ein bisschen steigert.

Der Chor hat seine Gewohnheiten, und dazu gehört ein Besuch in der Gaststätte, nach jeder Probe. Die Bässe rauchen, um ihre Stimme zu erhalten. Die Tenöre trinken Mineralwasser mit Zitronengeschmack. Es wäre sehr prosaisch zu sagen, dass die Chormitglieder im Wesentlichen singen und saufen. Manchmal denken sie auch nach, etwa darüber, dass ein Chor mehr ist als die Summe seiner Sänger, und wie schön es ist, dass sie hier unter sich sind.

Nils, ein ehemaliger Lehrer mit tiefer Stimme und einer runden Brille auf der Nase, sitzt am Rande der Gruppe vor seinem Bier. Er lobt den Chor als letzten männlichen Freiraum. »Wir haben unseren eigenen Ton und unsere eigene besondere Art. Wir könnten nicht so sein, wenn Frauen in der Nähe wären. Deshalb finde ich es sehr gut, dass wir so eine Oase für Männer haben, denn heute sind die Frauen überall, wo man nur hinguckt.«

Die Frauen von Berlevåg haben natürlich ihren eigenen Chor und dreiundvierzig weitere Vereine. Ob sie nicht manchmal unruhig werden, wenn ihre Männer zu lange auf Tournee sind? Oder wenn sie sich Sprüche von ihren Ehemännern anhören dürfen wie: »Warum Frauen mit auf Reisen nehmen? Du spinnst wohl, man nimmt doch auch keinen Fisch mit auf die Lofoten.«

Was den Männern ihre Kneipe ist, ist den Frauen wohl die Kaffeetafel. Wir sind eingeladen bei Maj und Mary, deren Ehemänner all die Chorreisen mitgemacht haben. Sie servieren Waffeln mit Marmelade und Schlagsahne. Werden sie denn gar nicht nervös bei dem Gedanken, wen die Sänger auf ihren Reisen alles kennenlernen könnten?

Die zwei Damen haben anscheinend mit dieser Frage gerechnet, und die Antwort lässt nicht lange auf sich warten. »Sollte es unterwegs andere Frauen gegeben haben«, sagt Maj, »dann haben sie unsere Männer jedenfalls nicht an der Rückkehr gehindert. Unsere Männer sind viel zu häuslich. Sie wollen wieder nach Hause. Sie gehören hierher.«

Mary Gundersen, wie ihre Freundin um die sechzig Jahre alt und mit einer tiefen rauen Stimme vom Genuss vieler Zigaretten, ergänzt lachend: »Außerdem sind sie ja auch nicht mehr die Jüngsten! Da sollen die sich doch nichts vormachen!«

Die Fischer von Berlevåg haben ihre eigene Sauna am Hafen. Wir sind eingeladen, uns ebenfalls aufzuwärmen, und sind nicht wirklich überrascht, dass der Männerchor vom Eismeer auch ein eigenes Lied für die Sauna geschrieben hat. Zu zehnt sitzen sie auf dem Holzgerüst. Brynjar dirigiert im Stehen mit einem Birkenzweig. Da sie überall singen, können sie es auch in der Sauna nicht lassen. Der Refrain lautet: »Frisch durchblutet, werden alle Organe fast wieder neu, bei uns in Berlevåg.«

An diesem Abend kehrt ein Fischerboot nach einem mehrtägigen Fang nach Berlevåg zurück und wird erst einmal von Eis freigeklopft. Das Postschiff, auf das alle warten, kommt jedoch nicht: zu viel Eis, zu viel Sturm. Eigentlich wollte uns der Männerchor auf der Hafenmole eine Probe seines Könnens geben und dabei das Postschiff begrüßen.

Doch versprochen ist versprochen, und so ziehen die zwei Dutzend Sänger vor die Dorfkirche, nachts um elf Uhr bei elf Grad minus, den Smoking unterm Goretex, und bauen sich zu einem Konzert auf. Es spielt keine

Rolle, dass der Sturm wieder einmal horizontal kommt und einige der Herren die Mütze auf dem Kopf festhalten müssen. Sie stehen fest auf beiden Beinen draußen auf der Straße und singen allen Ernstes drei Lieder mit jeweils allen Strophen, und weil es so schön ist, auch noch eine Zugabe. Wir freuen uns über das Stehvermögen der alten Herren und frösteln stille.

»Wer sich hier vom Wetter stören lassen würde«, sagt Chorleiter Oddvar beim Gehen und grinst, »der hätte schon verloren.«

Winterbaden mit den Orcas

Der Norden mag eine tote Ecke sein, nicht jedoch für Menschen, die das Winterbaden schätzen. Es gibt kaum eine größere Wonne, als nach der Sauna kurz in den Atlantik zu hüpfen. Der Golfstrom temperiert nämlich das Seewasser auf etwa vier Grad plus. Die Luft ist dagegen arktisch kalt. Ein kurzes Bad im Meer wirkt wie eine warme Dusche. Besonders geeignet zum Winterbaden ist ein Fjord in der Höhe der Lofoten, der Tystfjord. Dort ist auch für Gesellschaft gesorgt, denn Heringe und Orcas halten in diesem Meeresarm zwei Monate lang Winterlager.

Es ist zehn Uhr morgens, das Thermometer zeigt zehn

Grad unter null, und leichter Nebel liegt auf dem Wasser. Die Sonne bleibt knapp unter dem Horizont, die roten Schwimmwesten werfen das Licht zurück, das einen Kontrast zum tiefen Dunkelblau des Meeres bildet. Schnee bedeckt das Schlauchboot, die Tampen sind steif gefroren, aber das Meer ist offen, dem Golfstrom sei Dank, auch wenn ringsum hohe Berge in Eis und Schnee erstarren.

Gestern bei unserem ersten Versuch war es zu windig, eine besonders große Welle schlug ins Schlauchboot und zerstörte die feinen Kontakte im Tonmischpult. Ersatz aus Deutschland ist unterwegs, aber das kann ein paar Tage dauern. Doch Thomas, der Tonmann, hat den Dreh durch eine geschickte Überbrückung von Kabel zu Kabel gerettet. Überhaupt scheint heute der richtige Tag zu sein, ruhig und sonnig. Ich habe vielleicht gerade deshalb schlecht geschlafen. Sturm wäre eine schöne Ausrede, denn wann taucht man schon freiwillig im eisigen Wasser nach den Tieren mit dem schlechten Ruf. Noch könnten wir umkehren, uns im Basislager wieder ins Bett legen und die schwarz-weißen Riesen im Bilderbuch betrachten.

Cathy und Rolf werden uns begleiten. Rolf startet die Motoren, die Tauchlehrerin Cathy holt die Leinen ein. Beide wirken konzentriert und sehr drahtig. Wer mit den Orcas tauchen will, darf keinen Speck ansetzen. Rolf trägt eine selbst gestrickte Wollmütze, die an einen Kaffeewärmer erinnert. Er ist der Kapitän des sieben Meter langen Schlauchboots mit den beiden großen Außenbordmotoren, und er ist vergleichsweise leicht bekleidet mit einem Wollpulli und einer Seejacke. Die Küstenbewohner scheinen bei zehn Grad minus Hitzegefühle zu entwickeln. Sie sind wohl Schlimmeres gewohnt.

Cathy verstaut die langen blonden Haare unter der Taucherkappe. Sie kommt ursprünglich aus Großbritannien und ist seit Jahrzehnten überall in der Welt unterwegs. Wenn die Saison in Norwegen Ende Januar vorbei ist, zieht sie weiter nach Australien. Dort kann man nach Haiwalen oder Walhaien tauchen, Wesen so groß wie Reihenhäuser.

Wir haben am Fjord übernachtet. Die Lodge war voll mit aufgeregten Leuten vor ihrem großen Abenteuer. Alle warteten auf das richtige Wetter zum Whale-Watching unter Wasser: gute Sicht, nicht zu viele Wellen, kein Sturm. Das Hotel verfügt über zwei Dutzend helle Zimmer, eine Sauna und eine riesige Kleiderkammer mit Taucheranzügen in allen Größen. Von der Küste aus kann man die Lofoten auf der anderen Seite des Fjords erkennen, eine einhundert Kilometer lange Bergwand, die steil aus dem Meer ragt.

Noch immer bin ich mir nicht sicher, ob ich wirklich tauchen will. Ich muss ja auch nicht, ich könnte die Orcas einfach nur von der Bordwand aus bewundern. Es handelt sich schließlich nicht um ein außergewöhnliches Einzelexemplar wie den legendären Orca aus »Free Willy«, sondern um sechshundert Orcas, oder anders gesagt, um alle Orcas des Eismeeres, die hier im Fjord ihre Winterrast halten.

Das Leben der Orcas hängt eng mit den Bewegungen der Heringsschwärme zusammen. Das weiß man, seitdem einem solchen Killerwal ein GPS-Empfänger umgelegt wurde. Die Orcas folgen den Heringen, treu und hungrig. Ihre Reise in den norwegischen Tystfjord haben sie erst Mitte der achtziger Jahre angetreten. Bis dahin hatten sie sich vor Island ausgeruht. Doch dann gab es in den dortigen Gewässern eine Änderung der Meeresströme. Das Wasser wurde den Heringen zu kalt, weshalb sie neue Gebiete für sich eroberten. Wo die Heringe sind, da sind auch die Orcas.

Zu ihrem Namen kamen sie, weil sie mit ihren Opfern spielen. Sie balancieren kleinere Delphine und Seehunde, hetzen sie bis zur Erschöpfung und werfen sie in die Höhe, bis sie sie schließlich verschlingen. Sie fressen auch andere Wale, die sie selbst an Größe übertreffen. Der Begriff »Killerwal«, unter dem Orcas auch bekannt sind, ist eine irreführende Verkürzung von »killer of the whale«. Der Ausdruck »Orca« ist jedoch auch nicht viel freundlicher, bedeutet er doch so viel wie »der aus dem Totenreich stammt«.

Um die Orcas zu sehen, konnten wir zwischen zwei Alternativen wählen: Wir hätten auf einen umgebauten Walfänger steigen und von der sicheren Bordkante fünf Meter über dem Wasser einen Blick auf die Rückenschwerter werfen können. Die zweite Variante, für die wir uns entschieden haben, ist nass: Wir bekommen einen Platz im Schlauchboot, um den Tieren ein bisschen näher zu kommen. Orcas haben noch nie einen Menschen angefallen, zumindest nicht die freilebenden Orcas. In Aquarien gab es allerdings ein paar Todesfälle.

Das Schlauchboot ist schnell genug, um mit den Orcas Schritt zu halten. Aber es geht nicht um ein Wettrennen, sondern um die Begegnung. Wir sind zu dieser Stunde die Einzigen auf dem großen Fjord, der siebenhundert Meter tief ist und deshalb von den Heringen geschätzt wird. Nur manchmal tauchen die Fische auf, um ihre Schwimmblasen zu füllen, und treffen dort oben ihre Feinde. Ein Orca braucht etwa vier Prozent seines Körpergewichts als tägliche Nahrung. Ein neun Tonnen schwerer, ausgewachsener Orca vertilgt täglich dreihundertsechzig Kilogramm Hering. Nur, weil es hier so unendlich viele Heringe gibt, können sich die Orcas satt essen, ohne den Bestand zu gefährden.

»Man sieht die Orcas am besten, wenn man selbst ins Wasser steigt«, erklärt uns Rolf, für den derartige Begegnungen jahrelange Routine sind. Rolfs Vater war noch Walfänger auf den Lofoten. Die Orcas zählten allerdings so gut wie nie zur Beute des kommerziellen Walfangs. Lediglich die Sowjetunion jagte in den sechziger Jahren Orcas als Futter für Pelztierfarmen. Allerdings sah man in den riesigen Tieren oft eine lästige Konkurrenz der Fischer.

Wir sind gerüstet, um in das Wasser zu steigen, und ich glaube Rolf gerne, dass man die Wale auf Augenhöhe am besten sieht, mit dem Kopf da unten im dunklen, kalten Wasser.

Nur eine Frage beschäftigt mich, nun da der Tauchgang näher rückt: »Warum haben wir keine Flossen bekommen?«

»Die nützen dir nichts«, antwortet Cathy. »Die Orcas sind sieben Mal so schnell wie du, sie legen bis zu sechsundfünfzig Kilometer pro Stunde zurück.« Einmal habe ein Orca sich ein bisschen zu sehr für einen deutschen Taucher interessiert und an ihm herumgeknabbert und zwar an den Flossen. Anders gesagt: Wenn man Flossen trägt, verwandelt man sich in einen Teil der Nahrungskette.

Gerne hätten wir jetzt etwas mehr Gesellschaft auf dem Wasser; vor allem ich, denn Kameramann Dieter wird drehen und Tonmann Thomas soll angeln (aber nur den Tonarm, damit die Geräusche unverzerrt auf das Band kommen); sie dürfen also an Bord bleiben. Ich sinniere in meinem Taucheranzug darüber, dass ich für einen Orca vielleicht doch von Interesse sein könnte, schon aus Mangel an Alternativen. Denn noch immer sind wir allein auf dem Fjord.

Orcas sind eigentlich gigantische Delphine, tonnenschwer und bis zu neun Meter lang und außerdem sehr neugierig. Sie reisen in Familien, und wenn man zehn Flossen über Wasser sieht, sind meist über hundert unter Wasser. Schwertwale haben das mit den Mäusen gemeinsam. Wenn man eine Maus entdeckt, so lautet eine alte Bauernregel, dann sind hundert im Haus.

Ich frage sicherheitshalber noch einmal nach, woher Rolf weiß, wann genau ich ins Wasser springen soll. Die Antwort ist eindeutig, wenn auch nicht sehr beruhigend:

»Wenn Orcas abdrehen, wollen sie ihre Ruhe. Wenn sie näher kommen, sind sie interessiert am Kontakt.«

Eigentlich soll man sanft in das Wasser gleiten, nicht zu viele Blasen erzeugen und sich schnell nach allen Seiten umdrehen, um einen Blick auf die Orcas zu erhaschen. Zweimal platsche ich ungeschickt ins Wasser, schmecke das Salz auf den Lippen und merke dabei, dass sich das Meer wirklich warm anfühlt bei plus zwei Grad im Gegensatz zu minus elf Grad Außentemperatur. Beim dritten Anlauf klappt es. In dreißig Meter Entfernung tauchen kurz drei Flossen auf, dann kommen sie näher.

Rolf gibt das Signal: »Jetzt wollen die Orcas Kontakt. Ab mit euch ins Wasser.«

Nach einem auffordernden Blick zu mir lässt Cathy sich kopfüber bäuchlings von der Bordwand rutschen. Dann folge ich ohne viel Nachdenken. Unter uns ist nur schwarze Tiefe, doch plötzlich schimmern weiße Flecken. Sie ziehen direkt unter uns vorbei in einem Abstand von drei Metern, und wir betrachten uns – frei nach Kurt Tucholsky – stille und schweigen. Drei Orcas kann ich ausmachen, Teenager, jeweils etwa drei Meter lang. Doch so schnell sie kamen, so schnell sind sie verschwunden. Rolf zieht mich über das Heck zurück in das Schlauchboot und sagt nüchtern: »Beim nächsten Mal gehst du mit den Füßen voran ins Wasser, das platscht weniger.«

Was danach kommt, ist die Phase großer Euphorie: Die Überwindung der Angst macht übermütig. Wir steuern ein zweites Schlauchboot an und studieren am Beispiel der anderen, welch ein Bild Menschen abgeben, wenn sie sich den Orcas nähern. Auch diese Tauchtouristen lassen sich über das Freibord ins Wasser fallen, dann verbringen sie ein paar Sekunden bei den Orcas. Sie sehen aus wie Korken, strampeln mit den Beinen, treiben kurz auf dem Wasser und klettern dann zügig an Bord. Einem Mann im Boot steht der Jubel besonders ins Gesicht geschrieben: ein Engländer mittleren Alters, der sich das Seewasser aus den Augen wischt.

Von Boot zu Boot kann man nur brüllen. Auf die Frage, wie groß seine Orcas waren, ruft er lauthals: »Größer als deine!« Jetzt glaube er nur noch an die Orcas und nicht mehr an Jesus. Das sei der größte Moment seines Lebens, fügt er hinzu.

Die Bucht ist nun voll von Booten und von Orcas, sechshundert dieser Wale sind hier registriert, so viele wie im Tystfjord gibt es nirgendwo sonst auf der Welt. Sie schwimmen dort quasi in ihrem eigenen Speisesaal, denn es wimmelt von Heringen.

Niemand weiß, wie lange sich die Orcas noch in diesem Fjord aufhalten werden. Sie könnten es sich anders überlegen und ein neues Winterlager ansteuern. So überraschend wie sie damals in den Tystfjord kamen, so überraschend könnten sie auch wieder verschwinden Das ist ein wunderbares Marketingargument, die Reise zu den Orcas nicht allzu lange aufzuschieben.

Die norwegische Regierung soll zunächst Bedenken gegen diese Art des Tourismus gehabt haben. Es handle sich schließlich um einen Besuch bei Raubtieren in deren eigenem Revier. Deshalb setzten sie durch, dass die Touristikmanager die Preise für den Tauchgang mit den Orcas von einer Saison zur nächsten auf das Doppelte erhöhten. Der Effekt war, dass sich die Besucherzahlen ebenfalls verdoppelten.

Es ist erst halb eins, und Sonnenuntergangsstimmung liegt über dem Tystfjord. Adrenalin sorgt für ein angenehmes, warmes Körpergefühl im Taucheranzug. Rolf nimmt Kurs aufs Land und beschleunigt sein Schlauchboot auf dreißig Knoten. Eine Orca-Familie hält mühelos mit uns Schritt, wie in einer Staffel springen sie über die Wellen, tauchen kurz unter und kommen wieder hoch. Wir sind stumm vor Staunen, selbst Rolf kann seinen Blick nicht von dem Walballett neben uns lösen.

Dann verlassen sie uns plötzlich und tauchen in die Tiefen des großen kalten Fjords – wahrscheinlich, um in aller Ruhe Heringe zu jagen.

Drittes Kapitel

Island:
Begegnungen mit Menschen und Elfen

*Ein Armenhaus – Hindernisse auf vier Beinen – Wale
um Mitternacht – Durch die Wüste – Eine Landschaft
wird umgebaut – Elfen im Straßenbau – Islands
jüngstes Kind*

Etwas fehlt auf dieser Insel. Diese Erkenntnis kommt mit der Zeit, genauer gesagt in einer langen Linkskurve an der Küste zweihundert Kilometer hinter Reykjavík.

Ein Trecker zieht am schmalen Sandstrand längliche Gegenstände aus dem Atlantik. Die Neugier ist geweckt, wir wenden und biegen mit laufender Kamera in den Feldweg ein. Der Bauer klettert vom Trecker herunter, um jene in Augenschein zu nehmen, die ihn bei seiner Arbeit filmen. Er riecht nach Kuhstall, Schweiß und See und heißt Johann. Als er sich versichert hat, dass wir ihm nichts Böses wollen, erzählt er stolz, er habe noch nie ein einziges Stück Holz gekauft – in all den siebenundzwanzig Jahren als Bauer in Island. Dem großen ungeschlachten Mann gehören der Strand und die ersten drei Kilometer hinaus ins Meer.

Island hat keinen Wald. Es gibt wohl einzelne Bäume und im Osten Islands sogar einen Forst. Aber davon abgesehen kann man sich auf der Insel nirgendwo verstecken. Die größte Vulkaninsel der Welt ist kahl. Wenn Isländer sich ein Ferienhaus bauen, so pflanzen sie Bäume drumherum, auch wenn sie sich damit die Aussicht verbauen. Aussicht ist normal, Bäume sind Luxus.

Deshalb ist das Strandgut des Bauern ein Vermögen

wert: ausgeblichene Baumstämme, die eine lange Reise hinter sich haben. Die Bäume stammen aus Sibirien, die Flößer haben sie verloren. Mit der Strömung sind sie Tausende von Kilometern hierhergetrieben. Sie waren zehn bis zwanzig Jahre unterwegs, das Salzwasser hat sie imprägniert und besonders haltbar gemacht. Ein Schatz im baumlosen Island, in dem ein Zaunpfahl vier Euro kostet. Noch immer sind jene Bauern am besten gestellt, die einen Zugang zum Meer haben. Das Treibgut gehört ihnen, ob es nun angeschwemmte Wale oder Kiefernstämme sind.

»Es geht auch ohne Bäume«, sagt Rosa. Sie ist auf dieser Reise unsere Dolmetscherin. Rosa bekam Angst, als sie einst als Elfjährige mit der Mutter nach Schweden fuhr und die endlosen dunklen Wälder sah.

Wo Holz so kostbar ist, kommen die Häuser als Bausatz. Unser Nachtquartier ist das älteste Hotel von Island: zwei Geschosse, eine Handvoll Zimmer und knarrende Böden. Es kam vor zweihundert Jahren aus Norwegen, erst an die Ostküste. Die Balken sind nummeriert. Man kann das Hotel beliebig versetzen, und tatsächlich ist es in seiner Geschichte schon einmal quer über die Insel gezogen. Der Bau ist sehr hellhörig. Wir sitzen um Mitternacht im Innenhof in einem Holzbottich mit fast vierzig Grad heißem Wasser. Die Sonne scheint im Juli fast rund um die Uhr, und wir müssen uns zwingen, ins Bett zu gehen.

Ein Armenhaus

Island war die meiste Zeit seiner Geschichte ein stolzes Armenhaus. 1944 kündigten die Isländer einseitig den Unionsvertrag mit Dänemark. Das Mutterland Dänemark stand unter deutscher Besatzung und hatte damals andere Sorgen.

Es mangelte nicht nur an Holz, es fehlte an allem. Die Dänen als Kolonialherren hielten das Land kurz. Als die Versorgung aus dem Mutterland ausblieb, wären die Isländer fast verhungert. Dänemark hat im 18. Jahrhundert vergeblich versucht, das ungeliebte Kind Island loszuwerden. Niemand hat das so eindringlich beschrieben wie der Nobelpreisträger für Literatur von 1955, Halldór Laxness, in seinem Buch »Die Islandglocke«. Island ist fast dreimal so groß wie das alte Mutterland Dänemark und hat nur dreihunderttausend Einwohner. Allein durch die Vergabe des Nobelpreises für Literatur an Laxness wurde Island der Staat mit der höchsten Nobelpreisträgerdichte je Einwohner. Jedes Haus hat – statistisch – etwa zehn Quadratkilometer freie Fläche um sich herum.

Vielleicht ist es für Isländer ein tröstlicher Gedanke, dass sie nicht ganz allein sind auf ihrer Insel im Nordatlantik: Elfen, Trolle und die große Volksgruppe der »Hidden people« (gutwillige Fabelwesen in Menschengröße und altmodischer Kleidung) leisten ihnen Gesellschaft, jetzt wo die Dänen endlich weg sind.

Hindernisse auf vier Beinen

Der Verkehr auf der Nationalstraße ist dünn. Wir sind mit zwei hochbeinigen Geländefahrzeugen unterwegs, vier Männer, zwei Frauen und fünfunddreißig Kisten. Das Fernsehen kommt selten allein. Unser Ziel ist es, die Insel drei Wochen lang zu umrunden und Geschichten am Wegesrand zu sammeln. Die »Ringstraße Nr. 1« ist Islands längste Straße und führt meist entlang der Küste. Sie ist geteert und 1336 Kilometer lang. Die meisten Nebenstraßen sind hingegen Schotterpisten. Die Ringstraße heißt je nach Landesteil Suðurlandsvegur, Vesturlandsvegur, Norðurlandsvegur und Austurlandsvegur gemäß dem Brauch, dass alle Straßen im Land Namen haben und eigentlich nicht mit der Straßennummer bezeichnet werden. Schilder warnen vor Nebel, der Begegnung mit Schafen oder vor einspurigen Brücken. Im Sommer ist die Ringstraße durchgängig passierbar. Doch es gibt Hindernisse.

Neben der Nationalstraße Nr. 1 verläuft der alte Pferdeweg. Immer wieder kreuzt er die Fahrbahn. Es gibt zwei Tage im Jahr, da haben die Pferde Vorfahrt.

Der Züchter Palli, seine Frau und ihre fünf rotblonden Kinder leben auf einem Bauernhof unweit der Nationalstraße im Nordwesten Islands bei Skagafjördur. Sie folgen einem uralten Brauch und schenken ihren Pferden jeden Sommer die Freiheit – im Vertrauen darauf, dass sie sich im Herbst wieder einfangen lassen.

Der Hof heißt Flugumyri und steht im Ruf, die besten Pferde Islands zu züchten. Vom neuen Wohnhaus mit der großen Frontscheibe hat man kilometerweit Aussicht auf die leicht wellige grüne Landschaft bis zum nächsten Nachbarn. Von engen Zäunen hält man hier nichts. »Menschen bekommen Gitter doch auch nicht gut«, sagt Palli, ein freundlicher, blonder Mann um die vierzig mit einem sensiblen, feinen Gesicht.

Isländer machen nicht viel Worte. Sein Credo als Pferdezüchter passt in zwei Sätze. »Ein Pferd, das Kraft haben soll, braucht erst mal Freiheit, es muss lernen, in der Wildnis zu überleben, das ist ganz wichtig in der Züchtung. Daher kommt die Energie.«

Am Tag vor dem Auftrieb in die Berge hat sich die Aufregung der Züchter auf die Pferde übertragen – oder umgekehrt. Palli und sein Schwager treiben die Pferde in zwei Gruppen auseinander: Die Einjährigen verbringen den Sommer in der Nähe des Hofs, sie müssen auf der Weide bleiben. Erst ab dem zweiten Lebensjahr werden sie für ein, zwei Monate in die Berge getrieben, raus aus der Umzäunung, raus aus der Vollpension, damit ihre Instinkte erwachen, sie wieder wild werden und abspecken.

Welch schöner Tag für den kleinen schwarzen Hofhund, der die Pferde jagen darf! Der Mischling hat sich wohl schon häufiger ein blaues Auge geholt, wenn die Pferde nach ihm treten. Wir stehen am rot gestrichenen

Gatter und halten Abstand. Der Hausherr angelt mit dem Lasso einzelne Rösser aus der Herde, führt sie in den Stall und beschlägt ihre Hufe. Pallis redseliger Onkel hilft ihm dabei.

Stunden vergehen. In einem Moment geringer Konzentration rutscht mir bei dem Anblick der kleinen stämmigen Pferde das Wort »Ponys« heraus. Das ist ungefähr das Unhöflichste, was man über Islandpferde sagen kann. Aber Palli, der die Bemerkung gehört hat, reagiert souverän auf den Fauxpas.

Er nimmt uns mit in das Zimmer neben der Stallung. Dicht an dicht stehen dort die Pokale auf den Regalen. Palli lobt die Robustheit und Vielseitigkeit der Pferde. Größe sei nicht alles, viel wichtiger sei, dass sie neben den üblichen Gangarten auch noch eine fünfte zur Verfügung hätten, den Tölt, jenen schnellen, für den Reiter bequemen Schritt, der vor allem bei weiten Strecken im kargen Hochland geschätzt werde.

Am Nachmittag ist es dann endlich so weit. Die Pferde sind startklar, und der Verkehr auf der Ringstraße Nr. 1 ist abgeflaut. Ein junger Beamter, kaum zwanzig Jahre alt, ist aus der Kreisstadt gekommen. Er parkt sein Auto quer über die Straße und schaltet das Blaulicht an. Das ist das Startsignal für die Treiber. Einhundert Pferde setzen sich in Bewegung, der Boden dröhnt, eine lange Kolonne quert die Straße und biegt auf den alten Pferdeweg ein. Dem jungen Beamten steht der Schweiß auf der Stirn, trotz acht Grad Außentemperatur. Es ist nicht sein erster Pferdeauftrieb, aber dieses Ereignis ist wohl immer wieder aufregend. Als die Herde die Straße passiert hat, springt er in den Streifenwagen und beeilt sich, zur nächsten Übergangsstelle zu kommen, um dort den Verkehr zu blockieren.

Die Reiter müssen die Herde nicht antreiben, die Pferde zieht es von selbst in die Berge. Die älteren, die schon im letzten Jahr dabei waren, zeigen den Neulingen den Weg über die vielen Meilen bis hin zu der Brücke, wo die Hochebene beginnt und es keine Zäune gibt. Hier werden die Pferde den Sommer verbringen. Hinter der letzten Brücke biegen die preisgekrönten Vierbeiner aus Flugumyri links ab, den Hügel hoch, und sind dann im Gebirge verschwunden.

»Doch woher wissen die Pferde in ein, zwei Monaten, dass es Zeit ist, sich wieder zu versammeln?«

»Sie wissen« eben, wann der Sommer vorbei ist«, schmunzelt Palli, »und dann stehen sie ungeduldig wieder hier. Den Weg, für den wir heute zwei Stunden gebraucht haben, schaffen sie dann in fünfundvierzig Minuten.«

Das Gatter ist nun zu. Die Treiber aber bleiben noch und feiern den Abschied von den Tieren. Gemeinsam sitzen sie um das prasselnde Feuer: Palli und Anna, einige Verwandte und alle ihre fünf Kinder zwischen zwei und siebzehn Jahren. Pallis Onkel lässt den Flachmann kreisen und spielt dann ein bisschen Cowboy. Im Sattel sitzend, treibt er sein Pferd den steilen Abhang hinunter in den Fluss. Pferd und Reiter geraten in ein Wasserloch, und das Pferd entdeckt von einer Sekunde auf die andere, dass es schwimmen kann. Isländische Pferde bleiben trittsicher, egal was passiert.

Am Ende wird gesungen – die Gegend ist berühmt für ihre Chöre –, und der Polizist singt mit und sieht geflissentlich darüber hinweg, dass die Treiber mehr getrunken als gegessen haben an diesem großen Tag.

Wale um Mitternacht

Island hat jahrhundertelang von Walen gelebt. Von den einen, die an den Strand angetrieben wurden und dort verendeten, und von den anderen, die Walfänger von kleinen Fischerbooten aus mit der Harpune erlegten. Wale lieferten den Lebensunterhalt auf dieser kargen Insel: Tran, Speck und Haut. Eines Tages in den achtziger Jahren war Schluss damit. Tierschützer, allen voran Greenpeace, zwangen Island in die Knie. Wale seien zu schön und zu selten, um sie abzuschlachten, hieß es. Zähneknirschend stellte Island den Walfang ein. Ein Mann jedoch hat das nie verwunden.

Als wir uns mit Kristjan Loftson im Sommer 2003 zum Interview am Hafen von Reykjavík treffen, ist er noch nicht am Ziel. Noch sind ihm die Hände gebunden – noch haben die Wale ihre Ruhe vor ihm. Es ist Abend, Loftson steht auf der Pier von Reykjavík und zeigt aufs

Wasser: »Bald gibt es so viele Wale, dass man sie fast von Land aus schießen kann.«

Loftson, ein drahtiger Mann um die fünfzig mit einer Tenorstimme, die durch Mark und Bein geht, ist ein Walfänger im Wartestand. Vierzehn Jahre lang hat er seine Flotte nicht vom Fleck bewegt. Vierzehn Jahre lang hat er Hafengebühren bezahlt und die Pumpen laufen lassen, damit die betagten Kutter nicht absaufen. Sein Geld verdient er auf andere Weise. Walfang ist sein Hobby.

Sinn der Übung, wenn sie denn einen Sinn hat, ist eine politische Demonstration des männlichen Stolzes. Kristjan Loftson ist der Anführer und Anstifter der isländischen Walfänger, ein blendender Rhetoriker und ein im ganzen Land bekannter Dickschädel. Für ihn ist Walfang eine Frage der nationalen Unabhängigkeit und insgeheim wohl auch der Mannesehre. Kristjan Loftson findet, dass bei Tieren mit zweierlei Maß gemessen werde. Hasen, Füchse, Rehe und Dorsche seien zur Jagd frei gegeben. »Warum werden Millionen Tiere täglich verzehrt, nur ausgerechnet der Wal nicht?«

Wir klettern über die Gangway auf das erste seiner vier Fangschiffe, die seit vielen Jahren ihren Stammplatz im Hafenbecken einnehmen. Die vier Walfänger liegen direkt vor dem Amtssitz des isländischen Fischereiministers. Wenn der Minister aus dem Fenster blickt, kann er sich jedes Mal erinnert fühlen an die Schmach von 1989, als das kleine Island vor dem internationalen Druck einknickte. Umweltschützer hatten unmissverständlich klargemacht, dass sie zum Boykott isländischen Fischs aufrufen würden, wenn das Land nicht aus dem kommerziellen Walfang aussteigen würde. Island lebte damals zu sechzig Prozent vom Fischexport.

Loftson klettert mit uns von der Brücke in den Maschinenraum (der Schiffsdiesel kommt aus Bremen-Vegesack) bis in die Munitionskammer und wieder zurück. Von der Brücke aus führt ein schmaler Gang zum Steven. Unser Gastgeber schildert uns unterdessen mit wachsender Begeisterung die Abläufe der Waljagd, an der er als junger Mann noch beteiligt war.

»Der Kapitän«, so sagt er, »trug doppelte Verantwortung, denn er war gleichzeitig auch der Schütze. Wenn ihm ein Wal gemeldet wurde, rannte er auf dem Laufsteg zur Kanone, die in einem kleinen Korb montiert war. An der Spitze der Harpune war eine Granate befestigt, die dann im Wal explodierte. Wir mussten dicht herangehen, bis auf dreißig Meter. Am Schaft war das Seil vertäut, damit wir das Tier abschleppen konnten.«

Das Walfängerschiff hat ungefähr die gleiche Länge wie ein ausgewachsener Finnwal, aber es wäre undenkbar, einen toten Wal an Bord zu nehmen, schon des Gewichts von bis zu einhundert Tonnen wegen. Die Tiere wurden an der Seite des Schiffs vertäut und mitgeschleppt.

Alle vier Schiffe, die Loftson im Hafen liegen hat, sind Oldtimer aus den fünfziger Jahren. Zwei davon sehen besonders mitgenommen aus, mit großen Rostlöchern in den Bodenplatten. Sie haben einst Bekanntschaft mit dem Meeresgrund gemacht. Paul Watson, ein grüner Aktivist und Mitbegründer von Greenpeace, hatte sie 1986 im Hafen versenkt.

Loftson vermutet, dass Paul Watson nachts an Bord gekommen sei, sich auf das vierte Schiff geschlichen und dort die Bodenventile geöffnet habe. Am nächsten Morgen ragte nur noch die Takelage aus dem Wasser. Paul Watson konnte entkommen. Sollte er jemals wieder Island betreten, dürfte er wohl festgenommen werden. Von solchen Akten der Sabotage hat sich der Kopf der isländischen Walfänger nicht wirklich aufhalten lassen. Jetzt schwimmen alle vier Schiffe wieder, Loftson hat sie bergen lassen – für den nächsten Einsatz. Beute gäbe es genug.

Die Zahlen kann Loftson im Schlaf hersagen: 24 000 Finnwale tummeln sich ihm zufolge derzeit vor Island und 44 000 Minkwale im Küstenbereich. Loftson hält nichts von den Zahlen der Umweltschutzorganisationen, die weiter von bedrohten Arten sprechen. »Die Wale vermehren sich kräftig und ungestört. Das sind Fressautomaten, und sie sind keineswegs auf Diät.«

Christian Loftson hat einen Geistesverwandten, den Fischereiminister Árni Mathiesen, der von seinem Ministerium aus jederzeit einen guten Blick auf Loftsons Pötte hat – und vom selben Futterneid gepackt ist wie Loftson: Árni Mathiesen findet, dass Wale entschieden zu viel fressen. Er rechnet uns vor, dass die Wale um Island drei Mal so viel Fisch verzehren wie die gesamte isländische Flotte fängt.

Wir sitzen dem kantigen Mann, der, so scheint mir, vor

Selbstbewusstsein fast aus dem Anzug zu platzen droht, in seinem Ministerium an einem runden Konferenztisch gegenüber. Unsere Bitte um einen Ortstermin am Hafen, also außerhalb seines sterilen Büros, hat er barsch abgelehnt. Nachfragen nützen nichts, ein Nein ist ein Nein. Kritische Fragen sind lästig und überhaupt: Der Mann ist Fischereiminister. Wale sind keine Fische, stehen also nicht unter seinem Schutz.

Der Fischereiminister hat einen Plan in der Schublade, den er auch allen Protesten (bis hin zu dem der Bundesregierung) zum Trotz umsetzen wird. Island erlaubt, wie Norwegen, den Walfang im kleinen Maße. Zu wissenschaftlichen Zwecken, wie es heißt, dürfen in den nächsten drei Jahren zweihundertfünfzig Zwergwale und etwa vierzig Finnwale erlegt werden. Kristjan Loftson könnte seine Pötte also wieder in Gang setzen. Doch die beiden Herren haben einen Gegenspieler, der ihnen einen Strich durch die Rechnung macht. Vor ein paar Jahren war er noch ein Nobody, jetzt hat er allerdings die halbe Tourismusindustrie hinter sich.

Asbjörn Björgvinsson geht mit schnellen, federnden Schritten und sieht aus wie ein Nachfahre der Wikinger: groß, blond und athletisch. Dabei stammt er nicht aus einer Fischerdynastie wie seine Gegenspieler, sondern ist ein Außenseiter, ein gelernter Lehrer aus der Hauptstadt, den es an die Nordküste zog, wo sich besonders viele Wale tummeln. Mit dem frischen Blick des Neuankömmlings erkannte er, dass es besser sei, Wale zu betrachten, als sie abzuschlachten. Mit ihm haben die isländischen Wale einen Sprecher an Land. Für uns findet er erst um Mitternacht Zeit. Er ist ein gefragter Mann, seit das *Time Magazine* ihn zu einem der Helden des Jahres gekürt hat, weil er gezeigt habe, dass ein Einzelner etwas ausrichten könne.

Asbjörn Björgvinsson macht einen sehr dynamischen Eindruck, als er in seiner roten Seglerjacke über den Steg zum Boot eilt. Er kommt gerade von einer internationalen Konferenz zum Schutz der Wale zurück und freut sich auf einen kleinen Ausflug zu seinen Schutzbefohlenen. Nach einer halben Stunde Fahrzeit stellen wir den Motor ab und lassen uns in der Bucht von Húsavík treiben. Die nächtliche Sonne scheint. Ab und zu taucht eine Schwanzflosse in der Nähe des Boots auf und verschwindet dann wieder.

Asbjörn Björgvinsson sagt, er sei strikt gegen die Wiederaufnahme der Jagd, auch im kleinen Maßstab. »Wale beobachten und Wale jagen geht überhaupt nicht zusammen. Die Walfänger benutzen doch die gleiche Sorte Boote wie wir. Bald werden unsere Wale lernen, dass es für sie zu gefährlich ist, in unsere Bucht zu kommen. Wale sind wilde Tiere, und Tiere laufen vor der Gefahr weg, wenn sie bedroht sind.«

Als er 1995 mit der kommerziellen Walbeobachtung anfing, haben ihn viele für verrückt erklärt. Inzwischen kommen jährlich sechzigtausend Touristen. Die Walfänger von einst kutschieren nun Touristen, und niemandem tut es weh.

Asbjörn Björgvinsson hat sich mehr als einmal mit den

Walfängern gestritten. Er kennt deren Argumente auswendig und weiß sie zu kontern. »Die andere Seite behauptet, dass die Wale zu viel essen würden, sechs Millionen Tonnen vom Ökosystem, aber sie sagen dir nie, wie groß das Ökosystem ist.« Asbjörn beschreibt mit dem linken Arm einen Bogen über die Bucht von Húsavík. »Allein rund um Island umfasst es fünfhundert Millionen Tonnen. Die Wale verzehren gerade mal ein Prozent.«

Man ist sehr geneigt, den Walen dieses eine Prozent zu gönnen, wenn man um Mitternacht in einem kleinen Boot vor der Küste unterwegs ist und die Sonne über den Horizont linst.

Das Geschäft mit den lebenden Walen läuft selbst um Mitternacht noch gut. Um uns herum auf der spiegelglatten See schwimmen fünf Fischkutter, voll besetzt mit Walbeobachtern. Die Stimmen der Guides hallen über das Wasser. Die Köpfe rucken herum, wenn eine neue Position durch das Megafon bekanntgegeben wird. Es hat sich eingebürgert, das Ziffernblatt als Orientierung zu nützen. »Mittags um zwölf« heißt übersetzt: gerade vor dem Bug. »Drei Uhr nachmittags« bedeutet: halb rechts an Steuerbord.

Wenn ein Rücken auftaucht, ertönt ein vielstimmiges »Ooooh!«. Vierzig Euro zahlt man für eine Fahrt. Wale kann man nicht buchen, sie sind unberechenbar. Doch in der Bucht von Húsavík sind sie Stammgäste, und so geben die Walbeobachter eine Garantie: Wer bei einer Tour keinen Wal sieht, darf bei der nächsten Tour noch einmal mitfahren – kostenlos.

Ein gewisses Indiz für die Nähe von Walen sind Papageientaucher. Sie sind Aasfresser und ernähren sich von dem, was die Wale übrig lassen. Wale müssen in regelmäßigen Abständen auftauchen, um ihre Lungen zu füllen, aber keiner weiß, wo genau sie das tun werden. Am besten sieht man das noch vom Mastkorb aus. Manchmal lassen sich in dieser Gegend auch Blauwale blicken, aber heute müssen wir uns mit den kleinen Minkwalen begnügen, die es auf bis zu acht Tonnen bringen.

Direkt neben unserem kleinen offenen Motorboot taucht plötzlich ein Minkwal auf. Ein paar Sekunden braucht er, um seine Lungen zu füllen – vielleicht war er auch nur neugierig –, dann taucht er wieder hinunter in neunzig Meter Tiefe. Es ist ein kurzes Vergnügen und doch der perfekte Genuss, wie Oscar Wilde einst sagte, weil er unbefriedigt lässt.

Manche Leute hätten die Wale gerne noch näher bei sich, am liebsten auf dem Teller. Über all die Jahre hat ein Restaurant in Island Walfleisch auf der Speisekarte behalten, roh oder als Steak mit Pfeffersauce, auch während der nunmehr zwanzigjährigen Zwangspause des Walfangs. Auf dem Schild über der Tür steht »Trir Frakkur«, die drei Jacken. Das ist eine Hommage an die blauen Tuchjacken der bretonischen Seeleute, die jahrhundertelang die weite Reise über das Meer antraten, um vor der Küste Islands zu fischen.

Das Fleisch stammt an jenem Abend aus alten Beständen. Kristjan Loftson lädt uns zum Essen ein, serviert wird Finnwal, den er selbst erlegt hat, vor 1989, als es noch legal war. Das Fleisch wurde vakuumverpackt und dann gefroren. Wenn man bedenkt, dass Finnwale einhundert Jahre alt werden können, kommt ein beträchtliches Alter zusammen: hundert Jahre maximale Lebenszeit plus dreiundzwanzig Jahre Kühlhalle macht 123 Jahre.

»Das Fleisch schmeckt ein bisschen wie Rindersteak«, sagt Kristjan Loftson, »aber viel besser, weil ohne Hormone und direkt aus dem Ozean.«

Er nimmt uns mit in die Küche zu Stefan Ultarson, dem Chef des Restaurants, der uns in die Geheimnisse eines richtig zubereiteten Walsteaks einweiht. Demnach schneidet man den Wal einen halben Zentimeter dick und brät ihn sechsunddreißig Sekunden auf der einen Seite und siebenunddreißig Sekunden auf der anderen. Der Wal lässt sich mit der kräftigen Pfeffersauce ohne weiteres verzehren. Unsere Reaktionen reichen von »wunderbar« bis »verzichtbar«.

Loftson lässt nicht locker. Ende 2006 gehen Bilder um die Welt, die ein neues Kapitel in der Geschichte des Konflikts einläuten. Island gestattet nun auch den kommerziellen Walfang. Isländische Walfänger erlegen vor der Küste den ersten Finnwal, nach einer Pause von fast zwanzig Jahren. Der Finnwal ist das zweitgrößte Säugetier der Welt, lebt von Plankton und hat nur einen einzigen Feind: den Menschen. Das erlegte Tier ist ein weibliches Exemplar, zwanzig Meter lang und sechzig

Tonnen schwer. Die Finnwale sind auf der Roten Liste der am meisten bedrohten Arten verzeichnet.

Kristjan Loftson steht am Kai, als der riesige Leib an Land gezogen wird. Es ist die triumphale Heimkehr eines Walfängers in den Hafen, mit Hunderten von Zuschauern. Vergessen ist für ein paar Stunden, dass die Regierungen in Washington und Berlin Protest eingelegt haben, Paul Watson mit neuen Aktionen droht und die ersten Touristen ihre Reisen stornieren.

Der Schlachtmeister wetzt das gebogene Messer und zeigt, dass er in all den Jahren der erzwungenen Untätigkeit seine Kunst nicht verlernt hat. Er macht riesige Schnitte vom Kopf bis zum Schwanz über die volle Länge von zwanzig Metern. Vorher streicheln kleine Kinder scheu das Riesentier, bevor es dann zerlegt wird in Speck, Fleisch und Haut. Christian Loftson hält sich eher am Rand auf, andere, Jüngere, lassen sich vor dem Tier fotografieren. Sie greifen schneller nach dem Ruhm. Jetzt wo der große Tag gekommen ist, wirkt Loftson fast ein bisschen erschöpft und traurig, als könne er besser kämpfen als gewinnen.

Doch vielleicht ahnt er auch schon, dass er auf verlorenem Posten steht. Denn seine Isländer wollen nicht mehr so recht: Der Finnwal liegt zu großen Teilen unverkauft in den Kühlhäusern. Der Schriftsteller Wolfgang Müller berichtet in seinem Buch »Neues von der Elfenfront. Die Wahrheit über Island«, dass sich im Lagerhaus von Kristjan Loftsons Firma Hvalur am Ende der Saison 2006/2007 zweihundert Tonnen frisches

Walfleisch ansammelten. »Selbst in Japan war das Interesse an dem als ›zäh‹ beschriebenen Fleisch mäßig.«

Die Abstinenz war wohl zu lang. Das Land hat sich längst an Hähnchen und Hamburger gewöhnt.

Durch die Wüste

In Island wird niemand von allein satt. Wir verlassen die Küste und fahren ins Landesinnere. Steine, Sand, Geröll, kein Baum, kein Strauch, alle Farbnuancen von braun, gelb und schwarz und ab und zu ein kleiner grüner Fleck. Islands Straße Nr. 1 durchquert die zentrale Hochebene. Im Winter ist sie oft nicht passierbar. Es liegt Schnee von Mitte September bis weit in den Mai hinein, und es ist so einsam, als habe die Landnahme der Wikinger, mit der anno 860 die Siedlungsgeschichte der Insel beginnt, noch gar nicht stattgefunden. Zu den Abwechslungen der Einöde gehört die Frage, ob noch genügend Benzin im Tank ist. Viele Fahrzeuge sind mit Allradantrieb ausgerüstet, und das frisst Sprit. Es ist leicht, sich mit den Benzinvorräten zu verschätzen.

Nach 135 Kilometern kommt die erste Tankstelle in Sicht, unten im Tal. Man kann sie schon von weitem sehen, denn es gibt nichts, was den Blick versperrt. Eigentlich ist der Tankwart im Hauptberuf Bauer, aber wenn man ihn braucht, darf man klingeln. Irgendwann kommt er dann aus seinem Gehöft, im Overall und in Gummistiefeln, und hilft beim Einfüllen. Er hat auch Zeit für einen Schwatz. Im Winter, so erzählt er, muss er oft mit dem Snowmobil raus, um Autofahrern zu helfen, die mit leerem Tank stehen geblieben sind.

»Ist es nicht ein bisschen einsam hier, 135 Kilometer entfernt von der nächsten Tankstelle?«, fragen wir.

Er schüttelt den Kopf und weist die Straße hinunter Richtung Osten. »Sehen Sie, wenn Sie weiter Richtung Egilsstaðir fahren, kommt schon nach fünfzig Kilometern die nächste Station.«

Island ist über weite Strecken wüst und kahl. Es ist kein Zufall, dass die amerikanischen Astronauten hier ihre Mondlandung geübt haben. Herbert Achternbusch stellte in seinem Film »Der junge Mönch« Aufnahmen aus dem Inneren Islands gegen die trügerische Sonntagsidylle eines bayerischen Dorfs. Das eine steht für Leben, das andere für den Weltuntergang.

Genau in diese Ecke Islands sind wir jetzt unterwegs, und zum ersten Mal kommen wir ins Schwitzen. Auf dem Weg in die vulkanische Zone klettert das Thermometer bis auf dreiundzwanzig Grad. Auf den Kanaren wäre das nicht der Rede wert. Doch die isländischen Zeitungen sprechen von einer Hitzewelle. Flüssiges Magma liegt dicht unter der Erdoberfläche. Häufig kommt es zu Erdbeben, der letzte größere Vulkanausbruch fand 1996 statt.

Die Ringstraße führt auf eine Anhöhe, rechts auf dem Bergkamm stehen ein paar Fundamente. Auf der Anhöhe tritt reiner Schwefel aus. Zu Kolonialzeiten nutzten Dänemarks Könige ihn für die Produktion von Schießpulver, bis dann eines Tages die Fabrik explodierte. Die Senke mit den Schlammtöpfen unten im Tal ist nicht zu verfehlen, man kann sie schon von weitem am Geruch erkennen. Die Erdkruste ist porös. Krater tun sich auf und Spalten, in denen es zischt und brodelt. Es ist kein schöner Ort, aber sehr lebendig. Der vulkanische Überdruck schafft sich seine Ventile. Das heiße Wasser transportiert Mineralien aus tieferen Schichten an die Oberfläche, sie setzen sich ab und sorgen für gelbe und rote Ablagerungen.

Genau für diesen Anblick kommen Menschen aus aller Welt nach Island. Fünfzig Autos stehen auf dem Parkplatz und verweisen auf den größten Menschenauflauf, den wir nach Verlassen der Hauptstadt zu sehen bekommen werden. Ein markierter Weg mit Halteseilen führt um die blubbernden Schlammpfuhle, die allerlei Geräusche von sich geben, die man andernorts als unanständig empfinden würde.

Abseits des umzäunten Gebiets mit den Pools stehen dampfende mannshohe Steinhaufen zum Anfassen. Die Empfindlichkeiten variieren stark, und wir werden Zeugen einer ehelichen Verstimmung: Ein Mann, der die Steine berührt, hat offenbar feuerfeste Hände und nimmt die Hitze des Haufens nur als Prickeln wahr. Seine Frau hingegen fasst die Steine an, springt mit einem lauten Schrei sofort zwei Meter rückwärts und wirft ihrem Mann vorwurfsvolle Blicke zu.

Eine Landschaft wird umgebaut

Eine Gegend gibt es in Island, da kümmert man sich nicht um Elfen. Man schert sich auch nicht um freilebende Rentiere und seltene Vogelarten. An dieser Landschaft scheiden sich die Geister. Die einen wollen sie unbedingt bewahren, die anderen ebenso entschieden für ihre Zwecke ausbeuten. Der Kampf dauerte Jahrzehnte.

Als wir mit dem Allrad über die Schotterpiste rattern, sehen wir in der Ferne Europas größten Gletscher, den Vatnajökull. Seine Eiskappe ist bis zu neunhundert Meter dick. Das Schmelzwasser speist mehrere Flüsse, die durch ein enges Tal fließen, einen Canyon von achtzig Meter Tiefe und zwanzig Meter Breite. Ingenicure und Baggerfahrer haben hier Island größtes Industrieprojekt aller Zeiten mitten ins Nichts gebaut.

Der Berg Kahranjukar, der mit etwas Fantasie dem Matterhorn ähnlich sieht, ragt nur noch mit der Spitze aus den Fluten eines gigantischen Stausees. Der gestaute Fluss treibt unterirdische Turbinen an und erzeugt sechshundert Megawatt Strom.

Wir lassen uns Schutzhelme verpassen und balancieren auf dem Damm in zweihundert Meter Höhe. In einiger Entfernung sieht man eine Ansammlung von Hütten und Containern, eine provisorische Stadt für dreitausend Bauarbeiter. Von dort kommen drei blaue Busse, die Chinesen haben gerade ihre Mittagspause beendet. Sie schwingen sich behände über die Kante auf die steil abfallende Wand des Damms, sichern sich mit Karabinerhaken an den eingelassenen Treppenstufen und beginnen in schwindelerregender Höhe, die Wand zu verschachten. Tonmann Thomas und Kameramann Matthias klettern die ersten Meter mit.

»Job very good«, strahlt der Vorarbeiter. Die Arbeiter sind aus dem Norden Chinas und kommen mit den extremen Witterungen zurecht. Der italienische Generalunternehmer, der die internationale Ausschreibung zum Leidwesen isländischer und anderer skandinavischer Firmen gewonnen hatte, wollte eigentlich portugiesische Arbeiter den Job machen lassen. Doch die Portugiesen zogen nach kurzer Zeit wegen der ungewohnten Witterung wieder ab.

Bauvorhaben dieser Art sind eine internationale Angelegenheit, die Bautrupps ziehen rund um den Globus. Der Sicherheitschef stammt aus Asien und erzählt mit treuherzigem Augenaufschlag, es habe bislang keine tödlichen Unfälle gegeben. Das stimmt wohl offenbar nicht. Glaubhafte isländische Quellen berichten von mehreren Toten während des acht Monate andauernden Winters mit seinen eisigen Winden.

Zwanzig Jahre lang waren Umweltschützer gegen dieses Projekt Sturm gelaufen, doch für Island zählten am Ende die zusätzlichen Arbeitsplätze in der ärmsten Region des Landes. Das Wasserkraftwerk soll Strom für eine amerikanische Aluminiumhütte an der isländischen Küste liefern, und die US-Firma zahlt einen Garantiepreis für die Energie. Das Bauxit wird von Australien per Schiff nach Island geschafft, dort zu Aluminium verarbeitet und geht dann wieder auf die Reise. Nur so rechnet sich das Geschäft. Grüne Energie aus Wasserkraft treibt die weltweite Transportorgie mit an.

Bevor die Schlucht in den Fluten versinkt, werden wir eines Morgens auf eine Tour gebeten. Einen ganzen Tag lang fahren wir durch eine Landschaft, die kurz darauf untergehen wird. Am Steuer des grünen Jeeps sitzt der Wildhüter, ein Hüne mit breiten Schultern und braunem Schopf. Skarphedinn Thorisson ist Wächter über zwei Gänsearten und die wilden Rens. Wahrscheinlich ist er der unbeliebteste Mann der Region, weil er lange Zeit die Geschäfte störte.

Die Zeit vergeht. Acht Stunden lang fahren wir über Schotterpisten und durch Flussläufe, in einem Areal, das so groß ist wie ein deutscher Flächenstaat. Der Ehrgeiz hat den Wildhüter gepackt. Er will uns unbedingt seine Schützlinge vorführen und damit auch den Grund für sein Beharren. Als wir müde und durchgeschüttelt fast schon aufgeben wollen, haben wir Glück. Eine Herde von zweihundert wilden Rentieren weidet in ein paar hundert Meter Entfernung. Mit ihrem braun-weißen Fell passen sie perfekt in die Umgebung. Ein lautes Räuspern und sie fliehen.

Der Wildhüter blickt ihnen hinterher und seufzt. »Das ist der einzige Ort, wo sie im Frühjahr noch weiden können. Es ist ihr wichtigstes Revier, weil es gut geschützt ist.« Etwas verbittert setzt er hinzu, dass es ihm nicht um die Gänse und die Rentiere gehe. Er habe die Kinder und deren Zukunft im Blick. »Ich möchte gern, dass sie einmal dieses unberührte Stück Natur sehen können, so wie ich, als ich ein Kind war«, sagt er und setzt sich resigniert in seinen Jeep.

In der Ferne glänzt die Schneekuppe des Vatnajökull, und wie alle Gletscher in Island ruht auch er auf einem Vulkan, der ihn von unten erwärmt. Wenn der Vulkan ausbricht, schmilzt erst der Gletscher ab, dann kommt eine große Flutwelle.

Es gehört schon eine große Portion Hybris dazu, mehrere Milliarden Euro in die Umgebung von Vulkanen zu investieren.

Elfen im Straßenbau

An der Straße von Reykjavík nach Norden stehen zwei große Steine in einer kleinen Rasenanlage am Meer. Hier beginnt und endet die Ringstraße nach 1336 Kilometern.

Doch die Steine waren im Weg für das nationale Prestigeobjekt, und die Bauarbeiten verzögerten sich. Von außen betrachtet sind sie eher unauffällig, etwa drei Meter hoch und fünf Meter breit. Zusammen wiegen sie mehrere Tonnen und bilden eine Art Höhle. Es sind keine weiteren Eingänge zu erkennen, aber das täuscht: Die Steine waren und sind bewohnt.

Die Zwillingssteine standen nicht immer dort. Sie wurden zwei Mal versetzt. Einmal in den achtziger Jahren, als die Hauptverbindung Nr. 1 nach Akureyri in den Norden Islands gebaut wurde, und dann noch einmal 2001, als die Trasse auf vier Spuren erweitert wurde. Beide Male waren sie im Weg. Doch als man sie wegschaffen wollte, gab es unerwartete Probleme. Alles ging kaputt, erst die Baumaschinen, dann die Werkzeuge; das Wetter war schlecht, es kam zu Unfällen, und es gab Ärger am laufenden Band.

Also ließ man die Steine sorgsam verpacken und mit schwerem Gerät versetzen. Das isländische Fernsehen filmte den Umzug aus verschiedenen Perspektiven. In den Aufnahmen sieht man den dunklen Doppelstein aus massivem Granit an armdicken Trageseilen in der Luft schweben. Eine für isländische Verhältnisse riesige Menschenmenge von mindestens siebzig Personen sah dem Spektakel gebannt zu. Doch vorher handelte das Amt für Straßenbau einen Deal aus. Offiziell glaubt man zwar nicht an die Existenz von Elfen, aber dennoch konsultierte man Leute mit Kontakt zu den (un-)heimlichen Bewohnern, getreu dem Motto »schaden kann es ja nicht«.

Die Bedingung der Verborgenen lautete: eine Woche Baustopp, damit sie Zeit zum Umziehen hätten. So geschah es.

Island lebt in einer reichen Sagenwelt, vergleichbar vielleicht mit dem Deutschland der Gebrüder Grimm, als bei uns noch die Wölfe durch die Wälder streiften. Das Christentum tat sich auf der entlegenen Insel im Atlantik immer schwer – mit seinem Glauben an nur einen Gott. Der biblische Satz »Macht euch die Erde untertan« klingt hier hohl, denn ständig wird den Insulanern vor Augen geführt, dass sie die Gäste sind und die Natur die Oberhand hat. Isländer stehen mit unerklärlichen Phänomenen auf gutem Fuß, die Arroganz, die mit der Aufklärung einhergeht, ist ihnen fremd.

Ein paar Kilometer weiter, in einem Neubaugebiet in der Nähe des isländischen Althings, dem um das Jahr 1000 gegründeten ersten Parlament der Welt, kreuzen sich alte Kraftfelder, hat man uns gesagt. Die Gegend ist seit langer Zeit begehrt. Es wäre keine Überraschung, munkelt man, wenn es auch hier bei Bauarbeiten zu Komplikationen käme.

Anderswo könnte man solche Überlegungen als Aberglauben abtun, nicht aber in Island.

Wo sonst in der Welt würden sich zwei so unterschiedliche Männer treffen, die Köpfe zusammenstecken und sich aufmerksam über einen Stadtplan beugen: Der eine ist der Planungschef des Straßenbauamts der Hauptstadt Reykjavík. Normalerweise glauben Technokraten wie er wohl nur an das, was sie anfassen können. Der andere Mann ist Sachverständiger für Elfen, Trolle und Verborgene. Die beiden treffen sich regelmäßig. Elfen sind Chefsache.

Der Wind pfeift, und es regnet, die Schauer kommen seitwärts, weshalb Planungschef Thorarinn Thorarinsson grüne Gummistiefel und eine rote Goretex-Jacke über dem Anzug mit Fliege trägt. Es ist ein Wetter, bei dem die alte isländische Weisheit gilt: *Wenn Ihnen unser Wetter nicht gefällt, dann warten Sie doch fünf Minuten.* Man tröstet sich auch mit der Redensart: *Regen tut nicht weh.*

Der Mann fürs Unterirdische, Magnus Skarphedinsson, ist ähnlich gekleidet, bis auf die Fliege. Für den Architekten Thorarinsson ist es selbstverständlich, dass bei Neubauten Rücksicht auf die bisherigen Bewohner zu nehmen ist, seien sie nun sichtbar oder unsichtbar. »Es ist keine Frage des Glaubens, sondern eine Frage des Verstehens«, sagt er mit einem leisen Lächeln. Sein Bruder sei eine Zeitlang Umweltminister gewesen, der hätte es auch so gehalten. Wenn man das Wort »Elfen« nicht in den Mund nehmen wolle, könne man ja auch von »Rücksicht auf die Natur« sprechen.

In seiner Behörde laufen alle Anfragen auf. Manchmal hilft es, mögliche Hindernisse für eine Streckenführung, für einen Bauplatz oder einen Zebrastreifen im Vorfeld zu erkunden. Thorarinn und Magnus können auf eine lange und vertrauensvolle Zusammenarbeit zurückblicken. Die beiden haben zusammen auch das Problem mit dem Doppelstein an der Nationalstraße Nr. 1 gelöst.

Magnus hat damals den Kontakt zu den »Sehern« hergestellt, also zu jenen Menschen, die Elfen und Verborgene sehen können. Die wiederum haben mit den Bewohnern des Steins gesprochen und deren Bedingungen erfragt – und die Baudirektion hat sich mit den Forderungen dieser Wesen einverstanden erklärt.

Magnus sammelt seit Jahrzehnten Berichte über das Auftauchen von Elfen und verborgenen Menschen. Er selbst besitzt keine seherischen Gaben, aber er vermittelt Kontakte zu Menschen, die mit Elfen reden können. Eine dieser Seherinnen ist Sippa, eine kleine pausbäckige Frau mit funkelnden blauen Augen und einem leuchtend roten Hut. Zweimal die Woche leitet sie eine Elfentour in Hafnarfjördur. Von dieser kleinen Stadt südlich von Reykjavík wird behauptet, sie sei die Hauptstadt der Elfen und der »verborgenen Menschen« in Island.

Auf den Touren gibt Sippa eine Einführung in die grundlegenden Unterschiede zwischen Elfen und verborgenen Menschen. »Verborgene Menschen sind fast wie normale Menschen: groß, dünn und gut aussehend – wie wir! Elfen hingegen sehen etwas seltsamer aus. Sie haben große Ohren und lange, spindeldürre Beine.« Die Erscheinungsformen von verborgenen Menschen und Elfen seien also unterschiedlich, aber alle lebten im Geheimen. Die meisten verborgenen Menschen sind Sippa zufolge gutmütig, aber sie können auch richtig böse werden und ihre Opfer verhexen.

Im Fall des Doppelsteins an der Nationalstraße zeigten

sich die verborgenen Menschen nach dem Umzug wieder als friedliche Bürger Islands, nachdem der Planungschef sich selbst um ihre neue Bleibe gekümmert hatte. »Ich habe damals den neuen Wohnplatz für die Verborgenen persönlich ausgesucht, schön mit Meerblick«, sagt Thorarinn Thorarinsson und sieht sehr zufrieden aus. »Danach gab es keinen Ärger mehr.«

Das Schönste an Isländern wie Thorarinn ist ihr leises Schmunzeln. Es bleibt offen, ob sie an all das glauben, was sie uns erzählen.

Nach der Geschichte mit dem Doppelstein beginnen wir die Straßenführung in Island mit anderen Augen zu sehen – auch wenn wir als Novizen nicht wirklich etwas erkennen, wie etwa an jener legendären Bucht am Fuße des Vulkans Snaefel. Dort steht ein besonderer Stein am Meer, in dem, so heißt es, eine Frau mit blonden Haaren und grünen Augen verborgen lebt. Vier Leute wollen sie unabhängig voneinander dort gesehen haben.

Wir erkennen, wenn wir länger hinschauen, nur die Konturen einen Männerkopfs, die aber recht deutlich.

Islands jüngstes Kind

Auf dem Weg zur Küstenwache passieren wir einen Strand, der einen alten isländischen Wunschtraum erfüllt. Es stehen dort keine Palmen, und auch die Menge an feinem Sand ist übersichtlich. Aber erstmals ist es den Isländern gelungen, einen kleinen Teil des Atlantiks zu erwärmen. Isländer leben auf einer Insel mitten im Meer, ohne aber jemals baden zu können. Das ist ein schweres Schicksal.

Eine Mole grenzt einen kleinen Teil des Meeres ab, in der Größe etwa eines halben Fußballfelds. Dort hinein fließt dreißig Grad warmes Brauchwasser aus den Heizungen und beheizten Bürgersteigen der Hauptstadt und mischt sich mit dem zehn Grad warmen Meereswasser aus dem Golfstrom. Der Nordatlantik kennt einen Gezeitenunterschied von einem Meter und fünfzig Zentimetern. Bei Flut strömt deshalb frisches Badewasser in die kleine Meeresbucht südlich der Hauptstadt. Dann muss nachreguliert werden, denn das Wasser des einzigen isländischen Meeresbadestrands soll im Schnitt zwanzig Grad warm sein.

Ein bisschen weiter, hinter einem Drahtzaun, liegt der Flugplatz der Küstenwache. Der blau-weiß-rot lackierte Hubschrauber wird aus der Halle gezogen. Die Besatzung trägt Uniform unter den Überlebensanzügen. Sie fliegt regelmäßig Patrouille zu den kleineren Inseln an der Südküste. Wir sind zahlende Gäste und finanzieren heute den Trip. Die Reise geht nach Surtsey, ein Name, der Biologen und Geologen aus aller Welt aufhorchen lässt. Surtsey ist eine Insel, die erst vor wenigen Jahrzehnten nach einem Vulkanausbruch aus den Tiefen des Meeres gestiegen ist. Das Betreten ist streng verboten. Touristen dürfen nur vom Boot aus einen Blick auf das Inselchen werfen. Doch wir haben eine Sondererlaubnis des Umweltministers in der Tasche für einen einmaligen Aufenthalt.

Der Hubschrauber nimmt Kurs Richtung Südost. Bei strahlender Sonne könnte man Island für eine Schwester der Kanaren halten mit seinen Lavafelsen auf tiefblauem Wasser. Nach einer halben Stunde Flug kommt Surtsey in Sicht. Wir landen auf einem großen weißen Kreuz zwischen Lavabrocken. Der Hubschrauber hebt wieder ab, und für ein paar Stunden haben wir die Insel für uns. Damit wir weder etwas hierlassen noch etwas mitnehmen, hat man uns Fjalar zur Seite gestellt, einen bärtigen Geologiestudenten kurz vor dem Examen. Er vertritt seinen Professor; der wäre auch zu gern gekommen, sei aber verhindert.

Wir schultern unsere Rucksäcke und machen die allen Besuchern der Kanaren vertraute Erfahrung, dass man im vulkanischen Sand nicht gut vorankommt. Aus der Luft sieht Surtsey mit seinem Kleingebirge und der Fläche von gerade mal 1,4 Quadratkilometern sehr übersichtlich aus, doch am Ende des Tages sind wir restlos erschöpft. Das liegt nicht nur am Sand. Es ist aufregend, auf völlig unbekanntem Boden zu stehen, auch wenn es mittlerweile eine Landkarte der Insel gibt.

»Diese Landkarte wird nie ein Bestseller werden«, sagt Fjalar mit einem gewissen Stolz, denn er gehört nun auch zu den einhundert Auserwählten, die ihren Fuß auf Surtsey setzen dürfen. Dann faltet er das Blatt zusammen und winkt uns, ihm ins Innere der Insel zu folgen – soweit wir mit seinen langen Beinen Schritt halten können. Fjalar ist freundlich und bestimmt, normalerweise sicher kein Mann langer Reden, eher den Steinen als den Worten verbunden. Hier gibt es Steine genug, und Fjalar ist in seinem Element. Begeistert zeigt er auf die erste bemooste kreisrunde Vertiefung. »Das war die Austrittsöffnung des Vulkans. Noch Monate nach der Explosion hat hier die Lava geblubbert.«

Wir bewegen uns vorsichtig und befangen. Wer weiß, wie tief man sinkt, in welche Spalte man stürzt. Mir fällt beim Anblick des Kraters Saint-Exupérys kleiner Prinz ein, der gleich drei Vulkane hatte und sie alle täglich fegte, damit sie bei einem Ausbruch auch gleichmäßig brannten. Den einen benutzte er, um sein Frühstück zu bereiten. Surtsey verfügt nur über zwei Vulkane.

Plötzlich sind wir allein auf dem kleinen windigen Inselchen im Nordatlantik. Fjalar ist verschwunden. Wir hatten vor allem auf unsere Schritte zwischen den Lavabrocken geachtet. Er ist entwischt, es hat ihn nicht auf dem Trampelpfad gehalten, vielleicht ist er in einer Spalte verloren gegangen. Plötzlich hören wir einen Ruf und sehen ihn weit oben auf dem Abhang, den Hammer schwenkend, zwei Proben in der Hand. Er winkt uns zu sich.

»Das ist das Material aus dem die Insel besteht, Basalt, und ich suche nach Sedimenten des Meeresbodens. Aber eigentlich will ich hier Exoten finden«, erklärt er uns. Dann nimmt er den anderen Stein in die Hand, und sein Gesicht bekommt einen schwärmerischen Ausdruck. Surtsey ist gut für ein Dutzend Promotionen. »Dieser Stein ist etwas ganz Besonderes, er kommt nämlich nicht von hier. Das ist Granit aus Grönland oder aus Spitzbergen. Wahrscheinlich ist er mitgewandert in einem Gletscher und dann bei der Explosion vom Meeresboden herausgeschleudert worden.«

Die Geburt von Surtsey war nicht zu übersehen. Ein Fischer meldete als Erster die Explosion. Um 6.55 Uhr am 14. November 1963, notierte der *National Geographic*, bemerkte die Crew des vor der Küste der Vestmannaeyjar segelnden Fischkutters *Ísleifur II* einen starken Schwefelgeruch in der Luft. Gegen 7.15 Uhr war wenige Kilometer vom Schiff entfernt eine dunkle Rauchwolke erkennbar. Das Schiff fuhr näher an den Rauch heran, da der Kapitän der *Ísleifur* dachte, es könne sich dabei möglicherweise um ein brennendes Boot handeln. Der Rauch wurde jedoch von Eruptionen hervorgerufen, bei denen schwarze Asche ausgestoßen wurde, was auf vulkanische Aktivität am Meeresgrund schließen ließ. Die riesige Rauchwolke, so heißt es, war sogar noch in der Hauptstadt zu sehen, fast einhundert Kilometer vom Geschehen entfernt.

Ein Jahr lang rauchte der Vulkan. Dann schoss nur noch Lava mit einer Temperatur von 1200 Grad aus den zwei Kratern. Die Lava erstarrte beim Kontakt mit dem Meerwasser, und die Insel verfestigte sich. Die ersten Neugierigen, die auf ihr landeten, verbrannten sich die Füße. Auf wackligen Schwarzweißfilmen sieht man sie schnell zurück zum Ufer rennen und in ihre Boote klettern.

Es gab auch einen regelrechten Streit um den Namen der Neugeborenen. Die zuständige isländische Behörde entschied sich für Surtsey, nach dem Feuerriesen Surtur der nordischen Mythologie. Die Bewohner der benachbarten Westmännerinsel wollten das neue Familienmitglied lieber Vesturey (Westinsel) nennen und machten sich deshalb am 13. Dezember auf den Weg zur Taufe vor Ort. Surtsey, so geht die Legende, wehrte sich jedoch gegen die Namensänderung. Kurz nachdem die Männer die Insel betreten hatten, wurden sie von heftigen Ausbrüchen wieder vertrieben. Es blieb bei dem Namen Surtsey.

Die Geburt einer neuen Insel mitten im Meer lockte auch drei französische Journalisten des Magazins *Paris Match* nach Island. Sie landeten am 6. Dezember 1963 auf der Insel, drei Wochen nach dem Ausbruch des Vulkans, und blieben für ungefähr fünfzehn Minuten. Anschließend reklamierten sie die Insel für Frankreich, wogegen die isländischen Behörden umgehend einwendeten, dass Surtsey in isländischen Hoheitsgewässern entstanden sei.

Es sollte noch ein paar Jahre dauern, bis Surtsey einigermaßen zur Ruhe kam. Bereits 1965 – noch während der vulkanisch aktiven Zeit – wurde Surtsey zum Naturschutzgebiet. Die Bedingungen für Pflanzen und Tiere galten zunächst jedoch als schlecht: Den größten Teil des Jahres wird die Insel von Stürmen überzogen, und das Regenwasser konnte vom kargen Boden anfänglich nicht aufgefangen werden. Doch dann geschah ein Wunder, in dem die Vögel die Hauptrolle spielten.

»Ihr werdet staunen, wie viel Vegetation sich hier ausgebreitet hat«, sagt Fjalar, und tatsächlich blühen die Blümchen, die Steine haben Moos angesetzt und über unseren Köpfen schweben gigantische Seemöwen. Fünf Vogelarten nisten hier regelmäßig, darunter eine Kolonie von dreihundert Seemöwen. Fünfzig verschiedene Pflanzen gedeihen auf der Insel, und Biologen aus aller Welt beobachten, wie auf dem kahlen Lavafelsen draußen vor der Küste langsam eine neue Vegetation entsteht.

Fjalar nimmt uns mit auf den Hausberg von Surtsey: Auf einhundertfünfzig Metern über dem Meeresspiegel kann man an guten Tagen Hunderte von Kilometern überblicken. Aus den Spalten im Berg dringen dünne Dampffahnen, und an den Rändern wachsen Moos und Farn, die in diesem feuchtwarmen Klima gut gedeihen.

Wir sitzen zwischen den Spalten und genießen die Aussicht, zwischen uns dampft der Berg. Die heißen Dämpfe lassen darauf schließen, dass Surtsey noch immer in Bewegung ist. Die Insel hat sich, so lernen wir, vor zwanzig Jahren um einen Meter gesenkt, und dadurch sind diese Risse entstanden.

»Einhundert Meter tief dringt das Meerwasser an den Seiten durch die Risse ein«, sagt Fjalar, »und das Magma da unten ist immer noch heiß genug, das Wasser zum Kochen zu bringen.« Es habe sich aber abgekühlt. Zwei Messungen sind Fjalar bekannt: Mitte der achtziger Jahre war es in einhundertzehn Meter Tiefe noch 145 Grad heiß, ein Jahrzehnt später nur noch 127 Grad.

Surtsey hat sogar einen Sandstrand. Von weitem sieht man dort ausgeblichene Holzstämme und große rote Bojen, Treibgut von den Trawlern. Hier tummeln sich Robben und Seehunde, und vor der Küste taucht ab und zu ihr »Fressfeind«, der Schwertwal, auf.

Irgendwann an einem solchen langen Tag fordert die Natur ihr Recht, aber das ist nicht einfach, wenn man als Besucher eindringlich ermahnt wurde, nichts mitzunehmen und eben auch nichts hierzulassen. Es ist aber Niedrigwasser, und so gibt es Platz genug zwischen den Felsen, bevor die nächste Flut kommt. Versteckt vor neugierigen Blicken hocke ich mich zwischen zwei Steine und sehe plötzlich eine schwertförmige Rückenflosse aus dem Wasser ragen und im Abstand von etwa einhundert Metern auf der Suche nach Seehunden um die Insel ziehen. Ich spurte zum Landeplatz, um meinen Kollegen von der Begegnung zu erzählen. Doch die haben längst die Kamera auf das Stativ montiert und den Orca im Kasten.

Das Leben dieser kleinen Insel mitten im Meer ist endlich. Regen und Wind tragen sie wieder ab. In zweihundertfünfzig Jahren wird Surtsey nur noch ein Felsen sein.

Viertes Kapitel

Spitzbergen:
Seebären, Eisbären und Einsiedler

Die Fahrt der Senta – *Von Eisbären und Einsiedlern –
Eisbären hautnah – Sommer bei den Trappern*

Die Fahrt der *Senta*

Die Liebe zu Spitzbergen liegt bei uns in der Familie. Großvater Hugo hat zweimal Kap Hoorn umsegelt und ist in Deutsch-Südwest (heute Namibia) ein Jahr lang vor Anker gegangen. Die Krönung seiner Laufbahn als Seemann war eine Expedition nach Spitzbergen in Begleitung eines deutschen Fürsten. So weit die Familiensaga.

Hugo Bünz, Jahrgang 1882, hatte das Problem, das alle Seebären kennen. Es wurde ihm nicht immer geglaubt. Er erzählte oft und gern von seinen Passagen über die Ozeane. Leider blieb bei meinem Vater von den Geschichten nicht viel hängen.

Die Reisen von Opa Bünz waren Teil seines Lebens als Junggeselle. 1913 traf er auf einem Tanzvergnügen an der Schleuse Kiel-Holtenau meine Großmutter, und das war für ihn das Ende der christlichen Seefahrt. Sie bekamen zwei Kinder, er schlug sich fortan als Hafenarbeiter in Hamburg durch, und von den Reisen und Abenteuern blieben nur die Träume.

Viele Jahre vergingen. Nach der Wende tauchte plötzlich eine fünfzigseitige Dokumentation einer Spitzbergen-Expedition aus dem Jahre 1911 auf. Sie gelangte über Redakteure der führenden deutschen Seglerzeitung *Die Yacht* schließlich in die Hände meiner Familie. *Die Yacht* hatte bereits 1912 in zwei Ausgaben über die spektakuläre Segelreise nach Spitzbergen berichtet, basierend auf den Tagebüchern und Erzählungen der Teilnehmer. Die Reise stellte einen neuen Rekord auf – so weit nördlich war noch nie eine deutsche Segelyacht gekommen. Der fleißigste Schreiber war der Herzog selbst. Ernst II. hatte ein bewegtes Leben hinter sich, als er 1955 in seinem Schloss »Fröhliche Niederkunft« bei Neustadt/ Orla starb.

Ernst war im Hauptberuf Regierungschef von Sachsen-Altenburg, einem Herzogtum mit zweihunderttausend Einwohnern rund um das Städtchen Altenburg, das man wegen seiner Spielkarten-Produktion kennt. Seine politische Funktion hinderte Herzog Ernst – ähnlich wie vor ihm den Geheimrat Goethe – aber nicht an ausgiebigen Naturstudien und ausgedehnten Reisen. Die Untertanen kamen offenbar zeitweise auch ganz gut ohne ihn zurecht. Sein persönlicher Ehrgeiz bestand darin, einen der letzten weißen Flecken auf der Landkarte zu tilgen. Der Herzog hatte ein Ballonfahrer-Patent und korrespondierte mit den führenden Polarforschern seiner Zeit wie Nansen, Fichtner, de Geer und Shackleton.

Die bemerkenswerte Dokumentation trägt den Titel »Meine Spitzbergenfahrt im Sommer 1911«, und mit Bertolt Brecht möchte man ob des Titels fragen: Hatte der Fürst nicht wenigstens einen Koch dabei? Er hatte. Der Herzog würdigt die Mitglieder seiner Reisegesellschaft sogar ausführlich. Eine ganze Seite seines Berichts widmet er der Nennung der Expeditionsmitglieder: der Herzog selbst, sein Kammerdiener, sein Hofmarschall und zwei Ärzte, Dr. Goepel aus Altenburg und Dr. med. Potpeschnigg aus Graz. Letzterer hatte im Jahr zuvor an einer deutschen Expedition durch die Antarktis teilgenommen. Doch auch das seemännische Personal wird namentlich aufgeführt. Dort taucht nach Kapitän Vollrath, Steuermann Demelius, Matrose Berendt und Matrose Steen auch ein mir wohlvertrauter Name auf: »Koch und Matrose Bünz«. Es stimmte also – Großvater hatte nicht geflunkert.

Herzog Ernst II. und mein Großvater hatten bei allen Standesunterschieden die Lust am Abenteuer gemeinsam. Spitzbergen liegt auf halbem Weg zwischen Norwegen und dem Nordpol in der hohen Arktis, ist aber dennoch verhältnismäßig leicht erreichbar, weil seine Westküste im Sommer vom Golfstrom weitgehend eisfrei gehalten wird. Zur Zeit der Reise im Sommer 1911 war Spitzbergen noch Niemandsland. Die Zeit der norwegischen Oberhoheit begann erst 1920.

Es gab auf der Inselgruppe mit den spitzen Bergen weder friedliche noch kriegerische Ureinwohner, aber reichlich Wale, Walrosse, Polarfüchse, Eiderenten und Eisbären. Wer richtig reiche Beute machen will, muss dort überwintern. Das hatte der Herzog aber nicht vor. Geplant war eine Sommerreise am Rande des Packeises »nach dem Nordostlande«, der östlichsten Insel des Archipels, die um 1911 nahezu unerforscht war. Mit Schlitten wollten Ernst II. und seine Kameraden das Innere der Insel von der Rijp-Bucht bis zur Wahlenberg-Bucht erkunden. Die Schlitten, so der Plan, mussten sie selber ziehen, denn an Bord der *Senta* war für Hunde kein Platz.

Die *Senta* war eine zweiundzwanzig Meter lange Segelyacht aus Holz, gebaut auf der Werft des legendären Konstrukteurs Max Oertz in Hamburg. Auf dieser Werft entstanden auch die großen Schoner für den deutschen Kaiser, die *Meteor IV* und die *Meteor V*, aber auch die Rennyacht *Germania* des Hauses Krupp. Der Herzog konnte die *Senta* preiswert erstehen, weil der eigentliche Auftraggeber abgesprungen war. Das Schiff wurde für die Expedition mit einer eineinhalb Zoll starken Eishaut, einem stärkeren Motor (zwanzig statt zehn PS) und einer Ausgucktonne, einem sogenannten Krähennest, versehen. Zwanzig PS hat heute jedes zweite Schlauchboot am Heck – die *Senta* war wahrlich nicht übermotorisiert.

Ernst II. packte gerne selbst mit an. Sein Steuermann Demelius schilderte ihn als wetterfesten Mann, den nichts erschüttern konnte. Der Herzog sei häufig selbst den Mast hoch in die Ausguckstonne geklettert, um Wege durch das Treibeis auszumachen. Der Schiffskörper war aus Pitchpine und mit einem zwölf Tonnen schweren Bleikiel versehen. Der Benzintank fasste vierhundert Liter Benzin, was für eine Fahrtdauer von siebzig Stunden ausreichen sollte. Die meiste Zeit musste also gesegelt werden.

Die Reise begann am 18. Juni 1911 in Hamburg. Für die erste Etappe nach Nordnorwegen schifften sich die Herzogin sowie die Gattin des Hofmarschalls Breitenbuch mit ihren beiden Zofen ein. Schon auf den ersten Seemeilen kam es zu einer Begegnung der besonderen Art. Das Wetter war schön und warm, alle Passagiere saßen oder lagen an Deck herum, zwischen allerlei Gepäck, das noch nicht verstaut war. Die *Senta* machte gute Fahrt elbabwärts. Achtern vom Cockpit lag ein Haufen Gemüse. In dessen Nähe saß Frau von Breitenbuch. Auf einmal bewegte sich dieser Gemüsehaufen auf sie zu – ganz langsam. Plötzlich kam aus den Salatblättern ein riesiger schwarzer Hummer, der immer näher und näher an sie herankroch. Mit lautem Aufschrei entfloh sie.

Ob der Hummer dann im Kochtopf landete, ist nicht überliefert. Jedenfalls verlief das erste Mittagsmahl auf der Elbe sehr angeregt. »Koch Bünz hatte einen guten Start«, notierte der Herzog.

Nach drei Wochen Seereise entlang der norwegischen Küste gingen die Damen in Tromsø von Bord. Die *Senta* wurde nachträglich mit einer achtzig Zentimeter hohen Reling ausgerüstet, damit bei hohem Seegang niemand über Bord gehen würde. Skier, Schlitten und Eispickel fanden ihren Platz hinter dem Treibermast, an Deck wurden große Tonnen mit Schiffszwieback und Salz zum Konservieren von Seehundfellen verzurrt.

Sechs Tage dauerte die Fahrt über das offene Nordpolarmeer nach Spitzbergen. Beim Auslaufen aus Tromsø regnete es in Strömen, weiter draußen frischte der Wind auf, die *Senta* rollte und stampfte stark und nahm viel Wasser über. Gegen Ende des ersten Tages verschwanden die Herren Expeditionsteilnehmer mit den üblichen Entschuldigungen unter Deck. Der Herzog blieb ungerührt, auch als sein Hofmarschall apathisch in der Kajüte lag und stöhnte. Die beiden Herren teilten sich die Eignerkabine.

Das Schiff setzte mit einem so starken Ruck in jede See, dass die Passagiere in den Kojen in die Höhe flogen. Ein Konstruktionsfehler: Der Großmast stand zu weit vorn.

»Unangenehm, aber belanglos«, notierte der Herzog.

Nach fünf Tagen Schaukelei flaut der Wind ab, die *Senta* gerät ins Treibeis. Alle rappeln sich auf und bestaunen die bizarren Eisformen. Seehunde liegen auf den Schollen und äugen neugierig herüber. Raubmöwen in ihrer dunkleren Färbung umfliegen das Schiff. Dazwischen schwebt bisweilen eine elegante weiße Bürgermeistermöwe. Die Segelyacht mit den zwei Masten und dem kleinen Hilfsmotor fährt kreuz und quer durch Eis und kommt nicht heraus. Der Eislotse steht im Krähennest und dirigiert von oben aus das Schiff durch die offenen Stellen. Wenn er einen südlichen Kurs fahren muss (also in die verkehrte Richtung), sinkt die Stimmung. Die weißen spitzen Berge der Inselgruppe sieht man in der Ferne, aber sie kommen nicht näher.

Mein Großvater übersteht den Sturm ohne nennenswerte Anzeichen von Seekrankheit: Er kommt seinen Aufgaben nach, kocht und geht Wache, auch wenn die *Senta* gelegentlich derart gegen eine Eisscholle stößt, dass das ganze Schiff in seinen Fugen kracht. Im Salon wird Suppe mit Rinderbraten und Preiselbeeren serviert, abends Spinat mit harten Eiern.

Der Koch bekommt von Dr. Potpeschnigg, einem der beiden mitreisenden Ärzte, Instruktionen, in welcher Weise er die Konserven verbrauchen solle. Die norwegischen Konserven sind in erster Linie für die Mannschaft gedacht. Den Proviant des Hamburger Schiffsausrüsters Carl Bödiker bekommt die Kajüte.

Fast wäre es auf der Hinfahrt zu einer Katastrophe gekommen, weil das Auspuffrohr glühte und ein Segel in Brand setzte. »Wenige Zentimeter von diesem brennenden Segel lagen mehrere Kilo Dynamit, die wir für den Notfall zum Sprengen aus dem Eis mitgenommen hatten. Wenige Minuten noch, und wir hätten eine unfreiwillige Himmelfahrt angetreten«, schreibt der Herzog.

Das Dynamit wird an Ort und Stelle im Nordpolarmeer versenkt. Unterwegs sichtet die *Senta* den HAPAG-Dampfer *Blücher*, und allen läuft das Wasser im Munde zusammen. »Große Erwartungen setzen wir auf die Proviant- und Alkoholvorräte der *Blücher*. Lange Beratungen werden darüber geführt. Hoffentlich kommen wir heute noch hin.«

Man hat das gleiche Ziel, die Advent Bay, dort, wo sich heute der Hauptort Spitzbergens, Longyearbyen, befindet. Doch der Fjord zieht sich mächtig in die Länge. Die *Senta* telegrafiert: »Habe Post für Sie«, und die *Blücher* stoppt.

Großvater bringt im Beiboot die Briefe längsseits und wird Zeuge, wie die Passagiere an die Reling strömen und die kleine Segelyacht wie ein Weltwunder bestaunen. Sie schreien »Hurra« und winken aus Leibeskräften.

Nach der Landung in der Advent Bay lässt sich der Herzog die neue Siedlung zeigen, die der Amerikaner Longyear zur Ausbeutung des mächtigen Steinkohleflözes errichtet hat. Die einhundert Bergleute sind meist Norweger, die Vorarbeiter Engländer, die Ingenieure Amerikaner. Es wird gut für die Belegschaft gesorgt, findet der Herzog und staunt darüber, dass das Bergwerk innen schneeweiß ist statt schwarz – dank des Raureifs.

In der Nacht müssen sie wegen starken Eisgangs ihren Liegeplatz verlassen und landen in einer Bucht, die man heute vielleicht einen Industriehafen nennen würde. Dort ankern sie in der Nähe eines alten Segelschiffs, das zum Tran-Sieden benutzt wird. Walfisch-Tran war damals ein begehrter Rohstoff für Seife, diente als Brennstoff für Lampen, als Schmiermittel und zum Imprägnieren von Ölzeug.

Als sie dort vor Anker liegen, füllt sich die Bucht. Walfänger schleppen ein halbes Dutzend toter Tiere herbei. Ein Walfischkadaver treibt bis auf einhundert Meter an die *Senta* heran. Die Flut drückt ihn wieder zurück. »Nun liegen acht dieser Riesentiere um uns herum«, klagt der Herzog. Das Essen schmeckt auch nicht richtig. Zu Abend gibt es Seehundniere, die aber nicht lange genug gewässert ist.

Ein Matrose kommt vom Transiederschiff mit dem Ruderboot vorbei und bietet einen Tauschhandel an: zwei Flaschen Lebertran gegen Schnaps. Er bekommt zwei Flaschen Schnaps, den Tran darf er behalten. Dafür nimmt er die Mannschaft der *Senta* in seinem stabilen Ruderboot mit auf Seehundjagd. Der Herzog hat Glück bei der Jagd und lernt, wie wichtig es ist, sofort zur Abschussstelle zu kommen. Ein noch lebendes Tier sinkt schnell ab und beißt sich auf dem Meeresboden fest. Das Zupacken ist nicht ohne. Der Seehund ist so glitschig, dass er durch die Finger gleitet. Der Eislotse, der ihn begleitet, hat seine eigene Methode: Er beißt in den Seehund und zieht ihn mit den Zähnen an Deck. Herzog Ernst nimmt lieber die Harpune. Abends sitzen sie bei Grog in der Kajüte, und der Norweger spielt auf seiner Mundharmonika.

Sie machen einen Landausflug und vertreten sich die Beine auf der weichen Tundra. Die Vögel zwitschern so laut, dass der Herzog sich an einen Wasserfall erinnert fühlt. Seinem Begleiter Dr. Goepel gefällt die Umgebung so gut, dass er nur mit Mühe wieder an Bord zu bringen ist. Viel lieber will er sich an Land eine Hütte aus Treibholz bauen und hier die Rückkehr der anderen aus dem hohen Norden abwarten.

Auf dem Weg vorbei an der westlichen Insel Spitzbergens, dem Prinz-Karl-Vorland, sind sie nicht allein.

Der Kreuzfahrttourismus ist schon mächtig entwickelt. Spitzbergen ist damals Ausgangspunkt spektakulärer Nordpolexpeditionen, und eine Kreuzfahrt vermittelt das angenehme Gefühl, dicht am Geschehen zu sein, ohne auf den Luxus eines großen Schiffes verzichten zu müssen. Der *Große Kurfürst* des Norddeutschen Lloyd kommt gerade zur rechten Zeit. Der Herzog und die Herren werden zum Lunch und zum Dinner gebeten, mein Großvater durfte sie wohl dorthin rudern.

Die *Senta* hat wieder ein Leck im Benzintank, eine Niete ist geplatzt. Unter Deck riecht es so stark nach Benzin, dass man es dort nicht aushalten kann. Maschinisten des *Großen Kurfürsten* helfen bei der Reparatur. Der Herzog tafelt, aber er kümmert sich auch um sein Vorhaben. Ein Matrose ist desertiert – »unter Mitnahme der ihm leihweise überlassenen Effekten«. Der Mann war erst in Tromsø an Bord gekommen und hatte wohl genug von der ehrgeizigen Gesellschaft auf der kleinen Nussschale.

Dem Herzog gelingt es, einen Kadetten namens Hoffmann von Bord des *Großen Kurfürsten* abzuwerben, dann beginnt der »Vorstoß gen Osten«, wie der Herzog etwas martialisch schreibt. Um sie herum ist nichts als Treibeis, im Norden befindet sich der feste Packeisgürtel, im Süden liegen die schneebedeckten Berge. Alles glitzert und funkelt. Die *Senta* schlängelt sich zwischen den dicken Eisschollen hindurch. Doch dann gerät das Schiff in drei schwere Eispressungen und wird in die Höhe gedrückt. Es ist ein solches Getöse, dass man sein eigenes Wort nicht verstehen kann. Alle Männer an Bord müssen schwer arbeiten, um aus dem Eis wieder herauszukommen. Einige klettern auf die Schollen, hacken und schieben, und die anderen helfen mit Stangen vom Deck aus.

Nach eingehender Beratung geben sie nachts um elf Uhr auf. Sie drehen um, gegen den Rat des Eislotsen, der großes Zutrauen in das Schiff setzt. Den Ausschlag für die Entscheidung zur Umkehr gab der Motor, der nicht lief wie er sollte und Benzin verlor. Allein unter Segeln konnte die *Senta* im Eis nicht manövrieren. Ohne Motorkraft hätten sie das Schiff verlassen müssen – über das Treibeis. Doch das wollte Ernst sich und seinen Leuten nicht zumuten. An Land hätten sie vielleicht Unterschlupf in einer der Hütten gefunden, die sich die Fangleute aus Treibholz gebaut hatten. Doch für eine Überwinterung fehlte es ihnen an Proviant und Ausrüstung. (Fast einhundert Jahre später verschlägt es mich in eine solche Hütte, aber davon werde ich noch berichten.)

Selbst wenn die Reise nach Osten hier zu Ende war und die Schlittenexpedition durch Nordostlande damit ins Wasser fiel: So weit nach Norden war noch nie eine deutsche Segelyacht vorgedrungen. Vom Ausguck aus hatten sie einen guten Blick auf die Moffeninsel, knapp unterhalb des achtzigsten Breitengrads, etwa eintausend Kilometer unter dem Nordpol. Die Moffeninsel ist eine flache Kiesinsel mit einer Lagune in der Mitte. Der Name ist nicht freundlich gemeint. Mein Großvater, der fünf Sprachen fließend sprach, wusste sicherlich, dass Moffen eine abfällige holländische Bezeichnung für die Deutschen ist.

Die widrigen Eisverhältnisse hatten Plan A zum Scheitern gebracht. Aber der Herzog kannte noch einen anderen weißen Fleck auf der Landkarte Spitzbergens, weiter südlich und im Schutz des großen Eisfjords. Die Expedition könnte über den Nordenskjöld-Gletscher führen, von der Klaas-Billen-Bucht bis zur Wijde-Bucht. Das hatte vor ihnen noch niemand geschafft – mit dieser Reise würden sie topografisches Neuland betreten.

Für die Eiswanderung bleiben ihnen zwei Wochen Zeit. Sie ankern in einer kleinen namenlosen Bucht südlich des Gletschers und taufen sie »Senta-Bucht«. Dort schaffen sie ihre Ausrüstung an Land. Zum Proviant gehören zwei Flaschen Portwein und zwei Flaschen Cognac, doch die eine Flasche Cognac bricht beim Beladen des Schlittens. Jeder Schlitten wiegt sechseinhalb Zentner, und da an Bord der *Senta* kein Platz für Schlittenhunde war, müssen die Expeditionsteilnehmer selber ins Geschirr. Es wird eine elende Plackerei: Die schwerste Last sind die magnetischen und meteorologischen Instrumente und die fotografische Ausrüstung, dann die Zelte, Skier, Gewehre und Rucksäcke. Es ist kalt: Schon unten am Meer kann das Thermometer nachts auf den Gefrierpunkt sinken, oben auf dem Gletscher kommt noch der Wind dazu. Die Schlafsäcke sind innen aus

Rentierfell, außen mit wasserdichtem Stoff bezogen. Am oberen Ende befindet sich eine Klappe, so dass man sich komplett in den Sack verkriechen kann.

Das sei aber nicht zu raten, lehrt der Herzog. Selbst bei strengster Kälte solle der Kopf immer im Freien bleiben. Sonst schlage sich die Atemluft als Feuchtigkeit im Inneren des Schlafsacks nieder. »Der Schlafsack wird klatschnass und man kann ihn nicht wieder trocken kriegen.«

Am ersten Tag kann die Expedition nur vier Kilometer zurücklegen. Die Forschungsreise fordert alle ihre Kräfte: Die Eisverhältnisse sind schwierig, die Spalten breit und tief und das Gelände unübersichtlich. Zuerst wird der Weg erkundet und mit roten, sichtbaren Zetteln markiert. Der Herzog ist sein eigener Spähtrupp. Er läuft die Strecke drei Mal hin und zurück. Bei einem Gewicht von über dreihundert Kilogramm pro Schlitten müssen sich jeweils sechs Mann in die Seile stemmen – und das in unwegsamem Gelände.

Der Tagesplan ist einfach: täglich zwölf Stunden ziehen, dann Zelt aufbauen und essen im großen Zelt mit der bewährten Kochkiste. »Zum Kochen brauchten wir Wasser, und dazu mussten große Mengen Eis geschmolzen werden. Das dauerte über eine Stunde. Waschen konnten wir uns nicht, höchstens uns mal die Hände im Schnee abreiben.«

Dann kriechen sie in die Schlafsäcke, die schnell die ersten Abnutzungserscheinungen zeigen. Die Rentierhaare lösen sich, und die Schläfer haben den ganzen Mund voll davon. »Doch daran gewöhnt man sich schnell«, kommentiert der Herzog in gewohnter Nonchalance.

Nach zwei Tagen haben sie den Gletscher überquert und wandern acht Tage weiter durch Nebel und Schneestürme am Fuße des De-Geer-Berges nördlich bis zum Ostfjord der Wijde-Bucht. Es ist sehr kalt, und ein eisiger Wund umweht die Expeditionsgruppe. »So stelle ich mir den Eingang zur Hölle vor. Eine finstere langgezogene Schlucht, eingerahmt von kohlschwarzen schroffen, zackigen hohen Felsen.«

Gegen Ende werden die Schritte schneller. Für den Heimweg brauchen sie nur einen Bruchteil der Zeit. Sie kommen zu früh, die *Senta* ist noch nicht an der verabredeten Stelle. Aber das Depot ist unversehrt. Der Kapitän hat ihnen sogar noch eine Flasche Sekt, ein paar Apfelsinen und ein Brot dazugepackt.

Sie haben als Erste bewiesen, dass sich zwischen der Klaas-Billen-Bucht und der Wijde-Bucht kein Gebirgsrücken erhebt, sondern nur ein riesiges Meer aus Schnee und Eis, ähnlich dem Inland-Eis von Grönland. Darin ragen einzelne Nunatakker. »Nunatakker« ist eines der wenigen Worte aus der Sprache der Inuit, das es in den allgemeinen Wortschatz geschafft hat. Ein Nunatak ist eine Bergspitze, die sichtbar wird, wenn sich der Gletscher zurückgezogen hat.

Der Rückweg nach Tromsø verläuft ohne weitere Zwischenfälle, wenn man davon absieht, dass die *Senta* drei Meilen vor der Küste auf eine Klippe läuft und bei dem Versuch, sich zu befreien, der Anker verloren geht.

Der Motor versagt seinen Dienst, so dass die Expeditionsteilnehmer die Heimreise komplett unter Segeln antreten müssen.

Der Herzog berichtet mit Bedauern, dass sie den Anblick eines Eisbären verpasst haben, der im Nachbarfjord auf einer Eisscholle vorbeitrieb, während sie gerade an Land die Flora bestaunten.

Am 25. August ist es zum ersten Mal seit sechs Wochen dunkel in der Nacht, zwar nur für kurze Zeit, aber der Herzog atmet doch wieder auf, als es hell wird. Die Heimreise verzögert sich, der Wind bläst ihnen entgegen. Nach vier Tagen Südwind dreht der Wind endlich auf Nord.

Jetzt, da die große Aufgabe gemeistert ist, scheint auch ein bisschen die Luft raus. Seinen vierzigsten Geburtstag feiert Ernst II. ohne großen Pomp und bei kabbeligem Wetter. Die beiden Ärzte leiden unter Blessuren: Der eine hat eine Bleivergiftung, der andere einen entzündeten Finger, der ihn den Schlaf kostet. Dem Kammerdiener Kaiser rutscht bei einer starken Welle die Kaffeekanne aus der Hand, und der Inhalt ergießt sich dem Herzog in den Kragen. »Das war das einzig Warme, das ich an diesem Tag in mich aufnahm.«

Selbst die beiden, die niemals murren, der Koch und der Steward, werden bei viel Wind und hoher Welle »seetoll«. Die *Senta* macht viel Wasser und deshalb langsame Fahrt. Der Süßwasservorrat schwindet. Pro Person gibt es täglich nur noch ein Glas Wasser zum Trinken und ein Glas zum Kochen. Die Mannschaft fängt an zu knurren.

Sechs Tage später landen sie in Tromsø, die letzten sieben Stunden reisen sie im Schlepptau eines Dampfers. Der Herzog verteilt Orden an die Mannschaft und an die Expeditionsmitglieder. Die Herren kaufen Eisbärenfelle als Andenken. Dann trennen sich die Wege. Die Herren schiffen sich auf dem Küstendampfer *Midnattsol* ein und erreichen nach wenigen Tagen Christiana, das heutige Oslo.

Der König hat keine Zeit für den Herzog, wohl kommt es aber zu einer eineinhalbstündigen Plauderei zwischen zwei weit gereisten Abenteurern: Des Herzogs Gesprächspartner ist Fridtjof Nansen, der norwegische Nationalheld, der 1888/1889 auf Schneeschuhen das Inlandeis Grönlands durchquerte.

Die Besatzung steuert unterdessen die *Senta* auf dem Seeweg heim, eine Reise, die fast sechs Wochen dauern sollte. Auf der Heimfahrt wäre das Schiff beinahe noch mit Mann und Maus untergegangen. Steuermann Demelius erwacht nachts auf seiner Freiwache und sieht beim trüben Schein der Petroleumlampe seine Seestiefel lustig vor seiner Koje im Wasser tanzen. Er springt auf ins knietiefe Wasser und weckt den Matrosen und den Koch, meinen Großvater, aus dem Schlaf. Sie suchen nach den Lecks und werden an der Reling fündig. Die Reling war mit langen Schrauben auf dem Deck befestigt, im Sturm aber mitsamt den Schrauben weggerissen worden. Es blieben fingerdicke Löcher, einen halben Meter lang, durch die das Wasser ungehindert hinter der Verkleidung in das Schiff laufen konnte. Die

Wache hat das langsame Absinken der *Senta* nicht bemerkt.

Demelius leitet den Rettungseinsatz. Zuerst werden alle Löcher notdürftig mit Holzspänen gestopft, dann wird abwechselnd vierzehn Stunden lang die Handpumpe bedient, bis das Wasser aus dem Schiff ist.

Am 15. Oktober 1911 erreicht die *Senta* nach dreitausend Seemeilen den Hamburger Hafen. Es dauert ein paar Tage, bis das Schiff aufs Trockene gezogen werden kann. Wegen Ostwinds hat der Reiherstieg Niedrigwasser. Die Hälfte des Totholzes unter dem Bleikiel fehlt, das untere Viertel des Ruderblatts ist zersplittert, die Eishaut zerfressen. Max Oertz, der Bootsbauer, schlägt die Hände über dem Kopf zusammen und ruft ein ums andere Mal: »Habt ihr ein Schwein gehabt!«

Die Spur der *Senta* verliert sich. Ein Schiff dieses Namens wird 1918 nach Schweden verkauft und schippert eine Zeitlang als Schulschiff des schwedischen Kreuzerclubs durch die Ostsee. Das Material der Expedition landet nach der Rückkehr in der Deutschen Seewarte in Hamburg und im Institut für Meereskunde in Berlin. Der Herzog wird General, und mein Großvater geht bald nach dem großen Abenteuer an Land und gründet eine Familie.

Von Eisbären und Einsiedlern

Neunzig Jahre später ist die Strecke Hamburg–Spitzbergen ein Linienflug von ein paar Stunden mit zweimal Umsteigen. Die Berge unter uns sind unverändert weiß und spitz, aber das Treibeis ist dünner geworden. Die Düsenmaschine fliegt einen langen Bogen über die alte Bergarbeiterstadt Longyearbyen.

Neben Abraumhalden leuchten neue Gebäude, vor allem bunte Holzhäuser. Die Transiederschiffe sind aus der Advent Bay verschwunden und mit ihnen die toten Wale. Geblieben sind die Kreuzfahrtschiffe – und die Abenteurer.

Zwischen Landebahn und Eisfjord ist ein Zeltplatz entstanden, mitten in der Arktis. Das Spitzbergen-Handbuch rät den Campern, besser außerhalb des Zeltes zu kochen, sonst könnte man Besuch von Eisbären bekommen. Der Campingplatz ist während des kurzen arktischen Sommers von Anfang Juli bis Ende August geöffnet, mit Temperaturen um die null Grad muss gerechnet werden. Tröstlich zu wissen, dass man nicht reservieren muss.

Spitzbergen hat sich seit Großvaters Reise von 1911 entwickelt und besitzt mittlerweile die Infrastruktur einer Mittelstadt. Für zweitausend Einwohner gibt es alles – vom Kindergarten bis zur Universität mit einhundert Plätzen, vom Schwimmbad bis zur internationalen

Großforschungseinrichtung. Spitzbergen ist nicht mehr Niemandsland, sondern gehört zu Norwegen, aber alle Welt hat Zugang zu Spitzbergen und darf hier forschen. Drei Dutzend Nationen haben inzwischen den Spitzbergenvertrag von 1920 unterzeichnet, darunter auch Russland, China und Deutschland. Nirgendwo sonst auf der nördlichen Halbkugel kann man besser den Wandel der Atmosphäre verfolgen.

Wir sparen uns den Zeltplatz und ziehen mit unseren Kisten in eine ehemalige Bergarbeiterbaracke einen Kilometer den Hang hoch am Ortsende. Der Herzog hatte alle Besatzungsmitglieder in einen Lodenanzug mit eingearbeitetem Feuer- und Verbandszeug gesteckt. Die Taschen waren mit Pelz verkleidet. Dazu gab es zwei Paar gestrickte Fausthandschuhe, einen Schal (zwei Meter lang, grau), ein Dutzend Paar Kaschmirsocken und jeweils ein Paar Bergstiefel mit und ohne Nägel, einen Eispickel und zwei Ohrenwärmer. Unsere Kisten enthalten Daunenjacken und Goretex-Stiefel, Sturmmützen und Schlafsäcke bis minus zwanzig Grad, Kameras, Filter und Objektiv, ein transportables Tonmischpult und drahtlose Mikrofone, Akkus und Drehkassetten, einen Stromgenerator – und fünf Kilo Schokolade.

Wir schieben uns zögernd über eine solide Eisplatte eine Auffahrt hoch. Die Pension ist gut geheizt. Innen herrscht, wie überall in Norwegen, Sockenpflicht. In den Gängen hängen Fotos der früheren Bewohner. Die normale Belegschaft einer Baracke waren zwölf Männer und eine Frau, die kochte und die Wäsche erledigte. Zum Arbeitsvertrag gehörte für die Köchin auch der Tanz mit den Männern am Samstag. Keine von den Kochfrauen, so heißt es, verließ Spitzbergen unverheiratet.

Im Frühstücksraum auf der anderen Straßenseite hängt ein kleines Schild um eine Blechkanne: »Keine frische Milch, sorry! Die Maschine aus Tromsø nach Longyearbyen war voll. Alle Plätze besetzt.« Der Laderaum war auch deshalb so gut belegt, weil wir von der ARD (mal wieder) zweihundert Kilo Übergepäck hatten.

Mit uns ist ein Pärchen in der Pension abgestiegen, zwei junge Kanadier, wie wir erfahren, mit einer Geschäftsidee. Greg und Susan wollen von Spitzbergen aus mit einer Gruppe Touristen in ein Basis-Camp fliegen. Transportmittel ist eine russische Antonow mit oben liegenden Triebwerken, die auf dem Eis landen kann. Die Russen haben kurz vor dem Nordpol in einer abenteuerlichen Aktion eine provisorische Landepiste auf dem Eis freigelegt und dann daneben ein Camp errichtet. Von diesem Camp aus kann man die einhundert Kilometer bis zum Nordpol entweder mit dem Hubschrauber fliegen oder aber den letzten Grad (»the last degree«) auf Skiern bewältigen.

Den letzten Breitengrad kann man sich leicht selbst ausrechnen. Zwischen dem Äquator und dem Nordpol ist die Welt in neunzig Breitengrade unterteilt, auf eine Entfernung von etwa 10 000 Kilometer (ein Viertel des Erdumfangs). Wenn man die Entfernung durch neunzig teilt, kommt man auf etwas mehr als einhundert Kilometer pro Breitengrad. So einfach ist das: Wer den letzten Grad erwandert, ist hundert Kilometer unterwegs.

Damals wie heute ist es der nahe Nordpol, der die Gemüter beschäftigt. Die Eisplatten schmelzen über dem Nordpol so stark, dass die Fusstouristen sich sputen müssen, wenn sie nicht nasse Füsse bekommen wollen. Wie alle Aussichten auf Endlichkeit heizt auch die Polerwärmung das Geschäft an – der Treck zum Pol ist seit Monaten ausgebucht, trotz astronomischer Preise. Allein das Flugticket Spitzbergen–Nordpol und zurück kostet achttausend Euro pro Person.

Doch es gibt etwas, was die Gemüter noch stärker bewegen kann und was weder Herzog noch Grossvater auf ihrer dreimonatigen Reise zu Gesicht bekamen.

Eisbären hautnah

Wie versteckt sich ein Eisbär im Schnee?

Ganz einfach. Er verdeckt seine Nase mit der Pfote.

Als wir hinunter in die Tiefe starren, ist alles weiss. Der schneebedeckte Fjord. Die Moffeninsel, wo Grossvater damals umkehren musste. Rechts die weissen Berge, links auch. Alles ist weiss, das ideale Rückzugsgebiet für rundum weisse Bären mit schwarzen Nasenspitzen.

Die Sonne blendet, ich werde langsam nervös. Was

ist, wenn wir nur weiße Bilder mit nach Hause bringen, wenn wir nun nicht fündig werden, wie so viele Reisende vor uns. Unser Ziel ist es, Eisbären aus der Nähe zu filmen. So nah, dass wir sie streicheln können – wenn wir uns denn trauen.

Wir fliegen nun schon seit einer Stunde, der Tank reicht nicht ewig, und jede Stunde in der Luft kostet uns ein kleines Vermögen. Auf Spitzbergen leben etwa 3000 Eisbären und nur 2900 Menschen. Die Eisbären haben die Mehrheit und könnten sie wohl auch verteidigen, wenn nicht die Qualität des Meereises rapide schlechter würde. Das ist mittlerweile Allgemeinwissen. Herausgefunden haben es die Forscher des Norwegischen Polarinstituts. Sie brauchen bloß vor die Haustür zu blicken: Der Eisfjord, die Hauptverkehrsstraße Spitzbergens, ist schon seit Jahren nicht mehr zugefroren. Es besteht ein direkter Zusammenhang zwischen der Menge des Eises und der Lebensqualität eines Eisbären. Je mehr Eis, desto besser die Jagdbedingungen, und das bedeutet mehr Nahrung.

Endlich sehen wir eine andere Farbe. Das Eis endet, und der tiefblaue Ozean beginnt. Genau dort, an der Eiskante, erscheint ein rötlicher Fleck. Dort haben die Forscher von der *Lance* ihr Schiff ins Eis bugsiert. Die *Lance* ist das Schiff des norwegischen Polarinstituts. Ein hellblauer ehemaliger Fischkutter von sechzig Meter Länge, mit Hubschrauber-Landeplatz und Labor an Bord.

Das orangefarben gestrichene Achterdeck ist leer, der

Hubschrauber der Forscher ist unterwegs und folgt den Fußspuren der Bären auf dem Eis. Wir kennen die Forscher von der *Lance*. Als sie in Longyearbyen vor Anker lagen, haben wir sie besucht und ein Gastgeschenk der besonderen Art mitbekommen: ein Büschel Eisbärenhaare.

Wir tragen Kopfhörer und können den Funkkontakt unseres Piloten mitverfolgen. Meistens spricht er ins Nichts. Die *Lance* antwortet nicht und der Hubschrauber auch nicht. Wir befinden uns inmitten eines Nationalparks, und die nächste menschliche Siedlung ist über einhundertfünfzig Kilometer entfernt.

Einmal im Jahr schicken die Norweger die *Lance* für einen Monat auf Reisen durch die Fjorde von Spitzbergen, um die Eisbären zu zählen. Sie machen sich Sorgen um ihren Bestand, seit der Lebensraum der Bären buchstäblich dahinschmilzt.

Wenigstens hat sich das schlechte Wetter verzogen. Bei Nebel ist es unmöglich, Eisbären aus der Luft zu orten, geschweige denn ihnen einen Betäubungspfeil ins Hinterteil zu schießen, während sie im vollen Galopp sind.

Schon der Start heute Morgen ging beinah schief. Auf ganz Spitzbergen sind nur zwei Hubschrauber stationiert (ein dritter, ein qualmendes Ungetüm, steht für die Bergleute der Zeche in Barensburg bereit). Das Angebot ist knapp, das Wetter unbeständig und die Planung schwierig, um es einmal vorsichtig auszudrücken. Monatelang zogen wir alle Register der Ferndiplomatie, um eine Ausnahmegenehmigung vom örtlichen Gouverneur zu erhalten. Eines Tages war das begehrte Permit da – ein umfangreiches Dokument mit klaren Regeln: Wir dürfen mit in das Naturschutzgebiet und sogar auf dem Eis landen, aber erst, wenn die Luft rein ist, in einem gebührenden Abstand von zehn Minuten nach den Forschern.

Doch zunächst müssen wir sie finden. Endlich bekommt unser Pilot Rückmeldung über Funk. Die Bären sind gesichtet worden. Meine Sitznachbarin Tatjana Reiff stupst mich an und deutet mit dem Finger nach unten. Ohne unsere Dolmetscherin Tatjana wären wir niemals auch nur in die Nähe der Eisbären gekommen. Sie ist eine Kölner Schwedin (geboren in Köln, Wahlheimat Stockholm), ein wahres Organisationsgenie, und ihre einzigartige nordisch-rheinländische Mischung öffnet alle Türen. Tatjana zeigt triumphierend in die Tiefe, wo zweihundert Meter unter uns der Hubschrauber des Norwegischen Polarinstituts fliegt. Aus diesem Abstand wirkt er wie ein mittleres Insekt. Vor dem Hubschrauber kann man eine Bewegung erahnen: möglich, dass es Eisbären auf der Flucht sind.

Der Helikopter geht in den Tiefflug, und wir fliegen hinterher. Die Kabinentür schwingt auf, es knallt zwei Mal. Die Bären galoppieren noch hundert Meter weiter, dann werden ihre Bewegungen langsamer, sie straucheln und fallen in den Schnee. Unser Hubschrauber dreht weisungsgemäß noch eine lange Runde. In der Nähe der Abschussstelle sehen wir ein Wasserloch mit frischen

Blutspuren. Die Forscher haben die Eisbären offenbar bei der Robbenjagd gestört.

Eisbären sind intelligente und sehr bequeme Tiere: Sie warten auf dem Eis auf ihre Hauptnahrung, die Robben. Wenn diese zum Luftholen durch ihre Luftlöcher im Eis hervorkommen, dann schlagen die Eisbären zu. Im Wasser sind sie zu langsam, da wäre die Jagd auf die Robben aussichtslos. Ein ausgewachsener Eisbär braucht fünfzig Robben im Jahr zum Überleben. Das weiß ich alles aus Büchern und von meiner schlauen Nichte Franziska. Sie sammelt alles, was mit Eisbären zu tun hat, sogar Eisbären aus Porzellan.

Endlich sind die zehn Minuten verstrichen. Wir klettern vorsichtig aus dem Hubschrauber, der Pilot entsichert sein Gewehr. Eine reine Vorsichtsmaßnahme, beteuert er, dreht aber dennoch ständig den Kopf nach allen Seiten. Das Betäubungsmittel hat bereits gewirkt. Es ist die hundertfache Dosis dessen, was eine Katze beim Tierarzt verabreicht bekommt. Etwas befangen treten wir näher an die Stelle, wo vier Männer um zwei weiße Tiere herumstehen.

Zwei kleine Eisbären liegen bäuchlings im Schnee, ein paar Meter voneinander entfernt. Sie sind noch nicht ausgewachsen, aber auch nicht mehr das, was man vielleicht niedlich nennen könnte. Jeder Bär ist so groß wie ein erwachsener Mann. Sie liegen am Boden und zucken. Die Augen sind geöffnet, die lange Zunge hängt zwischen den großen Eckzähnen hervor, sie atmen hörbar schneller. Die Dosis reicht für eine Stunde. Ihr Haar riecht nach Salzwasser und fühlt sich drahtig an. Ich streichle dem einen Bären vorsichtig über das Fell, spüre, wie sein Herz pocht. Auch mein Herz schlägt schneller.

Die beiden Eisbären werden mit dem Maßband vermessen: Länge, Höhe, Kopfumfang. Ein dritter Bär, so erfahren wir, war mit auf Robbenjagd unweit der kleinen Insel, wo unser Helikopter steht. Der Pilot hält Ausschau nach ihm, das Gewehr immer schussbereit. Doch von unseren beiden Eisbären am Boden geht keine Gefahr aus.

»Zumindest nicht innerhalb der nächsten Stunde, so lange die Dosis wirkt«, sagt Jon Aars lachend und streicht dabei dem zweiten Bären über das dichte borstige Fell.

Der blonde Mann ist trotz seines jugendlichen Aussehens ein sehr erfahrener Feldforscher und hat in den letzten Jahren Hunderte von Eisbären untersucht. Er warnt uns allerdings vor Spaziergängen. Bär Nummer drei bleibt gefährlich. Der hat sich in die Weiten des zugefrorenen Fjords zurückgezogen. Eisbären sind hier nicht nur in der Überzahl, sie sind auch schneller und ausdauernder als die Menschen.

Den größeren Bären werden GPS-Halsbänder mit mehreren Sensoren umgelegt, so können die Forscher ein Bewegungsprofil erstellen und messen, wie lange der Eisbär schwimmt oder taucht, wie sein Wanderverhalten ist und wo man ihn suchen muss. Diese Halsbänder können aber nur die weiblichen Tiere tragen, bei den männlichen Bären ist der Hals dicker als der Kopf. Die beiden kleinen Bären vor uns im Schnee sind ohnehin noch zu klein für das Halsband und es sind außerdem Männchen.

Die Bären atmen ruhiger. Auch wir entspannen uns, knöpfen die Daunenjacken auf, teilen unsere Schokolade mit den Piloten, und Tonmann Thomas hält Eisbär Nummer eins das Mikrofon an der Angel direkt unter die Nase. Es ist etwa drei Grad über null, das ist viel zu mild, wenn man bedenkt, dass wir uns am Frühlingsanfang knapp eintausend Kilometer südlich des Nordpols befinden. Normal sind in dieser Jahreszeit zweistellige Minusgrade.

Die Forscher markieren die Bären mit Tätowierungsstempeln und grüner Farbe, nehmen Blut und Gewebeproben und ziehen jedem Bären eine Art Weisheitszahn. Die weißen Tiere sehen nach der Untersuchung zwar ziemlich verfärbt aus, aber nur bis zum nächsten Vollbad. Allein die Nummer auf dem Rücken bleibt, damit die Bären nicht versehentlich zweimal angeschossen werden. Die Forscher haben an alles gedacht und benutzen weiße Satellitenhalsbänder, damit die Tarnung der Tiere nicht verloren geht.

Nach einer guten Stunde hebt der erste Bär seinen Kopf, noch etwas benommen. Aber da hat der Hubschrauber mit uns an Bord schon eine Höhe von zehn Metern erreicht.

Meine Eisbärenhaare werden in Kleinstportionen verschenkt, die ersten drei Haare bekommt meine Nichte Franziska.

Sommer bei den Trappern

Im Sommer kehren wir noch einmal zurück. Der Gepäckberg ist nicht kleiner geworden. Obwohl Sommer ist, haben wir die Daunenjacken eingepackt. Ein schwedischer Hersteller ist auf die Idee gekommen, zwei Daunenjacken übereinander zu nähen. Das trägt auf. Die Ähnlichkeit mit einem Ballon auf zwei Beinen ist verblüffend, aber die Jacken halten warm. Der Wetterbericht lautet ganz lapidar: Mit Schneestürmen muss gerechnet werden.

Uns zieht es in den Norden, unweit der Stelle, wo vor knapp einhundert Jahren die *Senta* umdrehen musste. In einer klassischen Fängerhütte am Wijdefjord haben zwei junge Menschen ein ganzes Jahr in der Wildnis verbracht, mit wenig Licht und noch weniger Besuch. Einsiedler schätzen in aller Regel keinen spontanen Besuch, sonst wären sie wohl keine Einsiedler. Die beiden, Tina und Marcos, haben uns aber ausdrücklich eingeladen, mit ihnen ihren Alltag zu teilen. Sie bekommen ein bisschen Geld von uns, um ihre schmalen Einkünfte als Jäger aufzubessern – und am Ende einen Film, den sie, wenn sie wollen, noch ihren Enkeln zeigen können. Seit Monaten sind die Besuchstage Anfang Juni fest eingeplant. Jetzt muss nur noch der Hubschrauber mitspielen.

Für den Ausflug in die Einöde haben wir uns der

Dienste von Andreas Umbreit versichert. An dem Rauschebart aus dem Allgäu in der zeitlosen Kleidung des Trappers kommt man in Spitzbergen nicht vorbei. Andreas wird uns beraten und vor allem schützen. Außerhalb geschlossener Ortschaften ist jeder verpflichtet, eine großkalibrige Waffe bei sich tragen. Nicht um Eisbären zu schießen, sondern um sie zu warnen, zu verjagen. Andreas verbringt seit 1990 das Sommerhalbjahr auf Spitzbergen, betreibt eine Reiseagentur und führt Kreuzfahrtschiffe durch die Arktis. Sein Handbuch über Spitzbergen ist ein Klassiker, gründlich, detailliert und sehr naturverbunden. Nach zwei Jahrzehnten auf Spitzbergen ist er fast schon ein Ureinwohner.

Nicht zu empfehlen ist es, eine Waffe auszuleihen, sie ordentlich einzupacken und fest in den Rucksack zu verpacken, lernen wir von Andreas. Eisbären greifen ohne Vorwarnung an und riechen eine Robbe durch einen Meter dickes Eis. Andreas, das merkt man, hat seine liebe Not mit Menschen, die das Abenteuer Arktis allzu wörtlich nehmen und die entweder mit einem japanischen Kampfschwert zu Wanderungen aufbrechen oder zwar die richtige Waffe mieten, sie dann aber zu gut verstauen. Er betreibt auch den Campingplatz neben dem Flughafen und kennt sich aus mit allen Anfängerfehlern.

Andreas ist ein Meister der Improvisation. Das Schloss in der Heckklappe seines uralten Mercedes-Kastenwagens ist kaputt. Damit keiner seine Ausrüstung klaut, hat er den Wagen rückwärts so dicht gegen einen Lichtmasten geparkt, dass die Klappe nicht zu öffnen ist. Der Wagen muss keine weiten Wege mehr zurücklegen. Das Straßennetz ist nur etwa vierzig Kilometer lang und stellt keine Verbindung zu einem der anderen Orte Spitzbergens dar.

Um zur Hütte der Trapper zu kommen, müssen wir fliegen oder wandern. Die Wanderung würde eine Woche dauern. Wir fliegen. Der Hubschrauber nimmt Kurs nordöstlich auf den Nordenskjöld-Gletscher und überfliegt jene Eiswüste, die die Expedition des Herzogs zu Fuß durchquerte. Nach einer Stunde sind wir am Ziel.

Unten in der Hütte am Austfjord herrscht Alltag, und zum Alltag gehören für Tina Zahnschmerzen. Immer wenn sie mit der Zunge über den Backenzahn streicht, spürt sie ein kleines Loch. Das Loch begleitet sie seit fast einem Jahr. So lange lebt sie schon in der Einöde des Austfjords. Einen Zahnarzt gibt es hier nicht.

Tina, die eigentlich aus Dänemark stammt, ist eine schlanke blonde Frau mit sehr intensiven blauen Augen. Ein schöner Kontrast zu Marcos, einem Schweden mit peruanischen Vorfahren. Beide sind um die dreißig Jahre alt. Ein weltläufiges Paar, das für ein Jahr in der Einöde gelandet ist. Nun leben sie ihren Traum, und sie wussten – aus Büchern – was sie erwartet: Eisbären vor der Tür, eine lange Nacht von 133 Tagen, keine Möglichkeit, sich aus dem Weg zu gehen. Das alles haben sie gemeistert. Doch es gibt Kleinigkeiten, wie etwa das Loch im Zahn, die nicht im Buch standen. Tina kann nichts daran ändern. Nur in wirklichen Notfällen könnte sie sich mit einem Hubschrauber abholen lassen. Oft hat

Tina auf dem Plumpsklo den Bestellkatalog eines technischen Warenhauses studiert. Den kennt sie fast auswendig. Nur eines enthält er nicht: ein Basic-Dental-Kit. Vielleicht hätte sie sich sonst eine Zahnarztausrüstung schicken lassen.

Von all dem ahnen wir noch nichts, als wir am Austfjord landen. Im Gepäck haben wir frisches Obst, Gemüse und Alkohol. Unten am Boden stehen zwei Gestalten und winken uns zu. Der Hubschrauber hält allerdings nur kurz. Ein paar Worte im Stehen, ein Kaffee aus dem Becher, dann schraubt sich der Helikopter wieder in den Himmel, und wir sind allein mit den beiden Trappern.

Der Hubschrauber hat diesmal ein lange erwartetes Paket mitgebracht, einen Saunaofen. Alle fassen mit an, um den gusseisernen Ofen zur Hütte zu tragen, vorbei an den Tanks mit Diesel und dem Generator. Dann kommen die Essenskisten. Einen Zahnarzt haben wir leider nicht im Gepäck.

Austfjord ist so abgeschieden, wie es ein Ort nur sein kann. Es ist ein Ort für Selbstversorger. Eine Oase am Rande der Welt. Einmal im Monat kommt der Hubschrauber mit Post. Den Ofen haben Marcos und Tina sich kurz nach ihrem Einzug im Herbst gewünscht, und der Gouverneur hat versprochen, ihn zu besorgen. Nun sind fast neun Monate verstrichen – in Spitzbergen dauern manche Wege etwas länger.

Die Hütte bietet freie Aussicht auf einen Fjord. Nach hinten sieht man schroffe Berge, die Farbe Grau dominiert – niemand käme auf die Idee, diesen Ort lieblich zu nennen. Es blüht nicht viel hier oben, obwohl es ganze Bücher über die Flora Spitzbergens gibt, aber das wenige, was gedeiht, hat zumindest sehr viel Platz.

Der Gouverneur von Spitzbergen vergibt die Hütte an Freiwillige. Sie müssen bereit sein, ein Jahr lang in der völligen Abgeschiedenheit zu leben und sich zu einem gewissen Teil selbst zu versorgen. Dafür bekommen sie die Hütte und das Jagdrevier gestellt und werden per Hubschrauber abgesetzt. Der Proviant für ein Jahr darf mitfliegen, von den Nudeln bis zum Klopapier.

»Es kann die Hölle sein für ein Paar«, sagt Tina lächelnd und bindet die weißblonden Haare mit einem Gummiband zusammen. Die beiden machen den gesunden und zufriedenen Eindruck von Leuten, die etwas gemeinsam geschafft haben.

Marcos ist eigentlich Meteorologe am Institut in Tromsø, wo er Eiskarten für die Schifffahrt angefertigt hat. Tina war ihren Job als Biologin an der Universität von Tromsø leid. Eine gute Gelegenheit auszusteigen.

Die Hütte stammt aus den dreißiger Jahren des vergangenen Jahrhunderts und besteht aus sibirischem Treibholz. In Spitzbergen gilt das schon als historisch.

»Alle Überreste menschlicher Aktivität von vor 1946 stehen automatisch unter Denkmalschutz, selbst banale Dinge wie Benzinfässer und rostige Nägel von Kriegswetterstationen«, sagt Andreas.

Marcos berichtet uns von seinem heimlichen Wunschtraum, während er uns die Hütte und die Handvoll Nebengebäude zeigt: Er hätte zu gerne ein wenig Dynamit genommen, um das Plumpsklo in die Luft zu jagen. Doch auch das Klo steht unter Denkmalschutz. Wenn er auf etwas verzichten könnte in Zukunft, dann wäre es der Gang bei minus fünfundzwanzig Grad aufs Klo und auf die angebrochene Klobrille aus Styropor. Doch jetzt ist es mild, die Sonne scheint bei etwa vier Grad.

In der Hütte herrscht Enge. Innen befinden sich ein großer Eisenherd mit Kochstelle, ein Wohnzimmer mit Schlafnische, ein Vorraum mit zwei Gästekojen, und überall sind Haken für Mützen, Kochtöpfe und Gewehre. Ein Laptop mit DVD-Player und ein Funktelefon stehen in der Ecke. Strom kommt von einem Dieselgenerator. Es ist ordentlich, gemütlich und eng.

Die Aussicht aus der Hütte auf den Fjord ist etwas eingeschränkt durch dicke Balken vor den Fenstern, die vor den Angriffen hungriger Eisbären schützen sollen. Es gibt keine Wasserleitung ins Haus und auch keine Dusche. Zweimal am Tag geht Marcos Wasser holen, und wie bei allen anderen Gängen auch hat er sich für die dreihundert Meter zur Quelle ein Gewehr umgehängt. An einem Balken auf Marcos Schultern hängen links und rechts Eimer, er sieht aus wie ein Hamburger Wasserträger.

Eisbären sind hier oben Alltag. Am liebsten gehen sie unten am Strand spazieren, vorbei an der Wasserleitung von Austfjord. Vom Gebirge fließt Schmelzwasser in einer kleinen Rinne, und an einer Stelle, bevor es in den Fjord mündet, schwenkt Marcos seine Eimer in den

Bach. Im Winter holt er das Wasser direkt vom Gletscher drei Kilometer weit entfernt mit dem Hundeschlitten. Jetzt aber muss Marcos selber die Eimer tragen, die Hunde haben Sommerpause. Ihre Zeit ist der Winter, wenn sie den Schlitten über den Schnee ziehen. Nun ruhen sie vor der Hütte – und fressen. Alle fünfzehn Tiere sind einzeln angeleint und haben jeweils ausreichend Auslauf, so kommen sie sich gegenseitig nicht zu nahe.

Durch das »Hundeviertel« zum Strand gehe ich Slalom, um ihnen auszuweichen, sehr zum Spott meiner Gefährten Dieter, Thomas und Tatjana, die sich schnell mit der Meute anfreunden und bald jeweils einen persönlichen Lieblingshund haben. Ich sehe mir stattdessen aufmerksam ihre scharfen Zähne bei der täglichen Fütterung an. Als Futter dient Robbenfleisch. Das zu besorgen ist Sache der Trapper.

Der leichte Teil der Jagd ist es, die Robben zu orten. Wenn Marcos von der Jagd erzählt, singt er das gleiche Lied wie der Herzog anno 1911. Es gelte, auf eine Entfernung von zweihundert Metern einen handballgroßen Kopf zu treffen, dafür müsse das Meer glatt sein und Windstille herrschen. Doch das Schwerste sei es, die Robben mit dem Schlauchboot zu bergen. »Wenn man sie einmal verloren hat, sinken sie in die Tiefe«, erzählt uns Marcos. »Bevor der Winter kam, hatten wir ein Fernsehteam zu Gast. Wir hatten verabredet, dass sie mit auf Robbenjagd gehen.«

Doch dann passierte das Malheur: Die Robbe ging

vom Seil. Das Fernsehteam bestand darauf, dass die Trapper ihnen noch eine Robbe liefern sollten. Marcos suchte und erlegte nach langen Tagen schliesslich einen neuen Seehund. Es muss ein furchtbarer Stress gewesen sein, bis die Bilder endlich im Kasten waren.

Die beiden Trapper sind keine professionellen Jäger. Den Umgang mit Gewehren haben sie sich erst kurz vor ihrer Zeit in der Einöde zeigen lassen. Sie nehmen uns mit zum Probeschiessen auf einen Hügel oberhalb der Hütte. Tina trägt den Karabiner, Marcos die etwas schwerere Büchse, eine Pumpgun. Die habe den grossen Vorteil, dass man sie blitzschnell nachladen könne. Jeder sollte in der Lage sein, wenigstens Warnschüsse abzugeben, wenn ein Eisbär naht.

Wenn wir in den nächsten Tagen aufs Klo gehen, nehmen wir immer ein Gewehr mit. Vor der Hütte liegen zwei grosse gelbe Kochtopfdeckel aus Emaille – mit denen kann man so viel Krach machen, dass sich ein neugieriger Eisbär vielleicht trollt. Denn eigentlich, so versichert uns Tina, gehören wir nicht ins Futterschema eines Eisbären.

Die Vorratskammer steht auf Stelzen, eine Holzkonstruktion mit einer Leiter, die vom Robbentran ganz glitschig ist. Das Gestell ist fünf Meter hoch, der Trapper balanciert mit einem Eimer voll Fleisch die Leiter herunter. Fünf Meter sind zu hoch für einen Eisbären, denke ich, doch Marcos belehrt mich eines Besseren. Grosse Bären kämen, auf den Hinterbeinen stehend, bis an den Rand. Dann müsse man sie mit Warnschüssen verjagen.

Die beiden Einsiedler haben uns das Etagenbett in ihrem Gästeraum angeboten, aber wir sind zu viele. Unser Guide, Andreas Umbreit, verzieht sich in den Vorratsraum, dorthin, wo die Felle der Polarfüchse hängen. Vor einiger Zeit durchbrach ein Eisbär vor lauter Hunger das Fenster mit der Schnauze und blieb stecken: laut brüllend, die Schnauze im Haus, der Rest draußen. Damals gab der per Funk kontaktierte Gouverneur den Siedlern von Austfjord die Erlaubnis, den Bären zu erschießen. Danach galt es eine Menge zu erklären und Stapel von Papieren auszufüllen. Doch das waren nicht Marcos und Tina, sondern eine norwegische Familie mit zwei Schulkindern, die vor ihnen ein ganzes Jahr dort gewohnt hatte.

Das junge Paar lebt in enger Gemeinschaft mit ihren Schlittenhunden. Als sie noch in Tromsø wohnten, sind sie mit Huskys durch den Norden gereist, Tausende Kilometer weit, und nun leisten sie einander auch in der Einsiedelei Gesellschaft.

»Wir leben in Symbiose«, sagt Tina und streichelt einen jungen Rüden. »Die Einsiedler schützen die Hunde und passen auf sie auf – und umgekehrt. Wenn ein Eisbär kommt, fangen die Hunde an zu bellen.«

Marcos führt uns an die Stelle, wo er vor zwei Tagen einen Eisbären beim Strandgang gefilmt hat, kaum zwanzig Meter von der Bank entfernt, auf der wir unseren Kaffee trinken. Er kam erst spät ins Sichtfeld. Vor der Hütte liegt ein Plateau, das plötzlich zwei Meter abfällt, hinunter zum Strand, und in diesem Knick spazierte der

Eisbär unbemerkt auf die Hütte zu. Man ist nicht wirklich sicher vor überraschendem Besuch.

Der Bär wirkte jung und unerfahren, etwa zwei Meter groß, wie ein Passant, der sich umschaut und dann in einigem Abstand am Haus vorbeigeht, einen großen Bogen um die bellenden Hunde macht und sich schließlich trollt. Dreizehn Eisbären haben sie in ihrem Jahr als Trapper rund um die Hütte gesichtet, darunter auch zwei junge Bären, die offenbar von ihrer Mutter im Stich gelassen worden waren. »Die sind besonders gefährlich, weil sie noch so unerfahren sind.«

»Die Chancen, einen Eisbären zu sehen, wenn man wie ihr nur eine knappe Woche bleibt, sind nicht sehr hoch«, sagt Tina.

»Eisbären leben am Rande des Eises«, erklärt uns Andreas. Wenn es sich im Sommer Richtung Nordpol zurückzieht, wandern die Eisbären mit. Die Bären, die sich jetzt im Sommer noch auf Spitzbergen herumtreiben, haben den Anschluss verpasst. Auf einmal gab es kein Fjordeis mehr, keine leckeren Robben und keine Eisschollen Richtung Pol.

Wir sind zum Holzhacken hinterm Haus eingeladen. Der Besuch möge sich nützlich machen. Dort steht auch ein kleines selbstgebautes Blockhaus, kaum einen Meter fünfzig hoch, mit einer Tür und einem Dach aus Wellpappe: die langersehnte Sauna von Austfjord. Nun, da der Ofen endlich hier ist, wollen Marcos und Tina ihre Sauna in Gang setzen. Nur – wie baut man den Schornstein ein? Einen Baumarkt gibt es hier nicht und auch keine Blaupausen. Das Bauholz für die Sauna haben sie am Strand gefunden. Wahrscheinlich ist es aus Sibirien angeschwemmt. Sibirische Lärche. Es ist ausgeblichen und hart und schätzungsweise zwanzig Jahre unterwegs gewesen. Erstaunlich, wie viel Zeit man mit Holzhacken auf einer Insel verbringen kann, auf der es keine Bäume gibt.

Mann und Frau stehen um ihr kleines Haus und diskutieren lange. Die klassische nordische Kombination – der schweigsame Mann und die sozial aktive Frau – gibt es hier nicht. Beide reden mit Händen und Füßen. Sie haben niemanden, der ihre Streite schlichtet. Wir halten etwas Abstand und hacken unser Holz, bis wir sie beide lachen hören. Sie wollen unsere Meinung hören, ob das Loch im Dach für das Kaminrohr rund oder eiförmig ausgeschnitten werden müsse.

Wir sind zwar auch keine Experten im Saunabau, stimmen aber mehrheitlich für »rund«. Tina und Marcos sammeln ihr Wissen vor allem aus Büchern. Sie sind neugierige Theoretiker mit unterschiedlichen ästhetischen Ansprüchen. Tina ist für die Schönheit zuständig, Marcos für die Bauleitung. Das wird in einem kurzen Dialog während einer Baupause deutlich. Tina bezeichnet sich selbst als Perfektionistin. Sie achte immer auf alle Details und schaue Marcos auf die Finger. Marcos hingegen sei eher der Macher.

Am Ende kommt es zu einem Schlussakkord, der erklärt, warum die beiden es miteinander am Austfjord aushalten. Marcos wirft einen Blick auf Tina und spielt den Ball zurück. »Es ist gut, dass Tina hier ist und mir auf die Finger guckt, damit auch alles schön wird.«

Tina hat das letzte Wort. »Es ist gut, dass Marcos hier ist. Sonst hätten wir nie eine Sauna gebaut.«

Die Sauna in der hohen Arktis muss einen sehr speziellen Belastungstest aushalten. Tina sagt, sie müsse so gebaut sein, dass ein Eisbär auf dem Dach stehen könne und das Dach dennoch nicht einbreche.

»Am liebsten treten Eisbären gegen den Schornstein«, ergänzt Marcos grinsend.

»Woran merkt man, dass ein Eisbär auf dem Dach steht?«, frage ich und ernte ein mitleidiges Lächeln.

»Ich glaube, das hört man«, sagt Tina.

Im Umkreis der Hütte hat sich eine Eiderentenkolonie angesiedelt. Tina geht mit dem Korb herum und kassiert eine Art Schutzgeld von den Enten. Wenn eine Ente mindestens drei Eier gelegt hat, nimmt Tina ihr eines weg. Das Nest wird markiert. Weitere Entnahmen hat die Ente nicht zu befürchten, jedenfalls nicht von Tina.

»Die Enten haben viele Feinde, vor allem Möwen, Polarfüchse und Eisbären«, sagt Tina voller Anteilnahme. »Deshalb legen sie die Eier so dicht bei der Hütte. Sie suchen Schutz bei den Menschen.«

Eines Nachts ziehen wir in die Berge auf Rentierjagd. Unsere Gastgeber schwören darauf, dass nachts das Wetter besser sei. Die Atmosphäre sei ruhiger, meint Tina. Als ob die Natur doch auch im Sommer ihrem Rhythmus treu bleibe. Die Trapper gehen meistens zwischen zwei und vier Uhr morgens ins Bett.

Auf keinen Fall wollen die beiden auf unserer Jagd ein weibliches Tier schießen, es könnte trächtig sein. Sechs Tiere dürfen sie im Jahr erlegen, heute ist das letzte dran. Es ist keine Vergnügungsjagd: Die Vorratskammer ist leer. Tina und Marcos haben mit den Rens den kalten harten Winter durchgemacht, sie fühlen mit ihnen. Das macht es nicht leichter, sie zu töten. Nach einer guten Stunde Marsch sehen wir in einigen Metern Entfernung drei Rentiere im hellen Sommerpelz. Marcos zielt und trifft das mittlere mit einem Schuss. Das Rentier knickt ein und fällt, die anderen Tiere ergreifen die Flucht.

Als wir das Rentier erreichen, ist es schon tot; der Schuss saß, war aber nicht perfekt. Marcos macht sich Sorgen, dass der Schuss den Magen gestreift haben könnte. Sie ziehen dem Ren das Fell ab und zerlegen es an Ort und Stelle, mit schnellen präzisen Schnitten.

»Das Tier hat es wenigstens gut gehabt«, sagt Marcos und lädt sich den gefüllten Rucksack auf den Rücken. Besser als den Schinken von einem Schwein aus der Massentierhaltung zu essen, dem es sein ganzes Leben lang schlecht gegangen sei.

Das Skelett lassen wir zurück, das werden sich die Eisbären holen. Zuhause in der Hütte gibt es nachts um drei Uhr Abendessen. Serviert wird Ren-Geschnetzeltes mit Omelett vom Ei der Eiderente. Dann wird die Gitarre gestimmt und wir singen zusammen bis sieben Uhr früh alte Gospels, Beatles- und Dylan-Songs, bis die Hunde draußen mitjaulen. Die Gäste leeren den mitgebrachten Whisky. Wir versprechen allerdings, die Vorräte aufzufüllen – mit dem nächsten Hubschrauber – und halten Wort.

»Besuch«, sagt Tina, »ist eine zweischneidige Sache. Wir freuen uns natürlich über die Abwechslung und auch über das frische Gemüse, über Schokolade, Milch und Nachschub für unseren Schnapsschrank. Aber wenn der Besuch dann weg ist, müssen wir uns erst wieder an die Einsamkeit gewöhnen. Doch deswegen sind wir ja eigentlich hier. Jetzt im Sommer haben wir fast schon zu viel Besuch.«

Nach einem ausführlichen Tagesschlaf wird es Zeit, die Sauna einzuweihen, die es gleich auf siebzig Grad schafft; danach springen Marcos und Tina ins Nordpolarmeer. Es ist nur drei Grad kalt, aber das merkt man nicht, wenn man aus der Sauna kommt.

Vorher haben sie uns noch das Gewehr in die Hand gedrückt, damit wir sie beschützen.

Inzwischen hat Marcos seinen Job als Meteorologe für eine Zeit an den Nagel gehängt und ist mit Tina nach Westnorwegen gezogen. Er arbeitet jetzt als Lehrer. Tina hat dort eine Stelle als Wildhüterin im Hardangerfjord gefunden und war endlich beim Zahnarzt.

Fünftes Kapitel

Grönland:
Leben unterm Nordpol

*Reise ans Ende der Welt – Erste Gänge – Fräulein
Smilla – Drei Generationen – Die Wiederkehr
des Lichts – Jagd auf dünnem Eis*

Von Qaanaaq aus betrachtet liegt alles im Süden, wenn man vom Nordpol einmal absieht. Hunderte von Kilometer im Umkreis wohnt kein Mensch, nur Eisbären und Robben leben hier, dazu herrscht zermürbende Dunkelheit, kein Sonnenstrahl von November bis Mitte Februar, Temperaturen um minus dreißig Grad. Selbst dem Nordlicht ist es hier zu nördlich.

Wer Ende November nach Qaanaaq fliegt, hat freie Platzwahl und wenig Ausblick. Je weiter man kommt, desto schwächer wird das Licht. Die vorderen Stuhlreihen sind ausgebaut, um Stauraum für Kartons mit Lebensmitteln, Postsäcke und eine verpackte Weihnachtstanne zu schaffen. Wer reist schon freiwillig in der lichtlosen Zeit in den baumlosen Norden Grönlands, in die nördlichste Stadt der Welt, und nimmt auch noch eine komplette Fernsehausrüstung mit?

All das, was Grönland schön macht, ist in dieser Zeit des Jahres unsichtbar, von den Eisbären bis zu den Eisbergen. Die Decke wird uns auf den Kopf fallen, und wir werden frieren. Man wird uns Walspeck dick wie Schuhsohlen anbieten, und wir werden ihn annehmen müssen. Zwischen all den trüben Gedanken taucht auch eine vernünftige Überlegung auf: Wir werden vor Ort sein, wenn der Jahrhundertprozess entschieden wird, wenn das kleine Dorf am Rande der Welt gegen Dänemark gewinnt – oder verliert –, und das vor dem Obersten Gerichtshof in Kopenhagen.

Reise ans Ende der Welt

Qaanaaq liegt 5770 Kilometer von Kopenhagen entfernt. Die Anreise dauert vierzig Stunden. Island ist noch gut sichtbar, dann geraten wir in ein Unwetter. Uns erwartet eine Übernachtung auf dem Flughafen in Kangalussuaq, den die Amerikaner im Zweiten Weltkrieg bauten, um für ihre Bomber eine Zwischenstation auf dem Weg nach Europa zu haben. Wir nächtigen außerplanmäßig in einem langen, überheizten Männerwohnheim mit Zwischentüren aus Eisen. Der Schneesturm rüttelt an den Fenstern. In Qaanaaq bläst er die Windfahne um.

Die Grönländer nennen ihre Fluglinie »Immaqa-Air«: Immaqa heißt »vielleicht«. Start und Landung stehen tatsächlich immer unter Vorbehalt. Da es in ganz Grönland nur einen einzigen Hektar Wald gibt (in der Nähe von Qaqortoq im Süden), besteht kein Schutz: Nichts hält den Wind auf. Der Flugplan ist dünn, nur zweimal die Woche kommt ein Flugzeug nach Qaanaaq.

Es könnte sein, dass der Reiseplan ins Rutschen gerät und wir bei Sturm noch länger festsitzen. Die Grönländer leben mit dieser Ungewissheit. Die Natur hat sie gelehrt, dass es sich nicht lohnt, langfristige Pläne zu machen.

Das Flugzeug aus dem Süden, in dem wir fliegen, landet immer zur Mittagszeit. Ein kleiner heller Streif am Horizont ist dann von Qaanaaq aus zu erkennen. Rechts unter uns funkeln die Lichter der nördlichsten Stadt der Welt. Es gibt tatsächlich Menschen, die Qaanaaq eine Stadt nennen, mit ihren 762 Einwohnern.

Qaanaaq verfügt sogar über ein Hotel mit fünf Zimmern. Der Hotelbesitzer kommt persönlich zum Flughafen, um seine Gäste zu begrüßen: Hans Jensen ist ein Herr von Anfang sechzig, mit dunklen Haaren, einem breiten Gesicht und schmalen Augen. Er trägt einen kanadischen Daunenparka mit Pelzkragen, hohe gefütterte Stiefel und eine runde Brille auf der Nase. Hans Jensen könnte vielleicht auch als Japaner durchgehen. Die Ähnlichkeit in den Gesichtszügen ist kein Zufall. Die Vorfahren der Inuit der Arktis sind wahrscheinlich vor 2500 bis 3000 Jahren über die Beringstraße aus Asien zugewandert.

Hans Jensen trägt einen dänischen Namen. Jeder zweite Einwohner im Dorf heißt Petersen oder Jensen. Hans spricht die Sprachen von Qaanaaq: Dänisch als Sprache der früheren Kolonialherren, Englisch für die Gäste und das Inuktitut der polaren Eskimos. Einer seiner Stammgäste ist Frederik, der dann immer das zweite Zimmer von rechts nimmt. Frederik ist der dänische Kronprinz, der von hier aus zu der legendären Sirius-Patrouille aufbrach, einer zwei Monate dauernden Fahrt durch Grönland mit Zelt und Schlittenhunden – und ohne Hofstaat. Die Schlittenhunde für diesen Marathon durch zweitausend Kilometer Schneewüste stammen von hier.

Frost ist demokratisch: Seit Frederiks strapaziöser Tour durch die Eiswüste ist bewiesen, dass auch blaues Blut friert. Wenngleich das Verhältnis zur einstigen Kolonialmacht noch immer angespannt ist, über den dänischen Kronprinzen hört man in Qaanaaq kein böses Wort. Es spricht für den Prinzen, dass er dem Jugendhaus von Qaanaaq den Erlös seines Hochzeitskonzerts schenkte.

Im Mittelgang des rot gestrichenen einstöckigen Hotels hängen Hosen aus Eisbärenfell zum Trocknen und Autogrammkarten aus aller Welt, darunter auch eine von Reinhold Messner, und eine Warnung: »Fleisch gefriert innerhalb einer Minute«.

Zum Empfangskomitee gehört ein junger Mann mit blauen Haaren und Ring durch die Nase. Lillebror ist der jüngste Spross der Familie Petersen. Wenn Lillebror im einzigen Supermarkt des Orts zwischen Jeans und Holzfällerhemden nicht die passende Kleidung findet, bestellt er sie über das Internet.

Lillebror hat Familie in Dänemark und dort einen großen Teil seiner Kindheit verbracht, ohne recht heimisch geworden zu sein. Jetzt lebt er wieder in Grönland. Er ist ein sanfter, kluger junger Mann, dessen größter Wunsch es ist, Fußballer zu werden. Den Motor des alten roten Pick-ups hat er laufen lassen, weil das angeblich sicherer ist und damit das Auto von innen nicht auskühlt. Wir wuchten unsere Kisten auf die Ladefläche und drängen uns in die enge, verrauchte Kabine. Das Auto hat kein Versicherungskennzeichen, weil es hier offiziell auch keine Straßen gibt.

Dennoch verläuft eine Straße durch Qaanaaq: Sie ist etwa elf Kilometer lang und führt vom Flughafen über die Stadt bis zum Strand und zu den Eisbergen und der Mülldeponie. Qaanaaq hat ein Krankenhaus, eine Feuerwehr, eine Grundschule und einen Kindergarten, eine Polizeistation und eine Parabolantenne von der Größe eines Einfamilienhauses.

Erste Gänge

Wenn man um acht Uhr morgens aufsteht, ist man zwei Stunden später schon wieder müde. Untertags schläft man zu viel und kommt deshalb nachts nicht zur Ruhe. Wir verordnen uns Spaziergänge, um abends müde zu werden. Aber unsere Körper spielen nicht mit. Wir sind müde, wenn wir wach sein sollen, oder umgekehrt – und meistens irgendetwas dazwischen. Wie beneidenswert sind die Bären, die sich diese Zeit durch den Winterschlaf ersparen.

Unser erster Spaziergang führt zum Strand. Die Straße hat sich in eine eisige Piste verwandelt, an den gefrorenen Abwässern kann man den Speiseplan der letzten Wochen ablesen. Vor den kleinen, farbigen Holzhäusern hängen steifgefrorene Fische an der Wäscheleine, hoch oben, damit die Hunde nicht drankommen; daneben baumeln Kinderschuhe aus Eisbärenfell. Neben den Eingangstüren türmen sich tischgroße Eisberge als Trinkwasservorrat.

Eine Flutlichtlampe taucht ein Stück Straße in helles Licht. Für kurze Zeit entsteht so etwas wie Orientierung im Reich der Finsternis. Dort, wo der Lichtkegel endet, muss der Strand liegen, und über dem Eis die Küste Kanadas. Nach ein paar vorsichtigen Schritten und dem Stolpern über ein Seil, das sich als Hundeleine entpuppt, dringt aus dem Dunkel ein tiefes Knurren. Unsere erste Entdeckung in Qaanaaq ist, dass Schlittenhunde immer draußen schlafen.

Ein Welpe hat seinen großen Tag, ergattert einen Fisch und trägt ihn hinter ein umgedrehtes Ruderboot außer Reichweite der anderen Hunde. Die müssen hungrig zusehen, verheddern sich in ihren Leinen. Erwachsene Hunde ab einem Jahr müssen an die Leine. Das ist eine der Regeln, auf die sich alle in Qaanaaq verständigen können. Freilaufende Hunde werden erschossen.

Die Straßen sind in der dunklen Zeit normalerweise auch tagsüber leer. Doch mittags um eins kam eine

Meldung über den Lokalfunk: Die Fischhalle verschenkt ihre alten Lagerbestände! Seither ist das halbe Dorf auf den Beinen. Die Türen der Halle sind weit geöffnet, alle drängen sich im Eingang, rufen freudig durcheinander. Draußen warten ein paar Pick-up-Trucks mit laufenden Motoren. Der Heilbutt ist zu alt geworden, man hat ihn nicht richtig an den Mann gebracht. Doch die großen Plattfische, drei Kilo schwer, sind noch gut genug als Futter für die Schlittenhunde. Mitten im Getümmel steht klein und aufrecht eine alte Dame – Lillebrors Großmutter. Sie ist die Grande Dame der Petersen-Sippe. Die gehört zu den einunddreißig Gründerfamilien des Orts, damals, als die Amerikaner kamen und die Inuit über Nacht aus ihrer alten Heimat hierher vertrieben.

Naujardlak Petersen hat alle Hände voll zu tun, ihren Schlitten mit brettharten Fischen zu beladen. Kaum vorzustellen, dass die Hunde den roh essen können. Lillebror stellt uns vor, und Naujardlak in ihrem roten Parka und ihren Eisbärenstiefeln legt den Kopf schief und lächelt durch die runden Gläser ihrer Nickelbrille.

»Nein, wir tauen den Fisch nicht auf, den kriegen die Hunde roh. Das schaffen sie mit ihren Zähnen.«

Eine solche Frage, das kann man ihrem Gesicht ablesen, kann auch nur einer aus dem Süden stellen. Dann packt sie noch zwei Heilbutte in ihre Umhängetasche und zieht mit ihrem vollbeladenen Schlitten von dannen zu ihrem kleinen roten Holzhaus direkt am Strand. Für sie war es ein lohnender Ausflug. Das Kilo Fisch kostet sonst fünfundsechzig Kronen, etwa acht Euro.

Wie die Umgebung von Qaanaaq aussieht, darüber kann man in dieser Jahreszeit nur spekulieren. Die Straßenlaternen markieren ein langgezogenes Rechteck am Hang zwischen Landebahn und Meer. Qaanaaq ist sichtlich mit dem Lineal geplant. Das Nordpolarmeer, die Berge und Buchten liegen völlig im Dunkel. Es gibt, wie immer am Meer, freien Blick auf den Horizont, aber man kann ihn nur erahnen.

Qaanaaq ist eine ungeliebte Stadt, aber nicht etwa, weil die Nacht Monate dauert und bitterkalt ist. Das ist die Sichtweise von Südländern und für polare Eskimos nicht der Rede wert. Dieses Qaanaaq ist ungeliebt, weil es künstlich ist, eine Siedlung, gebaut von den Dänen, die Inuit wurden nicht gefragt. Sie mussten dorthin weichen – für einen Horchposten der Amerikaner.

Nicht dass es an ihrem alten Wohnort Thule einhundert Kilometer südlich von hier viel gemütlicher war – die Inuit haben ihre eigenen Maßstäbe für Schönheit. Dort waren aber die Jagdgründe besser. Es gab Robben und Eisbären in Hülle und Fülle. In Qaanaaq müssen sie weite Fahrten in Kauf nehmen.

Es war das Schicksal der Inuit, dass ihr alter Wohnplatz den Strategen im Pentagon gut gefiel, weil man von hier aus, auf halber Strecke zwischen den USA und der Sowjetunion, herannahende Raketen mit ein wenig Vorlauf hätte erkennen können. Die Amerikaner konnten ihre Verteidigungslinie um dreitausend Kilometer vorschieben, und die Dänen beugten sich den amerikanischen Wünschen und übernahmen den unangenehmen

Teil der Arbeit. Sie vertrieben die Petersens und die anderen Familien aus dem Gebiet, das diese seit Jahrhunderten bewohnt hatten, an einen Ort, an dem alles nur noch halb so schön ist.

Fräulein Smilla

Fräulein Smilla kommt aus Qaanaaq oder genauer gesagt: Es gibt eine Frau namens Kassaaluk Qaavigaq, bei der eines Tages der dänische Schriftsteller Peter Høeg anklopfte.

Von ihr ließ er sich über das Leben der Polareskimos erzählen, von den Reisen im Hundeschlitten, dem schäumenden Walspeck aus der Gemeinschaftsschüssel und dem Gefühl des Eingesperrtseins in einem geschlossenen Raum. Auch Sätze wie: »Meistens esse ich Fleisch. Fettes Fleisch. Von Gemüse wird mir nicht warm«, dürften wohl von Peter Høegs wichtigster Informantin stammen.

Peter Høeg, bis dahin ein geachteter dänischer Autor kleiner Auflagen, schrieb dann seinen Welterfolg »Fräulein Smillas Gespür für Schnee«. Darin findet sich eine kleine Hommage an seine Informantin, eine Namensähnlichkeit, denn die fiktive Smilla heißt mit vollem Namen Smilla Qaavigaaq Jaspersen. Lediglich ein a mehr. Das Buch hat sich fünf Millionen Mal verkauft und wurde in

Hollywood verfilmt. Danach hatte Grönland einen Platz auf der Landkarte. Das friedliche, lebensfrohe kleine Land Dänemark hat nun eine für alle Welt sichtbare Geschichte als Kolonialmacht und hin und wieder Anfälle von schlechtem Gewissen.

Die wirkliche Smilla ist noch im alten Thule zur Welt gekommen, kurz bevor die Familie wegziehen musste, weil die Amerikaner Anspruch auf ihr Siedlungsgebiet erhoben und das dänische Grundgesetz in Grönland noch nicht galt. Sie ist das letzte dort geborene Baby des Jahrgangs 1953. Seit vielen Jahren lebt sie nun in Kopenhagen und trägt Grönland in ihrem Herzen.

»Das Leben, das ich vermisse, gibt es längst nicht mehr. Heute trage ich den Eskimo in mir«, hat sie dem Schweizer Journalisten Reto U. Schneider verraten, der sie in Kopenhagen ausfindig gemacht hat.

Doch ihre Tante lebt noch in Qaanaaq. Sie heißt Navarana Sørensen.

Drei Generationen

Jahrzehnte hat es gedauert, bis die Vertriebenen die Worte fanden, ihr Unglück zu beschreiben, so groß war die Scham. Ein Inuit, der über seine Kränkung redet, macht sie dadurch erst sichtbar.

In so einer Kultur gibt es auch andere Themen, über die nicht viel geredet wird. Die Gemeinde unterhält ein eigenes Kinderhaus. Das einstöckige Holzhaus liegt oberhalb des Strands, hat drei Zimmer und eine Einbauküche. Offiziell trägt es die harmlose Bezeichnung Jugendhaus, tatsächlich ist es oft ein letzter Ausweg in großer Not, eine Zuflucht für Kinder, deren Eltern sich im Rausch vergessen. Besonders nötig ist es am Monatsende, am Zahltag, wenn das große Trinken beginnt.

Grönland, so lässt Peter Høeg seine Heldin Smilla sagen, habe eine Verbrechensstatistik wie im Krieg. »Man sagt, in Grönland wird viel getrunken. Das ist eine vollkommen unsinnige Untertreibung. Es wird kolossal getrunken.«

Wie um zu demonstrieren, dass der neue Ort nur eine Notlösung ist, nimmt Lillebror uns mit zum Robbenfang kilometerweit raus aufs Eis, gemeinsam mit Jan, einem Dänen, der hier als Elektriker arbeitet. Es ist acht Uhr abends, Neumond und stockdunkel – und etwas milder als gestern. Jan trägt nur ein Kapuzenhemd über dem Pullover, man kann sich auch an minus zwanzig Grad gewöhnen. Dort, wo Lillebror und Jan ihr Netz gespannt haben, ist das Eis ziemlich dünn, weil sie es jeden zweiten Tag aufstoßen. Wir hüpfen von einem Bein auf das andere, um unsere Füße beweglich zu halten, und starren ins Dunkel. Unter uns in siebzig Meter Tiefe ist der Meeresboden, und irgendwo da draußen das offene Meer.

Die Fangart ist eine ziemliche Tierquälerei, denn die

Robbe ertrinkt dabei unter dem Eis. Heute ist das Netz leer, aber daran sind weder die Amerikaner noch die Dänen schuld, bei Neumond sind die Fänge immer schlecht.

Als wir Lillebror zu Hause abliefern, steht seine Mutter im Garten und hängt die Wäsche auf. Wir lernen, dass dies die gängige Art der Trocknung ist. Drinnen in den Häusern ist kein Platz für Wäscheständer. Draußen an der Leine wird die Wäsche erst steifgefroren, das dauert nur eine halbe Stunde. Sie bleibt dann zwei Tage lang hängen, bis sie trocken ist. Dafür sorgt ganz allein der Wind.

»Schranktrocken«, bekräftigt Lillebrors Mutter.

Wir plaudern mit der Mutter im Garten über die große Wäsche unterm Nordpol oder mit Lillebrors Großmutter über die letzte Heilbuttsaison. Nichts ist leichter als das. Die Gespräche im Freien finden irgendwann ein natürliches Ende, werden aber ohne Hast geführt. Die Menschen von Qaanaaq haben alle Zeit der Welt, die ersten beginnen, uns auf der Straße zu grüßen, und manche lächeln scheu. Doch in die Häuser kommen wir nicht.

Als dann noch Lillebror nach einer kleinen privaten Feier morgens nicht zum verabredeten Treffpunkt kommt, wissen wir nicht mehr weiter. Haben wir einen Fehler begangen – sind wir zu aufdringlich? Überall im Norden herrscht eine Kultur des höflichen Neins. Irgendwann ist die Kommunikationsfreude erschöpft, ohne dass man es unter die Nase gerieben bekommt. Man merkt es allerdings daran, dass alle Schotten dicht sind.

Zwei lange Tage verstreichen mit Geduldsspielen und Spaziergängen zum Strand, wo Bagger Eisberge zerkleinern und zum Wasserwerk karren. Zum ersten Advent wird ein Chorkonzert unter freiem Himmel aufgeführt, und am Vormittag findet eine denkwürdige Schulstunde statt, in der der Lehrer importierte Tannenzweige an ehrfürchtige Zweitklässler verteilt. Birthe Hansen serviert dänische Kost, und wir strecken den Rum mit Tee – und warten.

Doch dann taucht Lillebror zwei Tage später wieder auf, nüchtern und ernüchtert (denn er hatte sich geschworen, einen weiten Bogen um den Alkohol zu machen). Zwischenzeitlich hat er die wichtigste Tür im Ort für uns geöffnet: Sein Großvater sei bereit, mit uns zu reden. Das Oberhaupt der Familie Petersen hat sich für ein paar Tage zur Beobachtung ins Krankenhaus einliefern lassen, bevor er am Sonntag seinen achtzigsten Geburtstag feiern wird, im Kreis seiner acht Kinder und achtundzwanzig Enkel. Er war jung verheiratet, als er gemeinsam mit seiner Frau die Sachen packen musste und hierher zog. Jetzt sitzt er im Besucherraum, mit weißem Schopf und klaren grauen Augen, zwei Kissen im Rücken, hoch aufgerichtet auf dem Sofa.

Lillebror schlüpft schnell in die neue Rolle. Jetzt ist er nicht mehr Dolmetscher, sondern Enkel. Als Nachfahre will er wissen, warum – bei allem Respekt – die Großeltern das alles mit sich haben machen lassen. Für den greisen Inuit ist das keine leichte Frage. Schließlich räuspert er sich und kommt zur Sache.

»Das war die reine Erpressung. Die dänischen Statthalter haben uns gedroht. Wenn wir nicht sofort unsere Sachen packen würden, bekämen wir an dem neuen Lagerplatz keinen Platz zum Wohnen.« Die größeren Boote, so berichtet er, mussten sie zurücklassen. Auf der Flucht war es sehr kalt, vor allem für die kleinen Kinder wie Smilla.

Wenn die Inuit klagen, dann steckt darin auch die Sehnsucht nach einer Zeit, als sie ihr Leben selbst in der Hand hatten. Großvater Ole Petersen ist sein Leben lang ein Fänger gewesen. Heute hängt halb Qaanaaq am Tropf des öffentlichen Dienstes. Die Fänger von einst sind Feuerwehrmänner und Fahrer im Wasserwerk, Postboten oder Altenpfleger.

In Oles Jugend waren alle Männer Fänger. Sie gingen mit Kajaks aus Tierhäuten auf die Waljagd, und aus den Walknochen bauten sie Schlitten, mit denen sie im Winter an die Eiskante fuhren, um dort Eisbären und Robben zu erlegen. Heute leben in Qaanaaq nur mehr drei Dutzend Inuit von der Jagd, sie genießen noch immer das höchste Ansehen im Dorf, können aber von den Erträgen kaum ihre Familien ernähren. Der Fellmarkt ist eingebrochen, weil genau die Klientel, die sich für Produkte aus Grönland erwärmen könnte, nach den Tierschutzkampagnen ein großes Herz für Robben und Eisbären entwickelt hat.

Das kann ich an meinen eigenen Kindern beobachten. Philipp und Carlotta wollen keine Mitbringsel aus Grönland, jedenfalls keine, die irgendetwas mit Tieren zu tun haben. Es hilft auch nicht der Hinweis, dass die Ureinwohner des Nordens eine genau festgelegte Quote von Tieren zum Eigenbedarf erlegen dürfen. Die Quote ist so bemessen, dass der Bestand auf keinen Fall gefährdet ist. Selbst die Erklärung, dass die Tiere in der Nahrungskette verbunden sind, sprich, dass Eisbären am liebsten Robben fressen, fruchtet nicht. Die Hausschuhe aus Robbenfell, die ich den Kindern mitbringe, sind ein Missgriff, so warm sie auch sein mögen.

Man spürt Resignation, wenn man die letzten Fänger im Dunkeln aufs Eis ziehen sieht. »Auf dem Weg kommen sie am Supermarkt vorbei, der all das im Überfluss bietet, was sie nur unter Lebensgefahr auf dem Eis erbeuten könnten«, sinniert Jörgen Detlefsen, auf dem Eis stehend. Jörgen ist Organisator dieser Reise und Senior der deutschen Skandinavienkorrespondenten, ein ungemein kluger Mann und hartnäckiger Rechercheur. Jörgen hat Recht. Tatsächlich liegt im Tun der Menschen eine gewisse Vergeblichkeit. Sie ahnen, dass ihr freies Leben zu Ende ist. Vor allem die Männer unter ihnen stecken in der Krise. Denn eigentlich müssten sie nicht mehr jagen, seitdem es den Supermarkt gibt mit seinen Tiefkühltruhen voll von Hamburgern und Hähnchen, Rosenkohl und Hackfleischbraten, aus dem Birthe Hansen uns allabendlich das Essen bereitet, zu Preisen wie in Dänemark.

Der Supermarkt ist der Mittelpunkt des Orts, obwohl er in der Tradition der Inuit nicht vorkommt. Lillebror führt uns durch das Angebot, das sich wenig unterscheidet von anderen Supermärkten auf der Welt, bis auf die eine Abteilung, die uns daran erinnert, dass es draußen gelegentlich Eisbären gibt. »Ich habe mein erstes Gewehr mit neun bekommen«, sagt Lillebror.

Der Pilersuisoq, so heißt der Supermarkt, ist die einzige Einkaufsmöglichkeit. Wer sich kein teures Flugticket in den Süden leisten kann, bleibt dort sein Leben lang Stammkunde.

Ohne die finanzielle Hilfe aus Dänemark, die immerhin dreiviertel des hiesigen Landeshaushalts ausmacht, würde das Leben auf Grönland zusammenbrechen. Die natürlichen Bodenschätze reichen nur für ein Leben im Stil der fünfziger Jahre. Die dauerhafte Abhängigkeit schafft Unmut auf beiden Seiten. »Wir kosten etwas, und dafür müssen wir auch noch dankbar sein«, sagt Lillebror.

Es gibt viele, gerade jüngere Inuit, die verzweifeln. Es ist schwer, hier nicht trübsinnig zu werden, vor allem im Winter in Qaanaaq. Lillebrors älterer Bruder hat sich vor einigen Jahren erschossen, mit Anfang zwanzig.

Die Kinder von Qaanaaq haben ihre eigene Medizin gegen die Dunkelheit gefunden. Sie begegnen uns auf allen Spaziergängen, wenn sie die Hügel auf ihren Schlitten heruntersausen. Bei einem dieser Gänge bleiben wir vor einem kleinen roten Holzhaus direkt am Strand stehen, dem Stammhaus der Petersens. In den zwei Zimmern haben sie ihre acht Kinder großgezogen. Es hat einige Mühe gekostet, Naujardlak Petersen davon zu überzeugen, dass es gerade ihre Erinnerungen sind, die zählen. Sie öffnet die Tür einen Spalt breit, und als sie ihren Enkel sieht, lässt sie uns hinein. Die Fotografien auf der Kommode erzählen von einem Leben in Zelten und Hütten: Die Fenster bestanden aus Robbendärmen, die Lampen brannten mit dem Tran der erbeuteten Tiere. Damals galten noch die alten Gesetze. Ein Foto zeigt einen Mann, der triumphierend ein Eisbärenfell in die Höhe reckt. Alle, die an der Erlegung eines Eisbären mitgewirkt hatten, teilten sich das Fleisch. Doch der, der ihn zuerst gesehen hatte, bekam das Fell.

Was ihnen zum Leben fehlte, tauschten sie im Handelsposten in Thule. In dessen Nähe ließen sie sich nieder. Bildbände aus der Zeit zeigen den legendären Polarforscher Knud Rasmussen, der 1912 Thule gründete, benannt nach dem sagenumwobenen Ort, nach dem schon die Griechen gesucht hatten. So konnten sie ihre Tradition leben, aber an einigen Segnungen der Moderne teilhaben, wie zum Beispiel der Nähnadel aus Eisen. Doch dann lernten sie die Zivilisatoren von ihrer rauen Seite kennen.

Naujardlak zeigt uns Bilder von Thule, wie es heute aussieht: Militärbaracken, Parabolspiegel, Flaggen. Als kleine Geste haben die Amerikaner einige Bürger von Qaanaaq den Friedhof ihrer alten Siedlung besuchen lassen, am fünfzigsten Jahrestag der Vertreibung. Die alten Häuser sind längst zerfallen. Den Horchposten gibt es immer noch, er soll einmal eine große Rolle bei den neuen amerikanischen Raketenabwehrsystemen spielen. Das Gelände gilt als verseucht. Eine Rückkehr ist so gut wie undenkbar. Doch die knapp zweihundert Kläger aus

Qaanaaq erhoffen sich, wenn sie schon nicht zurückkönnen, wenigstens eine angemessene Entschädigung, mehr als die umgerechnet zweitausend Euro pro Kopf, die sie in den neunziger Jahren zugesprochen bekamen (plus siebzigtausend Euro kollektive Entschädigung). Jetzt wollen sie fünfunddreißig Millionen Euro und ihre Jagdgründe zurück.

Der Tag der Entscheidung ist der 28. November 2003, und vormittags gegen elf Uhr verbreitet der Lokalfunk das Urteil des Obersten Dänischen Gerichtshofs. Das ganze Dorf hört mit, etwa dreißig Männer, Feuerwehrleute und Bauarbeiter, drängen sich im Pausenraum der Feuerwehr um das einzige Radio.

»Prozess verloren, kein Land zurück, keine Entschädigung«, lautet die Kurzfassung.

Ein Feuerwehrmann schimpft. »Die Dänen sagen sonst immer, sie respektieren die Menschenrechte, aber so behandeln sie uns nicht.«

Das Gericht erkennt zwar an, dass die Umsiedlung ein ernster Eingriff war, doch die Polareskimos von Thule hätten dort kein verbrieftes Recht auf Aufenthalt gehabt und nicht beweisen können, dass sie ein eigener Stamm seien. Als die Kunde aus dem Radio dringt und sich in den Gesichtern der enttäuschten Feuerwehrleute spiegelt, wird die Distanz zwischen Dänemark und seiner früheren Kolonie Grönland spürbar. Zwei Welten, die nicht viel verbindet und die sich nicht besonders gut verstehen. Lillebrors Großeltern haben sich an diesem Tag in ihrem Haus am Strand verkrochen.

Nach zehn Tagen landet mittags die kleine Maschine planmäßig auf dem Rollfeld. Die Windhose ist wieder an ihrem Platz, es wird ein ruhiger Heimflug. Der dunkle Dezember in Schweden kommt uns vor wie ein Lichtbad.

Die Wiederkehr des Lichts

Bei unserem Abflug aus Qaanaaq rechnet keiner von uns damit, dass wir bald wiederkommen. Aber es sollte anders kommen. Es fing an mit einem Bild, das in meinem Kopf ein Eigenleben zu führen begann. Es zeigt Menschen am Hang. Sie stehen im Schnee und begrüßen den ersten Sonnenstrahl nach fast vier Monaten Abwesenheit. Sie tragen Hosen aus Eisbärenfell. Wenn die Sonne sich richtig sehen lässt, fliegen nach alter Sitte die Mützen in die Höhe, der Chor singt, und die Freudentränen kullern. Schlagartig wird es wärmer. An diesem Bild habe ich mich festgeklammert. Es erklärt, warum Menschen in Qaanaaq ausharren, und wo das Schöne liegt.

Nun stehen wir auf ebenjenem Hügel. Wir sind zurückgekehrt in einen Schnee, der so kalt ist, dass er nicht einmal mehr knirscht, und starren nach Süden auf den langgezogenen Bergrücken jenseits des Fjords. Es ist der siebzehnte Februar, mittags um ein Uhr. Wir haben freien Blick auf eine grandiose Gebirgslandschaft am Meer mit steckengebliebenen Eisbergen in allen möglichen Formationen – vom Krokodil bis zum Eiffelturm – und allen Tönungen der Farbe Blau. Der Himmel ist klar. Die Sonne wird uns anlächeln. Wir sehen schon jetzt ihren Widerschein, sie hat es nur noch nicht über den Horizont geschafft.

Eine Schulklasse rodelt den Hang hinunter und rennt keuchend wieder hoch. In den letzten vier Monaten haben die Kinder die Sonne nur in Büchern gesehen. Es ist noch ein bisschen Zeit bis zum Sonnenaufgang, Reden vertreibt die Kälte, also lassen wir sie die Farbe der Sonne raten.

»Die Sonne ist rund und rot«, sagt der kleine Junge mit dem Schlitten. Er ist acht Jahre alt und heißt Aleqatsiaq.

»Die Sonne ist doch gelb«, widerspricht Maria Luise, die hinter ihm den Hang heruntergesaust ist.

Sie werden beide recht behalten.

»Seqineq« heißt Sonne auf Grönländisch, der Tag, an dem sie am höchsten steht, ist Nationalfeiertag.

Die Redaktionen daheim möchten zu gerne edle Wilde sehen. Wenigstens die Kluft muss stimmen, wenn die modernen Eskimos von heute schon nicht im Iglu leben. Leider tragen die Jäger heute am Festtag praktische Goretex-Hosen, Pudelmützen statt Fellkappen und ein Handy am Band um den Hals. Die weißen Eisbärhosen sind für die Jagd und für Weihnachten reserviert. Die

Einzigen, die diese traditionelle Kluft tragen – Ironie des Schicksals – sind wir, die Zugereisten.

Heute Morgen hat Birthe mit uns geschimpft. Wir hatten die geliehenen Eisbärhosen im geheizten Gang vor dem Zimmer liegen gelassen. Dort ist es aber für eine echte Eisbärhose zu warm. Sie wird brüchig. Das teure Stück soll im Vorraum lagern. Birthe und Hans vermieten nicht nur Zimmer, sie verleihen auch die wirklich warmen Sachen, wenn man ein paar Tage mit den Jägern aufs Eis ziehen will.

Trotz aller neuen Fasertechnik für Polarkleidung schwören die Inuit auf ihre traditionelle Bekleidung. Eisbärenhaare sind innen hohl, sie isolieren so gut, dass ein Eisbär auf dem Infrarotgerät keine Spuren hinterlässt, weil er keine Wärme abgibt.

Von diesem thermischen Gleichgewicht sind wir bei aller Verpackung weit entfernt. Die Beine sind zwar schön warm, kritisch wird es aber nach kurzer Zeit an den Händen. Es ist einer jener Momente, in dem die Kollegen von Kamera und Ton, Thomas und Matti, ausnahmsweise gerne mit dem Reporter tauschen würden. Der darf seine Finger in den Taschen des Anoraks verstecken. Doch die feine Mechanik einer professionellen Filmkamera und die kleinen Knöpfe des Stereomischpults kann man nicht mit Fäustlingen steuern, sondern nur in dünnen Handschuhen, in denen schnell die Finger abfrieren können.

Unser Dilemma ist, dass wir den Sonnenaufgang nicht wiederholen können. Entweder klappt die Aufnahme oder nicht. Es gibt nichts dazwischen. Hier kann man nichts stellen. Wenn die Sonne ihre ersten Strahlen schickt, müssen Kamera und Ton laufen. Also heißt es warten, bis die Sonne endlich über den Horizont linst.

Einer der umstehenden Jäger aus Qaanaaq erkennt uns als die Greenhorns, die mit ihm auf dem Schlitten aufs Meer Richtung Eiskante fahren wollen. Avigiaq ist ein schweigsamer, schlanker Mann mit Brille und dünnem Bart. Er lebt in einem blauen Holzhaus oberhalb vom Hotel und ist zusammen mit Frau und Sohn den Hügel hochgestapft. Jedes Jahr steht er hier zur Begrüßung, auch bei bedecktem Himmel. »Alle wissen ja«, so sagt er und schmunzelt, »wo sich die Sonne verborgen hält.«

Um zwölf Minuten nach eins steht die Sonne genau im Süden und schickt ihre ersten Strahlen über den Bergkamm. Wenn das Licht so schräg kommt, werfen selbst Schulkinder Schatten wie die Riesen. Ein Hauch von Frühling liegt in der Luft. Wir sind wie ein Chor, der gleichzeitig nur ein einziges Wort anstimmt. Ein »Oooh« zieht über den Hügel.

Avigiaq wirft freudig seine Pudelmütze in die Luft und singt der Sonne ein Ständchen. »Auf einmal wird es so warm und so hell. Das ist unbeschreiblich, einfach wunderbar.«

Nach Wortwahl und Intensität des Ausdrucks war das für einen Inuit ein starker Temperamentsausbruch. Mit der Sonne wird es auch gleich wärmer. Das Thermometer klettert von minus achtundzwanzig auf minus vierundzwanzig Grad. Morgen wird sie schon eine halbe Stunde scheinen, bis sie dann im Mai für volle vier Monate gar nicht mehr untergeht.

Jagd auf dünnem Eis

Für die Fänger von Qaanaaq ist die Wiederkehr der Sonne das Startsignal für Fahrten hinaus aufs Meer. Lange genug waren sie notgedrungen häuslich. Sie haben sich mit kleinen Fluchten auf den Fjord vor der Haustür begnügt. Mit langen Drillbohrern machen sie Löcher ins Eis und lassen lange Netze hinunter. Als Avigiaq ein Junge war, war das Bohren eine Plackerei bei einer Eisdicke von zwei Metern. Heute stoßen sie schon nach vierzig Zentimetern auf Wasser. Sie kommen schneller zum Ziel und können an mehreren Bohrlöchern gleichzeitig Netze auslegen. Unten schwimmen die Heilbutte, oben sitzen die Inuit und kauen Narwal-Snacks. Es gehört zum Klimawandel dazu, dass nicht alle Begleiterscheinungen negativ sind.

Wo das Eis dünn geworden ist, ist die Sonne ganz besonders willkommen. Jäger wie Avigiaq haben den Tag herbeigesehnt, an dem sie endlich ihre Fangleinen zusammenpacken und auf große Jagd gehen können, bis ran an die Eiskante, dort wo Walrösser, Robben und Eisbären warten. Gegen ein bisschen Geld dürfen wir sie begleiten.

Unten am Strand zwischen eingefrorenen Motorbooten und Fischgerät befindet sich das Winterlager der Schlittenhunde. Die Hunde spüren, dass das langweilige Leben an der Kette jetzt ein Ende hat, und bellen und rennen aufgeregt im Kreis herum. Die Fänger bücken sich und entwirren die Zugleinen. Die Peitsche knallt, der Ton wird scharf, wenn die Hunde nicht gehorchen.

Es ist reiner Selbsterhaltungstrieb, die Hunde ordentlich zu behandeln. Sie sind eine Art Lebensversicherung. Hunde finden auch im Schneesturm heim. Hunde warten auf den Fänger, wenn er vom Schlitten gefallen ist. Die Fänger von Qaanaaq brauchen ihre Hunde. Anders als mit dem Schlitten dürfen die polaren Eskimos nicht jagen, und Motorschlitten sind unterm Nordpol verboten.

Morgens um zehn, Stunden vor dem Sonnenaufgang, verlässt die Kolonne Qaanaaq Richtung Nordwesten: sechs Schlitten, sechzig Hunde, drei Gewehre, Äxte und Angeln, Proviant und Schlafsäcke. Die Gruppe besteht aus zwölf Personen: sechs Fängern und fünf Gästen und dazu Navarana, eine Einheimische als Dolmetscherin. Je zwei sitzen auf einem Schlitten, davor sind jeweils zehn Hunde gespannt.

In einem Dorf, in dem fast jeder mit jedem verwandt ist, wundert es uns nicht, dass Navarana die Tante von Smilla ist. Navarana, die zwischen Kanada, Kopenhagen und Grönland hin und her zieht, ist eine zierliche Person von Anfang sechzig, mit einem Lachen wie ein Vulkan. Sie hat bei den Treffen mit den Fängern vermittelt, bei denen es um die spannende Frage ging, wie weit wir uns auf das Meer vorwagen sollen.

Ziel der zweitägigen Reise ist eine Insel, die in der kalten polaren Luft sehr nahe wirkt, tatsächlich aber vierzig Kilometer vor der Küste im Nordpolarmeer liegt. Südlich davon vermuten die Jäger das offene Meer.

Die Reise beginnt mit großem Gepolter, die Schlitten heben sich fast senkrecht und krachen dann wieder auf das Eis. Im Küstenbereich haben sich die Eisschollen mannshoch übereinandergeschoben. Die Hunde sind nicht zu bremsen, ziehen die Schlitten zwischen den Schollen über Stock und Stein. Wir Gäste klammern uns am Sitz fest. Die Fänger laufen nebenher, schwingen die Peitsche, und wenn der Schlitten Fahrt gewonnen hat, springen sie auf.

Auf dem Weg hinaus aufs Packeis kommt es immer wieder zu Verwerfungen. Das Meer ist nicht glatt gefroren. Kleine und größere Eisberge, manche so groß wie der Berliner Reichstag, stecken fest. Wenn die Schlittenpartie zu holprig wird, drehen sich unsere Fänger um und sehen nach, ob die Fahrgäste noch an Bord sind. Die Kommunikation ist schlicht: Der Fänger sagt »hej«. Dann sagt man auch »hej«. Mehr redet man unterwegs im eisigen Fahrtwind nicht. Manchmal aber sagt der Fänger »hej«, und keiner antwortet. Dann weiß er, dass sein Passagier vom Schlitten gefallen ist.

Es kommt vor, dass die Hunde im wilden Galopp mitgeschleift werden. Sie verheddern sich in den Schnüren und werden so lange mit der Peitsche traktiert, bis sie jaulend wieder ihren Platz gefunden haben. Der Umgang mit den Hunden ist ziemlich grob, im Winter werden sie immerhin eingespannt, bewegt und ausreichend gefüttert. Kritisch ist der Sommer, wenn die Besitzer ihre angeleinten Hunde sich selbst überlassen und es versäumen, ihnen ausreichend Wasser und Futter zu geben. »Gute Fänger kümmern sich auch im Sommer um ihr Gespann«, sagt Avigiaq.

Bei aller Zurückhaltung kann mein Schlittenlenker sehr deutlich werden. Beim Anfahren löst sich der Knoten, der alle neun Langleinen unseres Gespanns verbindet. Avigiaq hat Mühe, die Meute einzufangen, macht aber keine Anstalten, um Hilfe zu bitten. Ich klettere vom Schlitten und schnappe nach einer Leine.

»Das ist lebensgefährlich. Die Hunde kennen die Fremden nicht«, teilt er bei nächster Gelegenheit mit, und Navarana übersetzt. Avigiaq hat mich bei seiner Kritik weder angeschaut noch meinen Namen gesagt. So konnten wir beide das Gesicht wahren.

Wir halten an einer Robbenfalle bei einem kleinen Eisberg. Zeit für uns Südländer, nach dem lange ausgehaltenen Damensitz die steifen Beine zu lockern. Während wir je nach Neigung sprinten oder auf dem Eis kopfstehen (was die Fänger mit Applaus quittieren), öffnen sie die Robbenfalle. Sie zücken eine Lanze, stoßen das Eis auf und ziehen am Netz. Eine Robbe hat sich darin verfangen, ist ertrunken und steif wie ein Brett. Der

Chef der Jägergemeinschaft, ein großer stattlicher Mann namens Naimanngitsoq, packt sie am Schwanz und schnallt sie auf seinen Schlitten. Die Robbe ist für den Eigenbedarf, Futter für die Hunde. Ohne Hunde keine Jagd. So schließt sich der Kreis. Sie könnten auch zuhause bleiben, aber dann wäre das Leben grau.

Naimanngitsoq sagt, er jage Robben, wie das schon sein Großvater getan habe. Mit einem Unterschied: Das Netz sei gekauft, der Großvater habe seins noch selbst geknüpft. Doch auch äußerlich ist es eine Jagd wie zu alten Zeiten: Die Hosen und Stiefel sind aus Eisbärenfell, die Jacken vom Rentier. Alle Tiere dafür haben sie selber erlegt. Die Inuit haben, wie alle Ureinwohner der Arktis, bestimmte Fangquoten für seltene Tiere. Die Grönländer dürfen zweihundertfünfzig Eisbären jagen, was bei einem Bestand von 21 000 Tieren als vertretbar gilt. Den Eisbären als Gattung drohen ganz andere Gefahren, seitdem ihr Lebensraum schmilzt.

Nach wenigen Kilometern erreichen wir die Eiskante. So nah war sie noch nie. Ab hier beginnt das frische, dünne Meereis. Einer aus der Gruppe, Qillaq, nestelt eine lange Lanze von seinem Schlitten und geht mit vorsichtigen Schritten über die Eiskante auf das neue Eis. Es muss nicht lange bohren, zieht die Lanze heraus und misst mit dem Finger.

Das Neueis sei nur zwanzig Zentimeter dick, sagt er zu uns und seinen Gefährten. Vielleicht könne man mit dem Gespann aufs Eis. Aber es könne an einigen Stellen sehr dünn sein.

Früher war das Eis mannsdick, und die Eiskante war hundert Kilometer entfernt. Wir lassen den Gedanken an einen Abstecher auf das offene Meer fallen. Die Sonne kommt und geht dreißig Minuten später. In ihrem Licht reisen wir einem Felsrücken entgegen, an dessen Ostufer ein paar rote Holzhäuser stehen. Die Insel Herbertö war bis vor zehn Jahren ganzjährig bewohnt, dann zogen die letzten Bewohner über das Meer nach Qaanaaq.

Herbertö ist die Sommerhaussiedlung der Inuit von Qaanaaq. In den eisfreien Monaten von Juni bis September sind alle Hütten belegt. Jetzt ist niemand da, wir haben freie Auswahl. Die Hunde werden angeleint und bekommen Robbe in Scheiben zu fressen. Wir nagen an den Butterbroten von Birthe, bis die Innentemperatur der Hütte langsam von minus fünfundzwanzig auf plus fünfundzwanzig Grad gestiegen ist. Die Stullen sind steifgefroren. Sie dampfen von allein, wenn wir von ihnen abgebissen haben.

Für uns zwölf wäre eine Hütte zu klein. Die Inuit schlafen für sich in den Wirtschaftsräumen der alten Missionskirche. Thomas und Matti bummeln durch den verlassenen Ort, treffen die Jäger und kosten kleine Portionen von tiefgefrorenem Narwal, der erst beim Auftauen im Mund seinen vollen Geschmack entfaltet. Dann kommen sie gerne zurück und essen mit uns Spaghetti. Navarana pendelt zwischen den beiden Gruppen hin und her und hilft uns, den alten Kanonenofen in Gang zu bringen. Nachts glüht der Ofen so stark, dass Matti in seinem Schlafsack schweißnass erwacht, rechtzeitig bevor der Schlafsack selbst zu glühen beginnt.

Die Dorfkirche ist noch intakt. Zum Aufwachen probt Lars, der frühere Bürgermeister von Qaanaaq, auf der Orgel – allerdings nur ein einziges Lied, weil es so kalt ist und damit die Orgel nicht kaputt geht. Zu Hause hat er eine elektronische Orgel.

Auf dem Heimweg heißt es noch einmal absitzen und schweigen. Auf dem Eis ist deutlich eine kreisrunde Ausbuchtung in der Größe eines Fußballs zu sehen, ein Luftloch. Die Robben halten die Luftlöcher selber auf, stupsen mit der Nase gegen das Eis. Oben gibt es Sauerstoff, oben lauern aber auch die Feinde.

Naimanngitsoq postiert sich in Sichtweite des Luftlochs und entsichert sein Gewehr. Jagen heißt auch hier vor allem still sein, mit der Umgebung eins werden. Wenn man dann noch auf richtig lange Fahrt geht und Glück hat, trifft man auf Walrösser, Robben und Eisbären.

Doch sind lange Fahrten noch möglich? Die Antwort ist eindeutig. »Mein Großvater ging einen Monat lang auf Eisbärenjagd«, sagt Naimanngitsoq. »Aber das ist heute nicht mehr machbar. Seit etwa zehn Jahren ist das Eis nicht mehr dasselbe.«

Die Inuit wussten es als Erste. Schließlich leben sie hier. Das Eis kommt auch in Qaanaaq später, es geht früher, und vor allem ist es nicht mehr ewig.

Jäger Avigiaq zeigt zum Abschied, dass er meine Eigenmächtigkeit mit seinem Hundegespann verzeihen kann. Er lädt uns zum Tee in sein Haus. Wir staunen nicht schlecht, als wir in der Mitte des Wohnzimmers, zwischen Sofaecke und Wohnküche, als Raumteiler eine große Tiefkühltruhe wahrnehmen. Der Hausherr bemerkt unser Erstaunen und demonstriert den wahren Zweck der Truhe. Darin sind große Vorräte an Fleisch verstaut und eine sorgsam gefaltete Hose aus Eisbärenfell. Dies sei der einzig wahre Platz für eine Eisbärhose, sonst ginge sie kaputt, sagt er.

Es ist wohl doch nicht so schwer, einem Eskimo einen Kühlschrank zu verkaufen.

Sechstes Kapitel

Glückliches Norwegen

*Matratzen für Milchkühe – Das Land der beheizbaren
Bürgersteige – Frauenquote im Aufsichtsrat –
Die Frau von der Bohrinsel*

Norwegen ist das Land, wo die Berge ins Meer fallen. So dachten wir. Rau und schön und berühmt für Fjorde, Lachse und Wollpullover. In Wahrheit ist Norwegen heute der Motor des gesellschaftlichen Wandels. Geld hat man ja genug. Wenn man den Fortschritt studieren will, fängt man am besten ganz unten an: bei den Tieren.

Matratzen für Milchkühe

Wenn die Tage kürzer werden und die Schatten länger, dann ist es Zeit, an das liebe Vieh im Stall zu denken. Es geht auf Weihnachten zu, und Schnee bedeckt die sanften Hügel nördlich von Oslo. Auch Bauer Arne aus dem norwegischen Akershus macht sich auf den Weg zum örtlichen Großhandel für die Landbevölkerung. Seine Kühe warten schon. Vom ersten Januar an haben sie Anrecht auf eine Matratze.

Im Landhandel Felleskjöpet gibt es eine spezielle Ecke

für Liegeunterlagen. Sie sind auf zwei Paletten gestapelt. Das Geschäft läuft bestens, denn in ganz Norwegen sind dreihunderttausend Milchkühe neu zu betten. Zur Auswahl stehen zwei verschiedene Typen von Matratzen für zwei Klassen von Kühen. Eine härtere Variante für jene, die angebunden im Stall stehen, einundzwanzig Millimeter dick mit extra Noppen, damit die Tiere nicht ausrutschen, und eine weichere Variante, für Kühe, die frei im Stall herumlaufen dürfen.

Das Material besteht aus Schaumstoff mit einem Gummiüberzug, eine abwaschbare Kombination, die ursprünglich von der NASA entwickelt wurde, wie der Fachverkäufer stolz erklärt. Mit Profil kosten sie etwa einhundert Euro pro Stück, das Geld sei gut angelegt. Den Milchbauern Arne, ein hagerer Mann um die sechzig im grünen Overall, muss niemand mehr überzeugen, er hat schon dreiundzwanzig Matratzen gekauft. Wegen der gewaltigen Nachfrage gab es Lieferengpässe. Heute holt er noch die letzten drei Stück und wuchtet sie eilig in seinen roten Transporter.

Arne ist kein Exot, sondern ein ganz normaler norwegischer Bauer. Sein Familienbetrieb läuft ordentlich. Er melkt die Kühe noch mit Melkschemel und Melkmaschine und fährt ein bescheidenes Auto. Es fehlt ihm das Geld, um einen wirklich modernen Stall zu bauen. Doch das Geld für die Matratzen hat er übrig, und er hat es ohne Murren auf den Tisch gelegt.

»Die Kühe geben uns Arbeit und Einkommen, also verdienen sie es auch, besser zu liegen«, sagt er im singenden Tonfall der Norweger. Der Norden hat seine eigene Humanität im Umgang miteinander, und das färbt ab auf die Einstellung zu Tieren.

»Machen Sie doch mal ein Experiment«, hatte die freundliche Dame von der norwegischen Tierschutzallianz am Telefon gesagt. »Stellen Sie sich in eine Box im Stall und gehen Sie in die Knie. Lassen Sie sich dann frei hinfallen und stellen Sie sich vor, dass Sie mehrere hundert Kilo wiegen. Dann bekommen Sie ungefähr ein Gefühl dafür, wie es einer Kuh geht.«

Norwegische Kühe, wie ihre Artgenossen überall in der Welt, haben eine lange Leidenszeit hinter sich, seit sie nicht mehr auf Stroh lagern, sondern in modernen Ställen auf dem nackten Betonboden schlafen müssen. In Norwegen ist die Leidenszeit vorbei – es herrscht Matratzenpflicht.

Solche Empathie mit Tieren hat Tradition. Es gab im Norden immer schon Bestrebungen, den Wohlstand auch mit den anderen Lebewesen zu teilen. In Schweden etwa ließ sich Astrid Lindgren ein Tierschutzgesetz zum achtzigsten Geburtstag schenken, das das Einsperren von Hühnern auf engem Raum verbietet. Die Kinderbuchautorin hatte mehr als ein Jahrzehnt dafür kämpfen müssen, und sie legte dafür ihre ganze Autorität in die Waagschale. Die »Lex Astrid« hat auch nach dem Tod der Autorin weiter Gültigkeit.

Doch zurück zu Arne, der seine Matratzen vom Laderaum in den Stall schleppt, wo ihn ein kleines Kuhkonzert erwartet. Seine sechsundzwanzig Holsteiner muhen vernehmlich, wenn nicht aus Begeisterung über die neuen Betten, dann, weil sie gemolken werden wollen.

»Meine Kühe geben acht bis zehn Prozent mehr Milch, seit sie auf den Matratzen liegen«, sagt Arne, während er einen Schemel packt und sich zwischen zwei schwarzbunte Vierbeiner setzt. Der Mann verschwindet fast zwischen den Leibern der riesigen Tiere. Eine ausgewachsene Milchkuh bringt es auf eine halbe Tonne Gewicht. Während er die Melkzapfen an das Euter anschließt, freut er sich darüber, dass die Tiere jetzt ruhiger stehen als früher. Eine Kuh braucht viel Schlaf – zwölf bis fünfzehn Stunden am Tag. Für ein so schweres Säugetier ist es wichtig, dass es liegen und das Futter in aller Ruhe verdauen kann.

»Weil die Kühe glücklicher sind, fließt die Milch auch schneller«, sagt Arne und deutet auf den Schlauch an der Stalldecke, durch den eine weiße Säule schießt.

Im Landwirtschaftsministerium in Oslo herrscht eitel Freude über diesen Geniestreich, bei dem es nur Gewinner gibt. Der Staatssekretär ist selbst Bauer und überzeugt, dass die Zeit reif war für die Matratzenpflicht. Ola Heggem hofft, dass Norwegen zum Vorbild wird. »Matratzen lohnen sich ökonomisch. Aber am allerwichtigsten ist, dass es den Tieren gut geht.« Der Staatssekretär verzieht beim Interview keine Miene.

Tierschutz ist eine ernste Sache und die Matratzenpflicht kein Scherz. Es hat viele Nachfragen aus dem Ausland gegeben, nicht wenige Anrufer hielten das Ganze für ein Hirngespinst Brüsseler Bürokraten. Das einzig Komische daran ist, dass sich Norwegen auf eine EU-Richtlinie stützt, die bisher keines der Mitgliedsländer so ernst genommen hat wie das Nicht-EU-Mitglied Norwegen.

Der Fantasie sind in einem Land ohne Geldnöte keine Grenzen gesetzt. Betten im Stall sind ein wichtiger Schritt auf dem Weg zum Himmel der Kühe auf Erden. Aber warum dabei stehen bleiben? Wenn man eine Kuh wäre, würde man es vielleicht vorziehen, frei im Stall zu wandern, so wie auf dem Hof des Bauern Ole. Der Hof besteht aus einer Handvoll traditioneller rot gestrichener Holzhäuser auf einem kleinen Hügel und aus einem modernen Stall in der Größe einer mittleren Turnhalle mit Blick ins Freie. Die Wiesen liegen jetzt unter Schnee begraben. Im Sommer können die Kühe auf dem Hof der Skalleruds zwischen Wiese und Stall frei wählen. Die Boxen sind größer als sonst, und die Tiere werden nicht mehr angeleint. Sie tun das, was sie wollen. Sie folgen ihren Instinkten. Seither streiten sie weniger.

Wir beobachten das Geschehen durch eine Glasscheibe im Nebenraum. Ein Dutzend Milchkühe schlendert durch den Stall, andere schlafen Rücken an Rücken. Vor der automatischen lasergesteuerten Melkmaschine hat sich ein kleiner Rückstau von drei Kühen gebildet. Hinter der Melkbox befindet sich eine Art Waschanlage mit Bürsten. Eine Kuh lässt sich genussvoll hinter dem Ohr kratzen. Bauer Ole sitzt im Kontrollraum am Computer und sieht seinen Tieren zufrieden zu. Er hat sechs Millionen Kronen, fast 750 000 Euro, in diesen Stall investiert, gemeinsam mit drei anderen Bauern. Ole ist Mitte dreißig, einer aus dieser jungen Generation studierter Bauern, in Jeans und blauem Sweater. Er kann reden wie ein Familientherapeut.

»Was glauben Sie, wie viele Chefs auf verschiedenen Ebenen es hier im Stall gibt. Es gibt eine Königin, die herrscht über alle anderen, meist eine große starke Kuh, die ihre Macht gerne ausübt, notfalls auch mit Hörnern. Die Hörner mussten wir den Kühen abnehmen, sonst wäre es zu gefährlich. Unter der Königin gibt es viele kleine Chefs, die wiederum zahlreiche Kühe unter sich haben, die in der Hierarchie ganz unten stehen.«

Räumliche Distanz sei oft die Voraussetzung für persönliche Nähe, philosophiert Bauer Ole, deshalb gebe es in seinem Stall große offene Plätze und mehrere Durchgänge. Während Ole erklärt, krault er Milchkuh Paula an den schwarzbunten Ohren. Selbstverständlich nennt Ole all seine Milchkühe mit Namen.

»Dieser Stall wurde in Hinblick darauf gebaut, dass alle Tiere, die in der Hierarchie der Kühe weit unten stehen, ihren Chefs aus dem Weg gehen können. So herrscht Ruhe im Stall, alle können frei herumlaufen, ohne dass sie sich untereinander mobben.«

Wenn sich die Kühe der Melkbox nähern, gilt das Gesetz der Dringlichkeit. Vordrängeln, klärt uns der Bauer auf, gilt nicht in der Welt der Milchkühe. Alle müssen sich anstellen. Wer zuerst kommt, wird zuerst gemolken. Das regeln die Kühe untereinander. Auch die Königin muss warten, bis sie an die Reihe kommt.

Womit die Kühe bewiesen hätten, dass sie echte Norweger sind, weil dem Gleichheitsideal verpflichtet.

Das Land der beheizbaren Bürgersteige

Es gibt reiche Länder und glückliche Länder. Norwegen ist beides, und diese Kombination ist selten. Vielleicht liegt es daran, dass die Norweger sich nicht in Luxus verrennen. Es gibt zwar angeberische Yachten am Kai und beheizte Bürgersteige auf der Flaniermeile in Oslo. Die Boulevardzeitungen berichten außerdem in der üblichen Mischung aus ausgestrecktem Zeigefinger und roten Ohren über die Ausschweifungen der Petrodollar-Elite, die im Sommer an der französischen Mittelmeerküste Hof hält. Doch der Hedonismus hat in diesem tief protestantischen Land noch keine wirklich tiefen Spuren hinterlassen. Die Erinnerung an karge Zeiten sitzt dem Volk der Fischer, Seefahrer und mittellosen Literaten (man denke nur an Knut Hansums »Hunger«) noch tief in den Knochen.

Dabei ist Norwegen schuldenfrei und wird stündlich reicher. Seit am Heiligabend 1969 überraschend gigantische Öl- und Gasvorkommen in der Nordsee gefunden wurden, haben die mageren Zeiten ein Ende. Die vier Millionen Norweger könnten prassen und andere für sich arbeiten lassen, aber dann wären sie eben keine Norweger mehr. Anders als die meisten Ölländer fördern die Norweger in eigener Regie, mischen kräftig auch bei Explorationen weltweit mit – und legen ihr Ölgeld zu sechsundneunzig Prozent auf die hohe Kante. Nur vier Prozent dürfen qua Gesetz im laufenden Haushalt verbraucht werden. Es ist nicht norwegisch, das Geld einfach zu verplempern.

Stattdessen investieren Norweger in bleibende Werte, für die Zeit nach dem Öl. Norwegen setzt auf Hightech und Bildung und dabei vor allem auf die stille Arbeitsmarktreserve, die weibliche Bevölkerung des Landes. Norwegen ist weltweit das einzige Land, das seinen fünfhundert großen Aktiengesellschaften eine Frauenquote in den Aufsichtsräten verordnet hat.

Frauenquote im Aufsichtsrat

Ein Tag mit Cathrine Foss Stene hätte auch für drei Tage gereicht. Nicht dass er so lange dauert. Wie angekündigt findet sie Zeit, mit ihrer Familie zu Abend zu essen und mit dem Jüngsten zu spielen, bevor er ins Bett gehen muss. Aber zwischen dem Familienfrühstück im weißen Holzhaus am Stadtrand von Oslo morgens um sieben Uhr und dem Abendessen abends um sechs Uhr muss man sich sputen, um mit ihr Schritt zu halten. Dabei ist sie keineswegs hektisch, sondern vor allem sehr tüchtig.

Cathrine Foss Stene muss man sich als eine hochgewachsene elegante Frau von Anfang vierzig vorstellen, mit blonden schulterlangen Haaren, den landesüblichen blauen Augen und einem ansteckenden Lachen. Sie hat ein Harvard-Diplom in der Tasche und trägt ihr Gepäck gerne selbst. Auf dem Weg zwischen zwei Meetings schleppt sie sich mit drei Gepäckstücken ab.

»Am liebsten ist mir meine Handtasche, denn die habe ich persönlich ausgesucht. In der anderen ist mein Projektor, und den Rucksack benutze ich für schwere Dinge, die ich ständig mit mir herumtrage, wie mein Notebook und Dokumente und solche Sachen.«

Wenn sie sich hinter das Steuer ihres Mittelklasse-Dienstwagens setzt, merkt man, dass sie es gewohnt ist, fünf Bälle gleichzeitig in der Luft zu halten. So wie sie souverän mitten im Gespräch die Spuren wechselt, gelingt es ihr auch, zwischen zwei Aufsichtsratssitzungen einem kurzen Anruf im Kindergarten zu tätigen. Sie ist alles andere als eine Quotenfrau, aber sie ist nicht gegen die Quote.

»Am Anfang war ich ziemlich skeptisch«, sagt sie und streicht sich eine vorwitzige Haarsträhne aus der Stirn. »Ich finde es nicht gut, dass man nur wegen einer Quote in den Aufsichtsrat kommt. Aber ich sehe inzwischen, dass dieses neue Gesetz sehr viel Positives in Norwegen bewirkt hat, vieles ist in Bewegung.«

Das klingt recht allgemein. Cathrine kann sich schließlich nicht selbst loben, aber das tut ihr Chef Petter Jansen umso lieber. Petter ist ein grauhaariger freundlicher Mann kurz vor der Pensionierung, eine Generation älter, ein Förderer, der ihr nicht im Wege steht. Die beiden sind ein gutes Tandem, so wie Cathrine Beschäftigungs- und Umsatzdiagramme mit dem Projektor an die Wand wirft und Petter in der ersten Reihe sitzt und dabei von Zeit zu Zeit zustimmend nickt. Petter Jansen sagt, man könne Cathrine getrost den ganzen Laden überlassen, weil Frauen eher das Unternehmen im Kopf haben als das eigene Ego. Die Wirtschaft könne durch mehr Frauen ohnehin nur gewinnen.

Viele Beispiele dafür gibt es noch nicht: Frauen in Spitzenpositionen sind auch in Norwegen eine recht übersichtliche Schar. Deutschland hinkt wie üblich hinterher. Selbst die Schweden, sonst als Vorbild der Gleichberechtigung gerühmt, stagnieren bei etwa zwanzig Prozent. In Schweden gibt es übrigens eine Initiative, die von der früheren Vorsitzenden der Linkspartei Gudrun Schyman angestoßen wurde. Sie versucht, dadurch Aktiengesellschaften davon zu überzeugen, dass sie viel zu wenige Frauen in die Vorstände holen und sich damit ins eigene Fleisch schneiden. Gemischte Vorstände würden weitaus mehr Wachstum und Gewinn erzielen. Yin und Yang gehören auch in der Geschäftswelt zusammen. Diese Initiative nennt sich »Göran«. Der frühere

Staatminister hieß so mit Vornamen – und mit ihm viele andere Männer. Tatsächlich gibt es mehr Spitzenmanager mit dem Vornamen Göran als weibliche Führungskräfte.

Das Rad in diesen Spitzenpositionen dreht sich schnell. Als wir Cathrine begleiten, arbeitet sie als Kommunikationschefin der führenden Fluglinie Norwegens, und Petter Jansen ist deren Geschäftsführer. Ein Jahr später ist Cathrine bereits ein Treppchen höher gestiegen. Dafür musste sie den Arbeitgeber wechseln, wie schon vier Mal zuvor in ihrer Karriere.

»Frauen in Führungspositionen bringen bessere Leistungen für unsere Firma als oberflächliche, egozentrische Manager, die nur damit beschäftigt sind, ihr Ansehen und ihren Status herauszustellen anstatt für die Gemeinschaft einzutreten«, sagt Petter Jansen.

So viel Männerschelte hatten wir von einem Mann nicht erwartet. Aber solche Töne sind nichts Ungewöhnliches in Norwegen. Sie haben die Durchsetzung der Frauenquote von Anfang an begleitet.

Die Idee mit der Quote kam von einem Konservativen, mitten aus dem Zentrum der Macht. Es war der Wirtschaftsminister Ansgar Gabrielsen von der konservativen Partei, der 2003 einen Plan vorstellte, den man eigentlich eher von seinen politischen Gegenspielern erwartet hätte. Mindestens vierzig Prozent Frauen sollten in den Aufsichtsräten aller norwegischen Unternehmen sitzen. Den Kritikern, auch in der eigenen Partei, sagte er, man habe acht lange Jahre über die unangemessene Präsenz von Frauen in den Topgremien geredet. »Es reicht jetzt mit reden.«

Der Minister hatte auch gleich ein Argument parat, das nicht leicht zu entkräften ist. »Über die vielen Quotenmänner, die von ihren Bruderschaften in die Aufsichtsräte gehievt werden, redet niemand.«

Der konservative Wirtschaftsminister gönnt sich nach seiner Ruhmestat eine Auszeit von der Politik und hat sich mittlerweile als Unternehmensberater in Oslo niedergelassen. Er hat nichts dagegen, wenn man ihn den »Vater der Quote« nennt. Von ihm wird auch der Satz kolportiert, dass viele der internationalen Firmenskandale der letzten Jahre nicht passiert wären, wenn in den Aufsichtsgremien statt der »Raffgier der Männer in den Fünfzigern« vielfältige Interessen dominiert hätten.

Während Cathrine die nächste Sitzung in einem Industriegebiet am Stadtrand von Oslo ansteuert, beginnen wir zu rätseln. Ist Norwegen über Nacht im Reich der Freiheit und Gleichheit gelandet? Wie kommt das kleine Land an der Nordwestecke Europas zu solchen Einsichten? Wo sind die Gegner solcher Initiativen? Sind sie alle beim Lachsangeln über Bord gegangen?

Petter Jansen hat uns noch einen Satz mit auf den Weg gegeben. »Offiziell haben die Männer Verständnis für diese Frauenquote, aber inoffiziell halten sie es für verrückt.« Denn jetzt müsse man die Führungskräfte unter den wenigen Frauen rekrutieren, die motiviert seien, eine stressigere Position einzunehmen. Das seien nun einmal deutlich weniger Frauen als Männer.

Es ist nicht sehr opportun in Norwegen, allzu offen gegen die Quote zu sein, und entsprechend schwer fällt es, einen erklärten Gegner zu finden. Die Wirtschaft fügt sich, obwohl ihr Gewaltiges bevorsteht. Einer allerdings rebelliert. Es ist der Zeitungsboss und Wirtschaftsverleger Trygve Hegnar, der uns in seinem mahagonigetäfelten Chefzimmer empfängt. Der Hausherr sammelt schöne alte Galionsfiguren von Schiffen und stellt sie in seinen Büroräumen aus, wobei er eine Vorliebe für besonders vollbusige Figuren an den Tag legt.

Trygve Hegnar ist ein gefürchteter Publizist, weisshaarig, agil, um die sechzig, mit dunkelblauem Blazer, weissem Hemd und offenem Kragen. Normalerweise scheut Hegnar keinen Konflikt, selbst nicht mit der Schwester des Kronprinzen Haakon, Prinzessin Märtha Louise, als sich diese öffentlich über ihre guten Kontakte mit Engeln ausliess und die Gründung einer »Engelsschule« ankündigte. In einer dreijährigen Ausbildung will die ausgebildete Physiotherapeutin dort andere Menschen in die Kunst der »Kommunikation mit übernatürlichen Wesen« einführen. Trygve Hegnar lehnte das als Schwindel ab und forderte die Prinzessin auf, damit aufzuhören.

Doch auch Trygve Hegnar hütet sich davor, etwas gegen Frauen zu sagen. Er argumentiert lieber geschlechtsneutral und marktwirtschaftlich. »Dieses Gesetz gilt für die fünfhundertundzwanzig grossen Aktiengesellschaften, und die gehören in erster Linie Männern. Es gibt viele, denen diese Besitzverteilung nicht passt, aber so ist sie eben. Und da ist es doch ganz normal, dass die Männer, die ein solches Unternehmen besitzen, auch das Recht haben, im Aufsichtsrat zu bestimmen, wie es zu führen ist.«

Doch das Gesetz schert sich nicht um Besitzstände, erfahren wir bei Karita Bekkemellem. Sie ist das Pendant zu Cathrine, Mutter von zwei Kindern, vierzig Jahre alt und Ministerin für Kinder und Gleichstellung im neuen Kabinett Stoltenberg. Sie empfängt uns in einem hellen, freundlichen Büro mit vielen Blumen und Bildern ihrer zwei Kinder auf dem Schreibtisch.

»Die Wirtschaft mag die Quote nicht«, sagen wir.

»Die Wirtschaft mag Steuern auch nicht, und doch müssen sie sie zahlen«, kontert sie selbstbewusst. Natürlich sei das ein Eingriff in das private Eigentumsrecht, aber man müsse von der Wirtschaft erwarten, dass sie die Beschlüsse des Parlaments ernst nehme.

»Aber wo kommen all die qualifizierten Frauen her? Wo haben sie sich bisher versteckt?«

Diese Fragen rühren an ein Tabu. Es sind nicht nur die Männer, die den Aufstieg der weiblichen Konkurrenten verhindern. Es sind auch die Frauen, die trotz hervorragender Qualifikation lieber im mittleren Management bleiben, weil sie die eisige Luft der Chefetagen nicht schätzen. Das kann man jedenfalls einer Umfrage des dänischen Unternehmerverbandes unter Frauen des mittleren Managements entnehmen. Siebzig Prozent der befragten Frauen zeigten demnach keine Ambitionen, weiter aufzusteigen.

Doch Karita Bekkemellem winkt ab. »Das ist ein Argument, das die Leute einschüchtern soll und das wir schon seit vielen Jahren hören«, sagt sie und lehnt sich gelassen zurück. In den mittleren Ebenen und bei den Studienabschlüssen seien Frauen überproportional vertreten. Nun müsse man ihnen auch Mut machen, in den oberen Rängen Platz zu nehmen. Sie habe keine Lust, noch zwanzig Jahre zu warten, bis die Geschlechterparität von selbst erreicht sei.

Erfolgreiche Politik, so lernen wir nicht zum ersten Mal, brauche auch die Unterstützung der Wirtschaft. Der gehe es nicht primär um Gleichberechtigung, sondern vor allem um Nutzung der Qualifikation. Auch in Norwegen gebe es Frauen, die hart am Berufsleben vorbeistudiert hätten. Zu viel Wissenspotenzial gehe verloren. Die garantierten Plätze oben in der Hierarchie seien eine Aufforderung, der sich Frauen nicht entziehen könnten. Tatsächlich bieten Wirtschaft und Regierung Dutzende von Weiterbildungskursen – nur für Frauen.

Cathrine braucht solche Kurse nicht mehr. Sie sitzt seit drei Jahren in den Aufsichtsräten einer großen Straßenbaugesellschaft und bei Ementor, einem internationalen IT-Unternehmen mit zweitausend Angestellten, und kann es sich erlauben, wie heute, auch einmal drei Minuten zu spät zu kommen.

Um einen langen nierenförmigen Tisch haben sich

sechs Männer und drei Frauen zu ihrer monatlichen Sitzung versammelt. Die Männer tragen Sakko und Schlips, die Frauen Kostüme ohne Schlips, es gibt Kaffee und Plätzchen. Wir blicken durch eine Glasscheibe in der Firmenzentrale auf den Konferenzraum und rechnen.

Der Frauenanteil beträgt dreiunddreißig Prozent, die Quote ist also noch nicht erreicht. Es droht ein Bußgeld, und als Ultima Ratio sogar die Auflösung. Das IT-Unternehmen Ementor wird auf die Suche nach neuen Frauen für den Aufsichtsrat gehen, wenngleich das Geld kostet und altgediente männliche Kompetenz verloren geht.

Cathrine sitzt aber ganz explizit nicht als Quotenfrau mit am Tisch. »Ich bin in Aufsichtsräte gewählt worden, in denen ziemlich selbstbewusste Aufsichtsratsvorsitzende saßen. Sie haben sich viel Mühe damit gegeben, jemanden mit meiner Kompetenz und meinem beruflichen Background zu finden.«

Age Korsvold ist der Aufsichtsratsvorsitzende von Ementor. In der Sitzungspause kommt er vor die Tür, in der erkennbaren Absicht, der Quotierung positive Seiten abzugewinnen. »Wir können uns die volle Gleichstellung leisten«, schmunzelt er, »weil wir ein sehr wohlhabendes Land sind. Andere Länder mit weniger Geld können das nicht. Sie müssen aufgrund der finanziellen Beschränkungen in der Wirtschaft anderen Dingen den Vorrang einräumen – wie etwa in Deutschland.«

Anders gesagt: Quotierung kostet in einer Übergangszeit Geld. Wenn weniger geeignete Frauen als Männer bereitstehen, reduziert das die Möglichkeiten eines Unternehmens, maximale Rendite einzufahren.

Abends um sechs biegt Cathrine in den kleinen Ringweg ein, der an ihrem Haus vorbeiführt. Es ist eine Siedlung von besonderen Holzhäusern im funktionalistischen Stil, am Hang gelegen, mit weitem Blick ins Tal.

Während Mama Norwegens Wirtschaft gelenkt hat, haben die beiden Kinder im Teenageralter das Abendessen vorbereitet. Der zweijährige Sohn war bis zum frühen Nachmittag im Hort und hilft jetzt seinen älteren Geschwistern beim Möhrenwaschen. Am Nachmittag kommt für ein paar Stunden ein junges Mädchen aus der Nachbarschaft und kümmert sich um den Kleinsten, bis Mama Cathrine oder Papa Kjell nach Hause kommen. Dreimal in der Woche kochen die Kinder, die Mutter hat die Rezepte herausgesucht. Ehemann Kjell ist ebenfalls voll berufstätig, wenn auch zeitlich etwas weniger eingespannt.

Alles wirkt freundlich, wohl organisiert, hell und sauber. Cathrine gießt sich ein Glas Rotwein ein, nimmt ihren Sohn auf den Schoß und blickt aus der Glasfront des Holzhauses hinunter auf die Lichter von Oslo. Es ist Zeit für uns zu gehen. Nun ist Familie angesagt.

Cathrine Foss Stene ist eine, die auf viele Sessel passt. Um dem Gesetz Genüge zu tun, müssten mindestens zweitausend neue Frauen von ihrem Schlag in die Aufsichtsräte – und tatsächlich gelingt das nach einigen Jahren des Übergangs. Die staatlichen börsennotierten Aktiengesellschaften starten 2003 bereits mit einem Frauenanteil von dreiundvierzig Prozent. Die privaten AGs holen auf, von achtzehn Prozent auf achtunddreißig Prozent. Sie liegen also zum Stichtag knapp unter dem Soll.

Das Konzept der positiven Diskriminierung hat funktioniert. Dass der Staat der größte Akteur an der Börse von Oslo ist, hat die Durchsetzung der Frauenquote sicher erleichtert.

Nur fünfzig von fünfhundertzwanzig Unternehmen haben zum Stichtag die Quote verfehlt und bekommen blaue Briefe vom Staat. Wenn sie nicht bald die Quote erfüllen, droht ihnen die Auflösung. Vielleicht sollten sie sich an den extrem profitablen staatlichen Ölkonzernen Statoil und Norsk Hydro ein Beispiel nehmen. Die hatten die Quote schon erfüllt, bevor es Pflicht wurde.

Die Frau von der Bohrinsel

Als der große Transporthubschrauber zur Landung ansetzt, bläst der Wind mit Stärke neun. Die anderen Passagiere – Ölarbeiter im Schichtwechsel – scheint das wenig zu beeindrucken. Manche lesen, andere verschlafen sogar den kurzen Flug vom Hubschrauberterminal in Bergen zur Bohrinsel Aaseberg vor der norwegischen Küste mitten in der Nordsee.

Für den Flug haben wir uns in orangefarbene Überlebensanzüge mit eingebauten GPS-Empfängern gezwängt, falls der Hubschrauber abstürzen sollte. Unten im tiefschwarzen Meer mit den weißen Schaumkronen tauchen drei blinkende Türme auf, dazwischen eine achteckige Plattform, der Landeplatz. Eine meterhohe Stichflamme leuchtet gelblich vor dem Nachthimmel. Aus dem Schornstein wird überschüssiges Gas abgefackelt.

Aaseberg ist eine von fünfhundert Bohrinseln zwischen Norwegen und Schottland, eine Insel aus Beton und Stahl, gebaut für eine Lebensdauer von siebzig Jahren bis zur Verschrottung, gewappnet für ein paar Millionen Wellen und die schlimmsten Orkane. Bohrinseln in der Nordsee werden bis Windstärke zehn angeflogen. Über diese Windstärke hinaus wird es richtig ungemütlich hier draußen, einhundertsechzig Kilometer vor der Küste, auch wenn Aaseberg fest verankert im Meeresboden steht.

Bohrinseln sind Hochsicherheitszonen. Das bekommen wir spätestens im Terminal in Bergen zu spüren, als unser Gepäck zweimal durch die Röntgenanlage muss. Jede Schachtel mit Medikamenten wird extra verpackt, und Alkohol wird aussortiert.

Die Angst wohnt mit an Bord. Es darf einfach nichts schiefgehen. Es ist leichter, zum Nordpol zu kommen (in der Wintersaison zweimal wöchentlich ab Spitzbergen) als auf eine Bohrinsel. Wir haben ein Jahr lang über diese Reise verhandelt. Die Gäste, Journalisten aus aller Welt, stehen Schlange. Die Konzerne haben nichts gegen geführte Kurzbesuche, mögen aber keine Gäste über Nacht. Sie lassen sich nur ungern in die Karten gucken.

Glück für uns: Norwegen hat zwei Großkonzerne im Offshore-Geschäft, die sich wohl nicht recht grün sind. Der eine blockt und stellt eine unerfüllbare Bedingung: Wir dürfen erst an Bord, wenn wir vorher zwei Wochen in Klausur gehen würden – in ein Sicherheitstraining inklusive freiem Fall aus dreißig Meter Höhe. Der andere Konzern hört von unseren Schwierigkeiten und zeigt sich offener. Wir dürfen sogar zweimal an Bord, in den Herbststürmen und noch einmal mitten im Winter.

Uns geht es nicht um die Technik, uns geht es um den Alltag an Bord, den Alltag der Männer und Frauen. Früher, da waren die Männer hier draußen unter sich. Doch die Zeiten sind vorbei. Aaseberg ist eine jener Plattformen, bei denen die norwegische Ölindustrie ernst macht mit der Gleichstellung der Geschlechter. Niemand reagiert heute noch überrascht in Norwegen, wenn Frauen offshore arbeiten, etwa in der Küche oder auf der Krankenstation.

Doch die zierliche Frau mit den intensiven grünen Augen, die uns da verhalten lächelnd in Empfang nimmt, ist schon einen Schritt weiter. Sie leitet das Herzstück der Bohrinsel, den Kontrollraum. Aase Abrahamsen stammt aus der gleichen Generation wie die Managerin Cathrine und die Ministerin Karina. Sie sind alle gut ausgebildet und selbstbewusst, möglicherweise besser ausgebildet als die Männer ihrer Generation.

Aase ist Anfang vierzig, Mutter von drei Kindern und zudem noch Mitbesitzerin eines Bauernhofs. Zwei Wochen verbringt sie jeweils auf der Plattform und vier Wochen an Land.

Aase steht am Fuß der kleinen Rolltreppe, die vom Landeplatz nach hinten zum Hauptdeck neben dem Einkaufsladen führt (Jeans und Jeanshemden zu Spottpreisen). Sie hilft uns beim Auspellen aus den Schutzanzügen und zeigt uns unsere Kabinen. Selbst hier drinnen kann man den Sturm gegen die Plattform schlagen hören. Später wird er uns in den Schlaf wiegen, wie auf einem Schiff.

Draußen kann man sein eigenes Wort kaum verstehen, aber Aases Handbewegung ist eindeutig. »Bis hierhin«, schreit Aase gegen den Wind, »schlagen die Wellen, bis auf dieses Deck!«

Wir stehen dreißig Meter über dem Meeresspiegel und kommen uns klein vor auf dieser Insel mitten im Meer. Aase wird nicht seekrank. Sie ist ein paar Jahre als Funkerin mit der norwegischen Handelsmarine um die Welt gefahren, hat dann drei Kinder bekommen und parallel auf der Bohrinsel angeheuert.

Als sie noch Funkerin war, hat sie die fertiggestellte Bohrinsel von der Werft in Bergen bis zu ihrem jetzigen Standort begleitet. Die Insel wurde von einem halben Dutzend Hochseeschleppern im Schneckentempo etwa einhundert Seemeilen vor die Küste gezogen. Es war eine gemütliche Reise mit einigen Privilegien, denn nach dem Seerecht war die Bohrinsel damals ein Schiff und unterwegs in internationalen Gewässern. Also war Alkohol zollfrei und spottbillig. Die Erinnerung an die Jungfernfahrt lässt Aases Augen aufleuchten, denn zu ihren kleinen heimlichen Schwächen gehört das Gläschen Cognac nach dem Essen. Allerdings nicht hier, nicht während der vierzehn Tage, die sie auf der Bohrinsel arbeitet, denn auf Aaseberg, wie auf allen Bohrinseln, gilt absolutes Alkoholverbot, an allen 365 Tagen im Jahr.

An Bord gibt es keine Stammplätze. Wenigstens haben alle Mitarbeiter ihre Einzelkabine. Das ist kein Luxus, sondern reine Notwendigkeit. Nicht auszudenken, wenn Mitarbeiter bei diesem strammen Rhythmus um den Schlaf gebracht würden, weil der Kojennachbar laut schnarcht. Ölarbeiter reisen mit kleinem Gepäck. Die persönlichen Besitztümer passen in eine kleine Sporttasche. Das Kochen und Waschen erledigen andere.

Nur an eines muss Aase denken: Der Schlüssel für das Rettungsboot, der mit der Nummer eins, gehört an den Hosenbund. Jeder an Bord muss selbst im Halbschlaf den Weg zu den Notausgängen finden. Auf der Plattform sind das die Rettungsboote, die bei Großalarm ausgeklinkt werden. Der Platz im Boot ist der einzige Fluchtweg und Lebensversicherung zugleich. Die ständigen Mitarbeiter müssen alle zwei Jahre den Sturz dreißig Meter in die Tiefe proben. Ein Sturz dauert nur 2,3 Sekunden.

»Es ist so, als ob der Magen in den Hals rutscht«, erinnert sich Aase an das Training. »Es wirkt wie eine halbe Ewigkeit. Das Boot fällt in einem spitzen Winkel nach unten, allein der Schwerkraft gehorchend. Es muss funktionieren, auch wenn der Strom ausgefallen ist und die halbe Plattform in Flammen steht.«

Aase klettert in das Boot Nummer eins und setzt sich probeweise auf einen der zwanzig Hartschalensitze. Die Nummer eins hat eine spezielle Bedeutung. Aase gehört zum Führungspersonal und muss immer in Bereitschaft sein. Anders, als man vielleicht denken könnte, ist dieses Rettungsboot nicht das erste, das die Insel im Notfall verlassen würde, sondern das letzte.

»So wie bei einem Schiffskapitän«, sagt Aase.

Das andere Leben der Aase Abrahamsen spielt sich auf dem Bauernhof ab, den sie gemeinsam mit ihrem Mann Kaare betreibt. Auf dem Nachttisch der Kabine sind Fotos der Familie aufgereiht, neben Kaare die Zwillinge, beide elf Jahre alt, und die ältere Tochter, dreizehn. Ein Bild zeigt die Familie im Kreis ihrer Freunde, bei einem Grillfest. Wenn die Abrahamsens einladen, stammen die Koteletts vom eigenen Vieh.

Der Hof ist seit Generationen in der Familie, gerade erst haben sie einen neuen Schweinestall gebaut: Doch zum Leben reicht der Ertrag des Hofs nicht. Einer von beiden muss anderswo arbeiten. Als die zwei als junge Leute zur See fuhren, beschlossen sie deshalb: Aase geht auf die Plattform, Kaare übernimmt den Hof.

Bevor Aase zu Bett geht, nimmt sie den Telefonhörer und wählt die Nummer von zuhause. Kaare hat schon auf den Anruf gewartet. Die beiden reden über das Wetter, aber nicht, weil sie sich sonst nichts zu sagen hätten. Der Orkan, der draußen an der Bohrinsel rüttelt, könnte Aases Heimkehr verzögern.

Kaare tröstet sich mit dem Gedanken, dass die Plattform für starken Wind konstruiert ist. »Wir denken nicht so viel über Unwetter nach. Sonst könnte Aase ja nicht da draußen arbeiten, so häufig wie es dort stürmt.«

Am zweiten Tag bläst der Wind immer noch mit Stärke neun, empfindlichere Naturen können auf einer Bohrinsel sogar seekrank werden. Aase zeigt uns gerade rein vorsorglich die Krankenstation, da fängt ihr Pieper an zu vibrieren. Sie stürmt zum Bordtelefon und hört aufmerksam zu.

»Ein Fischkutter nähert sich der Plattform«, berichtet sie uns, »und der Chef der Bohrinsel versucht, Kontakt mit dem Kapitän aufzunehmen. Wir haben strenge Regeln: Kein Schiff, außer unserem Versorgungsschiff, darf näher als fünfhundert Meter an die Plattform heranfahren«, erklärt uns Aase. »Wenn es doch passiert, dann müssen wir in die Rettungsboote. Die Bohrinsel muss evakuiert werden.«

Doch der Fischkutter dreht ab und dampft nordwärts, weg von Aaseberg. Fischkutter kommen den Bohrinseln gerne nahe, weil um die Rohre herum viel Sauerstoff ins Wasser gewirbelt wird und das die Fische anzieht.

Der Wind, der draußen an den Aufbauten rüttelt, lässt auch die Lampen in der Kantine schwingen, dem zentralen Ort der Plattform. Die Küche ist ein magischer Ort –

nicht umsonst sind die Kantinenchefs der Ölindustrie häufig mit dabei, wenn es um internationale Kochauszeichnungen geht. Alle Bohrinseln rühmen sich ihrer exzellenten Küche. Nach zwölf Stunden Schicht an sieben Tagen die Woche ist das Essen oft der einzige Höhepunkt. Deshalb sind die Vorratskammern gut sortiert. Es gibt erstklassigen Rotwein, sogar Champagner – aber beides nur in einer Spezialabfüllung: Für die Bohrinsel wurde der Alkohol entzogen.

Nach dem Frühstück ist Aase heute Morgen zum Dienst im Kontrollraum angetreten, der ein bisschen an die Bodenstation einer Weltraumrampe erinnert. Aase und ihre fünf Kollegen sitzen im Halbrund und verfolgen auf Bildschirmen die Produktion unter ihnen. Ein Monitor zeigt die Produktionsmenge des Tages, der andere den Weltmarktpreis. Eine Bohrinsel liefert auf Bestellung. Im Winter mehr als im Sommer, just in time. Aaseberg liefert Gas direkt nach Deutschland und Öl für den Weltmarkt. Von der Bohrinsel verlaufen Rohre in den Meeresboden und nehmen Öl und Gas auf. Drumherum ist nur Wasser, unter dem Meeresboden sind die Rohstoffe. Es ist ein Leben wie auf dem Vulkan: Wenn einer nicht aufpasst, kann das Gas jederzeit explodieren und alle auf der Plattform in die Luft jagen. Ein Ölunfall wäre eine Katastrophe für die Nordsee.

Aase ist sich der Verantwortung mehr als bewusst, aber dennoch möchte sie ihren Job nicht missen. »Wenn Lecks auftreten, müssen wir sehr schnell reagieren. Die Arbeit ist unvorhersehbar, dadurch bleibt es spannend.

Meistens sprudeln die Quellen, dann machen wir viel Geld.«

Aaseberg macht eine halbe Milliarde Umsatz im Jahr, Euro wohlgemerkt, nicht Kronen. Wenn alles glatt läuft, pumpt die Plattform am Tag 135 000 Barrel Rohöl aus der Nordsee.

Über eine lange stählerne Brücke erreichen wir den Bohrturm, die letzte richtige Männerdomäne. Es ist kalt und zugig, und auch ohne diese schlechte Witterung wäre es Schwerstarbeit. Die Rohre werden neu gesteckt, justiert und kilometertief durch den Meeresboden gedrillt. Man braucht gute Nerven. Schichtführer Sigmund Aarestadt vergleicht sich gerne mit einem Zahnarzt, der vom Dach eines Hochhauses eine Operation am Boden durchführt. Er hat einen windgeschützten Job in der Kabine und steuert mit einem Joystick ein fünfzig Meter langes Stahlrohr in den Untergrund. Dort, wo die Rohre ineinander verschraubt werden, klatschen Sigmunds Kollegen ein halbes Pfund Schmierfett auf das Gewinde und justieren von Hand, bis die Abschlüsse sitzen.

Die Plattform Aaseberg steht noch auf dem Meeresgrund. Die nächste Generation schwimmt schon weiter nördlich in der Barentssee, da wo der Meeresboden erst in einem Kilometer Tiefe liegt; Roboter übernehmen dort die Bohrarbeiten. Arbeiter dieses Schlages werden dann nicht mehr gebraucht. Aber vorläufig verdienen sie ihr gutes Geld offshore, dreimal so viel wie Arbeiter an Land.

Niemand kann zwölf Stunden am Tag mit voller Konzentration Rohre versenken oder Bildschirme kontrollieren. Alle zwei Stunden setzt sich Aase einen Helm auf und besucht die Produktionsdecks. Wer sich ohne Helm und Schutzbrille erwischen lässt, riskiert, nachhause geschickt zu werden. Aase gehört zum Führungspersonal und muss mit gutem Beispiel vorangehen. Sie nimmt Proben, horcht und schnüffelt. Im Laufe der Zeit hat sie sich eine gute Nase antrainiert. Vor allem für Gas. »Nach einiger Zeit«, sagt sie, »riecht man selbst ein kleines Leck sofort.«

Wenn etwas Aase in die Nase sticht, stoppt sie die Produktion. Dass die menschliche Nase etwas besser kann als die gesammelte Hochtechnologie, ist ein tröstlicher Gedanke für Aase, wenn sie zwischen den Rohren, Tanks und Kompressoren umherwandelt.

Irgendwann sind auch die zwölf Stunden vorbei: Dann bleibt nur noch Zeit zum Essen und Schlafen. Aase hat sich in den siebzehn Jahren an Bord an das Leben im Takt der Fabrik gewöhnt – und an eine Kantine ohne Kasse, den unverbaubaren Meeresblick und die vielen Männer an Bord.

Der Einzug der Frauen – auf Aaseberg sind es siebzehn von zweihundertsiebzig Beschäftigten – hat das Leben verändert. Früher hingen die Kabinen voll mit Pinups. Das sei jetzt nicht mehr so, und allmählich habe sich ein ziviler Ton an Bord eingeschlichen, sagt Aase.

»Die Männer haben sich mit der Zeit auch an die Frauen an Bord gewöhnt«, springt ihr Sigmund bei, der Mann vom Bohrturm. Jetzt, ohne Helm und ölverschmierten Overall, kommt ein kultivierter Mann von Mitte fünfzig zum Vorschein, mit einem freundlichen runden Gesicht. Er wendet die Worte, spricht bedächtig. Er ist nicht traurig darüber, dass die ausgeprägte Männergesellschaft der Vergangenheit angehöre. Ein normales Verhältnis zu beiden Geschlechtern sei doch viel besser. »Ich habe zu Aase ein entspanntes Verhältnis wie zu einer netten Nachbarin an Land. Wie gut, dass das Männliche nicht mehr so stark dominiert«, sagt er und prostet Aase mit einem Glas alkoholfreien Wein zu.

Aase und Sigmund sitzen auf Ledersesseln im Clubzimmer, und irgendwann kommt das Gespräch auf die Ehen, die an Bord entstehen. Aase meint, die Firma sehe es nicht gerne, wenn Eheleute in einer Schicht arbeiten würden, vor allem nicht, wenn es sich um eine Beziehung zwischen Chef und Untergebenem handele. »Die werden dann auf unterschiedliche Plattformen versetzt.«

Das Private spielt eine große Rolle, gerade weil die Menschen hier draußen am Alltag ihrer Familien nicht voll teilhaben. Sie leben zwischen zwei Extremen: Entweder fehlen sie ganz, oder sie sind zuhause und haben immerzu frei. Daran können Beziehungen zerbrechen.

»Als ich hier anfing vor siebzehn Jahren«, sagt Aase, »habe ich nicht gedacht, dass ich den Job so lange machen würde. Wir werden sehen, ob ich hier bis zur Rente bleibe. Das hängt davon ab, ob ich gesund bleibe und ob zuhause alles funktioniert. Wenn die Familie Kummer macht, ist ein Job mit so langen Abwesenheiten einfach nicht auszuhalten.« Wenn sie nicht an ihre Fördermengen denkt, dann weilen Aases Gedanken häufig bei ihrer Familie.

»Das Leben ohne Mama ist nicht immer lustig«, erzählen uns die Kinder daheim auf dem Bauernhof. Etwa wenn der eiserne Rhythmus es mit sich bringe, dass Aase an Weihnachten arbeiten muss.

Sie haben sich Regeln ausgedacht, um das Familienleben in Aases Abwesenheit aufrechtzuerhalten. Es soll ordentlich aussehen, wenn Mama nach Hause kommt. Jeder ist verantwortlich für seinen Bereich, aber es gibt auch gemeinsame Aufgaben.

Nach all den Jahren sind es die Abrahamsens gewohnt, dass Mama offshore arbeitet. Wenn sie dann heimkomme, sei es trotzdem immer wieder ein Ereignis, berichten alle Familienmitglieder unabhängig voneinander. Es ist ein Termin, den sich alle im Kalender rot anstreichen. Aase hat dann vier Wochen frei und freut sich auf ihre Familie – auf ein Glas richtigen Wein und festen Boden unter den Füßen. Nur zum Ausschlafen kommt sie nicht. Was heißt schon frei, wenn man drei Kinder hat und einen Hof.

Äußerlich gesehen wechselt Aase nur den Overall, orangefarben für die Bohrinsel, blau für den Bauernhof.

Siebtes Kapitel

Vier Jahreszeiten im Schärengarten

*Rückkehr nach Rödlöga – Swing in den Schären –
Mit dem Hubschrauber in den Kindergarten – Mit dem
Postboten im Packeis – Sommer unter Schweden
im eigenen Haus*

Nach all den Ausflügen an den Rand der bewohnten Welt ist es ein beruhigendes Gefühl, dass wir das Paradies die ganze Zeit vor der Nase hatten. Stockholm hat einen einzigartigen Archipel von dreißigtausend Inseln und Inselchen vor der Haustür.

Die Schwärmer stehen Schlange, um den Stockholmer Schärengarten zu rühmen. Inga Lindström beschreibt liebevoll die dahingetupften Inseln in der blauen Weite der Ostsee und das perfekte Zusammenspiel von Himmel, Wasser und Land. Es ist kein Zufall, dass ihre Heldinnen hier draußen das Glück finden – zumindest in den Romanen. Wenn man sich auf dieses Paradies wirklich einlässt, macht man eine erstaunliche Erfahrung.

Tatsächlich ist die wunderschöne Inselwelt direkt vor der Millionenstadt Stockholm in großen Teilen des Jahres fast menschenleer. Auf einer Segeltour an einem schönen Tag im Spätherbst kann man von einer Insel für sich allein träumen. Es gibt überraschend viel Platz im Paradies, mag das leuchtende Wiesengrün auch noch so schön mit dem Grau der Granitfelsen und dem Gelb des Schilfs harmonieren.

Rückkehr nach Rödlöga

Gerade einmal zehntausend Menschen leben ganzjährig im Schärengarten. Wenn man das durchrechnet, kommen auf jeden Bewohner drei Inseln. Sie halten die Stellung für die anderen, die Touristen. Die ersten Sommergäste kommen allerdings schon im März, an einem dieser Tage, an denen die Sonne herauskommt und erste Risse durch das Eis gehen. Höchste Zeit, die Stadt zu verlassen und hinauszufahren. An solchen Tagen kann man, hoch oben im Leuchtturm, sogar bis nach Finnland sehen.

Der kleine Dampfer legt an einem Samstagmorgen pünktlich um 11.10 Uhr in Furusund neben der gelbgestrichenen Zollstation an. Zwanzig Menschen warten auf dem Kai, drei Hunde und eine Menge Gepäck. Furusund war einst der vornehmste Kurort Schwedens und zugleich eine Künstlerkolonie. August Strindberg verbrachte hier um die Jahrhundertwende einige Sommer. In einem Roman hat er die kleine Lotsenstadt Köpmansholm auf der anderen Seite des Sundes und deren Bewohner in ihren Katen derart gründlich verewigt, dass er sich dort nach der Veröffentlichung nicht mehr blicken lassen konnte.

Der Dampfer *Kung Ring* stammt aus den Strindbergschen Jahren und trägt sein Alter mit Würde: im Winterlager neu gestrichen, schwarzer Schornstein mit weißen

Streifen, eine geheizte Kabine für dreißig Personen, Diesel statt Dampfmaschine und Stahlplatten am Bug. Für die fünfzehn Seemeilen Strecke von Furusund bis nach Rödlöga braucht der kleine Dampfer gut zwei Stunden.

Drinnen in der Kabine gibt es Kaffee und Zimtwecken, die Passagiere wickeln sich langsam aus den vielen Lagen von Kleidung und blinzeln in die Sonne. Erster Halt ist Norröra, danach kommt Söderöra.

Diese beiden Inseln sind ebenfalls Literatur geworden, allerdings nicht unter ihrem eigenen Namen. Astrid Lindgren hat sie zusammengefügt und ihre berühmteste Feriengeschichte dort spielen lassen: »Ferien auf Saltkrokan«. Sie handelt von einer Stockholmer Familie (Witwer Melcher mit vier Kindern) und deren Sommerferien auf einer Insel weit draußen im Meer.

Astrid Lindgren hat Söderöra und Norröra auf eigenem Kiel besucht und mit Fischersfrauen und Krämern gesprochen, bevor sie sich an den Schreibtisch setzte. Sie hatte es nicht weit: Links neben der Anlegestelle in Furusund liegt das Haus, in dem die Schriftstellerin jahrzehntelang ihre Sommer verbrachte, ihr Refugium an der Ostsee. Ein Holzhaus mit Giebeldach und einem Blick auf den Garten und die Fährschiffe, die im Sund zwischen Stockholm und Helsinki unterwegs sind.

Der Nachbar ist ein freundlicher Mann, Häusermakler von Beruf. Er entsinnt sich, dass Astrid Lindgren außerordentlich leckere Zimtwecken buk. Wenn Kinder an der Tür klopften, bekamen sie die süßen Kringel geschenkt. Doch erst mussten sie ein Lied singen. Auch er, der Nachbar, durfte kosten. Dafür ließ sie sich dann von ihm den Rasen mähen. Eine Idylle wie aus einem ihrer Bücher. Das Schlimmste, was einem dort passieren kann, ist ein Fährboot, das im Nebel den Anleger verpasst und die Uferböschung rammt.

Genau das ist geschehen: Am 25. Juni 2001 stieß ein Ausflugsdampfer gegen die Kaimauer vor Astrid Lindgrens Haus. Die Nachrichtenagenturen meldeten: »Stockholm – Die bekannte Autorin von Kinderbüchern Astrid Lindgren wurde unsanft von einem Ausflugsdampfer aus dem Schlaf gerissen. Laut der schwedischen Zeitung *Aftonbladet* schlief die 93 Jahre alte Autorin von ›Pippi Langstrumpf‹ auf dem Balkon ihres Hauses am Hafen der Ostseestadt. Plötzlich rammte ein mit 151 Passagieren besetztes Schiff unter Volldampf frontal die Kaimauer und fuhr mit dem Bug auf das Land. Die Schriftstellerin reagierte ruhig, viele Passagiere standen aber unter Schock. Das 90 Jahre alte Ausflugsschiff rammte vorher noch ein Fahrzeug der schwedischen Küstenwacht sowie ein Segelboot und hielt auf die mit zahlreichen Schaulustigen besetzte Kaimauer zu. Die Blidösund-Reederei musste später zugeben, dass der Maschinist das Kommando zum Bremsen fälschlich als ›volle Kraft voraus‹ interpretiert hatte. Ein Passagier wurde leicht verletzt.«

Weiter draußen ist das Meer eisfrei. Erst scheint das Eis ewig zu liegen, und dann, von einem Tag auf den anderen, taucht es ab in andere Gefilde. Der Dampfer macht jetzt Fahrt. Es sind nur noch zwei Stationen bis zur Endstation Rödlöga.

Die letzten Inseln, bevor das offene Meer beginnt, heissen Außenschären. Hier wohnen nur noch eine Handvoll Menschen. Als Rödlöga in den Blick kommt, hält es zwei Passagiere nicht länger auf der Bank. Kent und Inger wickeln sich ein in Pullis und Schals, ziehen Mützen, Handschuhe und Daunenjacken an und klettern an Deck, vorbei an einem imposanten Berg aus Gepäckstücken. Die beiden sind nicht nur für ein Wochenende zu ihrem Sommerhäuschen unterwegs, sie wollen viele Monate auf der Insel bleiben. Weihnachten haben sie noch hier gefeiert, dann brauchten sie einen Tapetenwechsel und zogen in ihre Stadtwohnung. Doch jetzt, bei den ersten Strahlen der Frühlingssonne, ist es ihnen in der kleinen Wohnung an Land zu eng geworden. Mit dreiundzwanzig Gepäckstücken haben sie sich auf den Weg zu ihrem Haus gemacht.

Genauer gesagt ist es Ingers Haus. Inger ist eine freundliche, robuste Frau mit viel Stimme und einer Erzählkraft, die daran gewöhnt ist, lange Winterabende zu überbrücken. Kent ist ihr Mann in zweiter Ehe: Er ist ein versierter Handwerker, ein stiller, freundlicher Mann, der gut zuhören und einen Außenbordmotor auch ohne Betriebsanleitung auseinander- und wieder zusammenbauen kann.

Ingers Familie wohnt seit sieben Generationen hier draußen. Die Vorfahren waren Fischer, Bauern, Robbenjäger und Lebenskünstler. Als Inger ein Kind war, zog die Familie alljährlich im Spätherbst etwas näher ans Festland auf eine größere Insel namens Möja. Dort besuchten die Kinder die Schule. Im März aber ging es zurück nach Rödlöga, mit Vieh, Kind und Kegel. Alle fühlten sich dann wie neugeboren, vergnügt wie junge Hunde.

Inger steht auf dem Vordeck und macht einen aufgeregten, vorfreudigen Eindruck, als ob sie gleich juchzen würde. »Dieses Gefühl. Es tut fast weh in meinem Körper, weil ich so glücklich bin. Von diesem Blick kann ich nie genug bekommen.«

Inger und Kent sind die ersten Rückkehrer des Jahres. Das Paar wird die Insel ein paar Wochen für sich allein haben. Sie können es sich leisten, denn es wartet keine Erwerbsarbeit mehr auf sie. Beide sind Ende fünfzig und vorzeitig aus dem Arbeitsleben ausgeschieden.

Ihr großes, rotes Holzhaus liegt oberhalb auf einem Felsen in der Mönchsbucht im Westen von Rödlöga. Neben dem Haupthaus finden sich dort noch zwei Hütten für Besucher, das frühere Wohnhaus der Familie, ein Verschlag mit einer Dusche und zwei Plumpsklos, außerdem eine Sauna und eine Hütte, in der Inger die Erinnerungsstücke der Familie aufbewahrt: eine riesige Büchse für die Seehundjagd und ein Paar Handschuhe aus Wolle, in die Ingers Mutter eigene Haare eingewebt hat. Diese spezielle Mischung wärmte den Fischern auch bei Nässe die Hände, das glaubte man zumindest.

Vor der Tür erinnert eine Holzbank mit Blick aufs Meer an Ingers und Kents Hochzeit vor zehn Jahren. Für beide ist es der zweite Versuch mit der Ehe. Ihre Initialen sind fein säuberlich in das Holz geschnitzt.

Ingers Haus ist eines der ersten, das man sieht, wenn man vom Festland kommt. Ein paar Schritte weiter ist ein großer Granitfelsen als Anlegestelle für besuchende Segelboote reserviert, der so genannte »Seglerberg«. Doch zum Segeln ist es zu dieser Zeit entschieden zu früh, die kleine Inselwelt hier draußen ist noch fest eingefroren.

Rödlöga selbst ist ein kleiner Archipel mit einem Dutzend Inseln aus Granit, bedeckt mit Gras und Büschen. In den Buchten ducken sich niedrige, rote Holzhäuser – angeordnet mit jenem untrüglichen schwedischen Sinn für Landschaftsästhetik. Sie passen perfekt dorthin, wo sie stehen.

Der Dampfer kommt von Norden und biegt dann scharf um die Ecke in die Mönchsbucht. Eisschollen splittern vor dem Bug, und mit einem leichten Stoß kommt er an Kents und Ingers Steg zum Halt, nur ein paar Schritte vom Haus entfernt. Es dauert eine Weile, bis die beiden ihr Gepäck an Land gebracht haben. Ingers erster Weg führt zur Handpumpe mit dem eisernen Schwengel. Sie prüft mit ein paar Handbewegungen, ob der Brunnen zugefroren ist. Sie haben Glück, es kommt Wasser. Im Haus ist es noch recht frisch, das Außenthermometer zeigt 6,3 Grad unter null, und drinnen ist es auch nicht viel wärmer.

Das ändert sich jedoch schnell, als Kent erst den Holz- und dann auch noch den Gasofen angeworfen hat. Es ist Tradition in Schweden, die (Ferien-)Häuser im Winter auskühlen zu lassen. Inger und Kent haben ihr Haus nicht verrammelt, sie haben nicht einmal die Gardinen zugezogen, sondern nur die Haustüre abgeschlossen. Sonnenstrahlen können somit auch im Winter durch die Fenster bis in das Haus dringen und die Feuchtigkeit vertreiben. »Wenn Häuser zu gut isoliert sind, funktioniert das nicht«, verrät Kent. »Dann schimmeln sie.«

Während das Haus sich erwärmt, machen die beiden einen Spaziergang. Sie folgen einem gewundenen Pfad durchs Gebüsch und über Felsen, vorbei am Hubschrauberlandeplatz und der Bucht mit den Hütten der Fischer. Der Kaufmannsladen hat seit Ende August geschlossen. Kent und Inger leben fast ausschließlich von ihren Vorräten. Manchmal fischen sie sich etwas dazu, ansonsten gibt es viel Kartoffeln, Pasta, Dauerwurst im Ring und selbstgebackenes Brot. Wann immer wir später auf Besuch kommen, wissen wir, wie wir ihnen eine Freude bereiten können: mit frischem Obst und einer Tageszeitung.

Drinnen im Rödlöga-Boden, so heißt der Kaufmannsladen, ist es ein paar Grad über null, die Atemwolken bleiben kurz in der Luft hängen. Die Regale sind mit Plastikplanen abgedeckt. Thunfischkonserven, Schokolade, Brühwürfel und Müllbeutel haben hier überwintert.

Inger greift nach einer Tafel Schokolade und ein paar Lakritzpastillen und trägt den Einkauf aus dem Dauersortiment in das Kassenbuch ein. »Sag mal, welches Datum ist heute eigentlich?«, fragt sie Kent. Der Laden gehört allen Insulanern zusammen. Er soll sich tragen und zusätzlich die enormen Transportkosten wieder einbringen, denn jedes einzelne Stück ist mit dem Boot auf die Insel geschafft worden.

Zurück im Haus ist es jetzt bei elf Grad schon fast behaglich, vor allem wenn man von draußen kommt, wo gerade die Sonne untergeht und das Thermometer auf minus elf Grad fällt.

»Im Sommer ist die Insel voll mit Sommergästen, Bootsvolk und unseren eigenen guten Freunden«, sagt Inger. »Dann ist richtig viel los. Das ist auch eine schöne Zeit, aber während des Winters herrscht Frieden. Wir genießen das – die Stille und die Ruhe.«

Dieser Satz ist wohl die Quintessenz des nordischen Lebens: Die Menschen hier brauchen den Sommer mehr als jene in den gemäßigten Zonen, weil sie solch einen Hunger nach Licht haben. Genauso brauchen sie aber auch den Winter, um sich von den langen Tagen und der Betriebsamkeit des Sommers zu erholen.

Noch haben die beiden die Insel für sich allein. Doch zwei Monate später taucht plötzlich eine Frau mittleren Alters auf. Kent und Inger sind nicht mehr die einzigen Stadtflüchtlinge. Die blonde Frau ist nicht wegen der Beschaulichkeit gekommen. Sie wird während der nächsten drei Monate das Kraftzentrum der Insel sein, denn sie leitet den Kaufmannsladen, der einzige Ort, an dem man auf Rödlöga etwas erwerben kann. Sie wird ihn aus dem winterlichen Dornröschenschlaf reißen – und das

Dauersortiment von Angelhaken bis Zahnpasta um frische Lebensmittel wie Rucola und Erdbeeren ergänzen. Ylva hat sich den Winter in den Schären erspart, hat die dunkle Zeit lieber in ihrer Stadtwohnung verbracht und gewartet, bis es wieder Frühling wurde. Mitte Mai konnte sie es kaum erwarten, ihr Boot zu Wasser zu lassen. Sie steht am Steg im roten Goretex-Anorak, die blonden Haare zu einem Zopf zusammengebunden. Keiner verliert ein Wort darüber, dass der Sommer diesmal mit sechs Grad Celsius und sechs Windstärken beginnt. Wer sich über solche Kleinigkeiten aufregt, hat in der Welt der Schären schon verloren.

Ein kleineres Transportboot hat im Hafen festgemacht, mit einer Ladung Gasflaschen für die Insel. Der Kapitän reicht sie an, und Ylva stapelt die Flaschen auf ihren kleinen Traktor. Die Insel hat keine Autos und keine Straßen, nur Trampelpfade. Direkt am Laden ist das Wasser zu flach für das Transportboot, es kann nur bis zur Mole fahren. Zwischen Mole und Laden liegen etwa einhundert Meter Abstand. Das ist ein langer Weg, wenn man dreihundert Gasflaschen zu verstauen hat. Einer von Ylvas Vorgängern hatte in den siebziger Jahren einen alten Fiat 650 für die Lastenfahrten angeschafft, der tagein, tagaus zwischen Laden und Anlegestelle pendelte, bis er eines Tages vom Seewind zernagt wurde und auseinanderfiel.

Rödlöga ist so, wie sich Schweden den Weg zurück zur Natur vorstellen. Kein fließendes Wasser und kein Stromnetz, aber, doch bitte schön, ausreichend Gas zum

Kochen. Rödlöga zählt im Sommer zweihundert Bewohner, die versorgt werden wollen.

Für diese Aufgabe haben sie Ylva angeheuert. Sie arbeitet seit langem in der Gastronomie, normalerweise aber auf dem Festland. Den Sommerjob auf Rödlöga macht sie seit fünf Jahren. Natürlich ist es mühsam, die Gasflaschen herbeizuschaffen.

»Aber Rödlöga ist nun mal die äußerste Insel im Schärengarten«, sagt Ylva zwischen zwei Gasflaschen und sieht dabei nicht unzufrieden aus. »Einmal wurde uns angeboten, ein Unterwasserkabel hier heraus zu verlegen, aber das hätte ein paar Millionen Kronen gekostet.«

Zum Kaufmannsladen gehört ein rotes Holzhaus direkt am Wasser mit einer kleinen Glasveranda und einem Esstisch mit Blick auf das Meer. »Ein schöner Platz, wenn man nur die Muße hätte«, seufzt Ylva. Ylva ist eine jener tüchtigen schwedischen Frauen, die fünf Bälle gleichzeitig in der Luft halten – und gerne auch mal vorsorglich Dampf ablassen.

Rödlöga genießt unter den Inseln im nördlichen Schärengarten einen besonderen Ruf als Heimat der Schiffsbauer, als Vorposten im Meer und als eine Insel, auf der man immer gut feiern konnte. Christliche Missionare haben hier nie richtig Fuß fassen können – folglich gibt es keine Kirche, wohl aber den Laden, und den betreibt Ylva den ganzen Sommer lang. Sie beschäftigt dann bis zu acht Hilfskräfte und hat fast immer geöffnet, denn im Sommer drängen sich die Touristen in dem Kaufmannsladen, in dem man unter anderem auch aus einer großen Kollektion von Parafin-Lampen wählen kann.

Von der Decke baumeln Schlüssel. »Ein Zeichen des Vertrauens«, meint Ylva. »Das hier ist eine Karte von Rödlöga und den umliegenden Inseln. Und daran hängen die Ersatzschlüssel von allen Häusern. Das ist sehr praktisch für alle, die hier wohnen.« Die Schlüssel sehen sehr antiquiert aus. Vielleicht sind sie nur Dekoration, und Ylva hat uns einen Bären aufgebunden. So sicher kann man sich bei ihr nicht sein.

Unter dem Haus liegt ein Erdkeller, der im Sommer nicht zu warm und im Winter nicht zu kalt ist. Hinter einer Holztür lagern drei Dutzend runde Käse. Der erste Käse wurde hier aus Versehen deponiert: Ylva hatte den Winter über einen Käse im Erdkeller vergessen. Im Frühjahr war er nicht vergammelt, sondern atmete das Aroma der Schärenreife. Im nächsten Jahr rollte sie zwei Dutzend Laibe in den Erdkeller, wickelte sie in Papier und ließ sie liegen.

Schwedische Frauen neigen selbst in der gesprochenen Sprache zu einem singenden Tonfall. Wenn Ylva von ihrem Käse spricht, zieht sie das Wort »gut« derart in die Länge, dass fast eine Melodie daraus wird, eine Art Locklied für den Käse, den die Touristen kaufen sollen.

In den Sommermonaten besteht eine reguläre Bootsverbindung nach Rödlöga. Das Linienboot braucht etwa drei Stunden und verkehrt mindestens einmal täglich zwischen Stockholm und Rödlöga. Es gibt kaum eine schönere Art, den Urlaub beginnen zu lassen, als an Bord der kleinen Ausflugsdampfer, auf denen zweihundert Menschen der Sommerfrische entgegenfahren. Mit an Bord befinden sich kistenweise frische Erdbeeren und ein Gemüseangebot fast wie in der berühmten Markthalle von Östermalm. Die Stockholmer kommen, und allen Bekenntnissen vom einfachen Leben zum Trotz möchten sie auch im Urlaub nicht auf Rucola und luftgetrockneten Schinken verzichten.

Ylva steht schon seit den frühen Morgenstunden in ihrer Küche und köchelt auf einem kleinen dreiflammigen Gasherd Bouillabaisse für einhundert Personen. Wenigstens hat sie eine vertraute Hilfe: Ihr Lebensgefährte Jan, ein Immobilienmakler aus Stockholm, hat sich zum Wochenende bei ihr einquartiert und putzt und schneidet seit Stunden Gemüse und Fisch für die Suppe. Heute Abend steigt das große Sommerfest auf Rödlöga.

Es ist wie auf allen Inseln, wenn die Sommergäste kommen. Die Insulaner rennen und schuften, damit die Städter die Seele baumeln lassen können. Ylva wächst die Sache langsam über den Kopf. »Ständig klingelt das Telefon, wir sind auch die Touristen-Information und der feste Orientierungspunkt für alle auf der Insel. Hierher kommt jeder, wenn er Fragen hat oder reden will, Sachen bringt oder abholt. Dann sind wir auch noch die Inselpost. Wir machen alles!«

Manche kommen für einen Tag zum Zelten, andere bleiben einen Monat im eigenen Ferienhaus. Die alten Fischerhäuser werden für enorme Summen gehandelt.

Neue Baugenehmigungen gibt es nicht, und wo Neubauten doch mal erlaubt werden, gilt generell in Schweden ein Mindestabstand von einhundertfünfzig Meter bis zum Strand. Die Immobilienpreise sind so hoch wie in den besten Lagen der Großstadt. Die ganze Insel spricht noch heute von einem legendären Zweikampf zwischen sehr erfolgreichen Männern, die sich in ein altes Fischerhaus mit achtzig Quadratmeter Grundfläche und Seeblick verliebt hatten. Der Ausgangspreis war eine halbe Million Euro, doch dann trieben die beiden rivalisierenden Bieter den Preis auf 900 000 Euro hoch.

Rödlögas zweihundert Hausbesitzer beobachten diese Preisentwicklung mit gemischten Gefühlen. Ihr Besitz wächst zwar ebenfalls im Wert, andererseits steigt mit den Marktpreisen aber auch die Grundsteuer. Die liegt für ein Haus am Wasser schnell bei dreitausend Euro jährlich, mehr als man mit Fischfang und Bootsbau erwirtschaften kann. Langsam wechselt das Publikum: Die Erben der alten Fischer verkaufen an die Millionäre aus der Stadt, kassieren und schweigen. Diejenigen, die bleiben, wie etwa Kent und Inger, stöhnen am meisten unter der Steuerlast: Sie müssen sich gewaltig krummlegen, um ihre Steuer aufzubringen.

Erfunden wurde das System der Grundstückssteuer übrigens von den Sozialdemokraten, die deswegen auch nicht allzu viele Freunde unter dem Schärenvolk haben. Denn das sozialdemokratische System der maximalen Steuergerechtigkeit sorgt dafür, dass hier draußen nur sehr wohlhabende Menschen ihren Besitz halten können, was weder besonders sozial noch besonders demokratisch ist.

»Was denken wohl die alten Schärenbewohner«, frage ich Ylva, »wenn du hier dreißig verschiedene Käsesorten anbietest, wo früher eine Sorte im Jahr reichte?«

Ylva zuckt die Achseln. »Der Käse läuft bestens bei den Sommergästen. Es gibt also für jeden etwas. Was die alten Fischer angeht: Meine Bouillabaisse würden sie wohl nicht verachten«, sagt sie und rollt noch einen kopfgroßen Käse aus dem Keller ins Geschäft. Ein letzter Geruchstest hat sie davon überzeugt, dass er lange genug gelegen hat.

Der kleine Laden ist gerammelt voll. An der Käsetheke reichen französisch getrimmte Verkäufer mit blauen Baskenmützen Probehäppchen an das Volk. Man vergisst für einen Moment, dass man sich mitten in der Ostsee befindet. Käse ist hier der Verkaufsschlager Nummer zwei. An erster Stelle steht Gemüse, an dritter Stelle Benzin.

Abends um neun Uhr ist die letzte Portion Fischsuppe verkauft. Ylvas Lebensgefährte Jan hat mitgezählt: Es waren zweiundneunzig Portionen. Ylva wurde gebührend gelobt von den Sommergästen, die alle froh sind, dass sie sich heute verwöhnen lassen konnten. Zwei Musikanten stehen auf einer improvisierten Bühne und spielen die Schären-Walzer des Volksdichters Evert Taube. Auf den Holzbänken vor Ylvas Laden sitzen die Paare wie Kent und Inger eng beieinander und schunkeln leise. Es herrscht Nordwind, das heißt Pulloverwet-

287

ter, doch die Sonne wärmt bis nachts um elf. Es wird ein schöner Abend, aber Ylva ist doch froh, als er vorbei ist. Es gibt Momente, da braucht man Abstand. Keine Menschen – oder wenigstens keine Menschen, die etwas von einem wollen, keine Kunden also.

Irgendwann gehen auch die schwedischen Ferien zu Ende. Eines Morgens hängt Ylva das Schild »stängd« – geschlossen – an die Tür, sperrt ihren Laden ab und begibt sich auf eine kleine Segeltour rund um die Insel. Das Boot liegt direkt am Laden, es hat keinen großen Tiefgang. Ylva zieht sich an der Achterleine rückwärts aus der Bucht. Das Wetter ist umgeschlagen, und mit dem Tief steigt der Wasserstand um ein paar Zentimeter. Ylva startet den Außenbordmotor, wendet das Boot und wagt die Abkürzung mitten durch die alte, enge Fahrrinne Richtung Westen, vorbei am Haus von Kent und Inger. Das Boot hat einen Tiefgang von einem Meter zwanzig; mit dem höheren Wasserstand müsste sie es über die flachen Stellen schaffen.

Segeln ist etwas für Eingeweihte, und Ylva segelt seit Kindesbeinen. Sie weiß aus Erfahrung, dass längst nicht alle Untiefen auf der Seekarte verzeichnet sind. Die Stockholmer brauchten nie viele Kanonen, um ihre Stadt zu verteidigen. Die Schären sind ein natürlicher Schutzriegel mit schmalen Durchlässen und einem tückischen Untergrund aus Granit, der zwei Milliarden Jahre alt ist. Ylva weiß auch, was eine »Möwennavigation« ist. Darunter versteht man die leichte Panik, die Steuerleute verspüren und die sie schnell das Steuer herumreißen lässt, wenn sie plötzlich, mitten auf dem Meer, eine Möwe ruhig auf dem Wasser stehen sehen. Denn daran kann man erkennen, dass dort eine Untiefe ist. Seit Erfindung der modernen Wegweiser wandern die Augen der Steuerleute nicht mehr ständig zwischen Seekarte und Wasseroberfläche hin und her. Wenn aber so ein GPS-Satellitengerät einmal ausfällt, kommt wieder die Stunde der Möwennavigation und der guten alten Seekarte.

Ylva steuert das Boot zwischen zwei Felsen hindurch, die eine Hand an der Pinne, die andere am Satellitennavigationsgerät. Ab und zu wirft sie einen Blick voraus. »Manchmal«, so sagt sie, »schaffen es ausländische Segler ohne richtiges Kartenmaterial bis nach Rödlöga.«

»Was sagst du den Ausländern, die keine Seekarten lesen können?«

Ylva lacht trocken. »Steigt um aufs Linienboot.«

Alle, die hier nicht ständig unterwegs sind, haben ihre liebe Not mit den Schären. In Seglerkreisen heißt es, es gebe zwei Sorten von Kapitänen: die einen, die zugeben, dass sie schon mal auf Grund gelaufen sind, und die anderen, die lügen.

Erschwerend kommt hinzu, dass die Tiefenangaben auf den Seekarten nicht unbedingt stimmen. Der Schärengarten ist in Bewegung, er verlandet. Jedes Jahr steigt er um vier Millimeter nach oben, fast einen halben Meter pro Jahrhundert. Die Stockholmer Schären erholen sich noch immer von der letzten Eiszeit.

Der Wind nimmt zu, das Segelboot legt sich schwer

auf die Seite, dunkle Wolken ziehen auf. Ylva juchzt vor Vergnügen, macht Fahrt, und wir passieren einen Robbenfelsen an Backbord. Die Existenz von Robben ist ein gutes Indiz für die Sauberkeit des Wassers, und alle sind froh, dass die Robben sich wieder im Schärengarten tummeln. In den achtziger Jahren waren die Tiere durch eine Seuche stark dezimiert worden.

Auf dem kleinen Felsen liegen etwa zwanzig Tiere dicht an dicht, der Farbton ihres Pelzes deckt sich mit dem Untergrund. Eine Robbe gleitet vom Felsen, schwimmt zum Schiff und beäugt uns neugierig.

Die nautische Position des Robbenfelsens bleibt Ylvas Geheimnis. Robben leben auf engstem Raum, aber sie vertragen nicht viel Besuch. Darin sind sie Ylva nicht unähnlich, die am Steuer stehend ihren Inselkoller in Worte fasst. »Sosehr ich meinen Job auch schätze, ein Nachteil ist, dass man sich manchmal wie ein Leibeigener fühlt. Ständig will jemand, dass ich mein Geschäft öffne. Rund um die Uhr. Vielleicht möchte derjenige dann nur etwas Milch kaufen. Man denkt nicht daran, dass das alles von meiner Freizeit abgeht – und davon habe ich ohnehin nur wenig.«

Ende August schließt sie den Kaufmannsladen, zählt die Bestände und fährt nach Hause. Ylva freut sich nach drei Monaten auf der Insel vor allem auf eine Badewanne und ein Wasserklosett, auf eine Waschmaschine, auf ausgiebiges Shopping in Stockholm – und ein Zimmer für sich allein.

Es hat Streit gegeben mit einigen Mitgliedern der Genossenschaft, weil Ylva nicht so uneingeschränkt zur Verfügung stand, wie diese sich das wohl erhofft hatten. Der Laden gehört den Inselbewohnern gemeinsam, und auch wenn die große Mehrheit mit Ylva zufrieden war, sind es die Misstöne, die durchdringen. Es reichte schon aus, dass sie nach Geschäftsschluss das hartnäckige Klopfen an der Tür wirklich einmal ignorierte oder Einladungen ausschlug, weil ihr nicht nach Geselligkeit zumute war. Nun rächt sich, dass das Wohnhaus direkt neben dem Laden liegt und sie nie Distanz zwischen Arbeit und Privatleben schaffen konnte.

Deshalb hat Ylva erklärt, den Job im kommenden Jahr nicht wieder zu übernehmen. Sie hat gekündigt. Den ganzen Winter über gibt es Verhandlungen und dann, am Ende, auch ein Ergebnis. Denn eines ist allen klar: Ohne Ylva ist der Laden nicht mehr derselbe, und für Ylva wäre ein Sommer ohne Rödlöga auch nicht mehr derselbe.

Sechs Monate vergehen, und eines Tages lässt eine strahlende Ylva ihr Boot wieder ins Wasser, holt die Fender ein, zieht den Reißverschluss ihrer Windjacke hoch und nimmt Kurs auf Rödlöga. Die Genossenschaft wollte sie nicht ziehen lassen und hat ihr ein neues Arbeitsmodell vorgeschlagen. Sie wird Urlaub machen genau wie alle anderen. Einige Wochenenden und die ganze Woche um Mittsommer hat sie frei. Nach langem Tauziehen hat Ylva eingewilligt. Nun darf sie wieder Schwedens östlichsten Kaufmannsladen mitten im Meer führen, allerdings mit Urlaubsanspruch und Recht auf Freizeit, wie ein normaler Mensch.

Wer könnte es Ylva verdenken, dass sie nicht die Einzige sein möchte, die im schwedischen Sommer arbeiten muss.

Swing in den Schären

Am nördlichen Rand der Schären liegt ein beschauliches Dorf namens Herräng. Kaum hat man die Ortsdurchfahrt passiert, ist man schon wieder draußen. Die Straße endet an einem kleinen Hafen mit dreißig Liegeplätzen. Die meisten Plätze sind von Freizeitskippern besetzt, die unter Sonnensegeln den Tag verdösen. Die Hafenkneipe serviert Krautsalat und Pizza aus dem Ofen. Es ist still auf dem Steg. Nichts lässt vermuten, dass im Dorf einen Kilometer landeinwärts gerade das größte Swing-Tanz-Festival der Welt stattfindet. Die Pier ist eine der wenigen Orte in Herräng, den die Tänzer verschonen. Wir liegen mit unserem Boot im Hafen und hören von ferne leise Klänge. Einmal im Jahr ist es in Herräng mit der Ruhe vorbei. Ein paar tausend Menschen aus aller Welt pilgern in ein Dorf mit siebenhundert Einwohnern und tanzen einen Monat lang durch.

Auf der Weltkarte im Gemeindehaus dürfen die Gäste ihren Heimatort mit einer Nadel markieren. Im Sommer bringt es Herräng auf sechzig Nationen. Die verteilen sich dann auf sieben Tanzflächen, zwei improvisierte Campingplätze und viele Doppelstockbetten, wenn die Tanzbegeisterten denn zum Schlafen kommen.

Es gibt Wichtigeres als Schlaf. Sogar den Strand haben sie umfunktioniert, den schönen Strand mit seinem feinen weißen Sand, der dämpft, wenn ein doppelter Lindy Hop mit dreifachem Überflieger nicht perfekt klappt. Lindy Hop ist ein Stil innerhalb des Swing, benannt nach Charles Lindbergh, dem schwedischstämmigen Fliegerstar.

Zwei Paare üben im Sand Figuren, die man nur unvollkommen beschreiben kann. Der Mann umfasst die Partnerin und hebt sie abwechselnd an seine linke und rechte Hüfte. Zum Abschluss schwingt er sie über den Kopf. Das üben die Paare erst miteinander, dann überkreuz – bis eine der Tänzerinnen prustend im Wasser landet.

Das Festival ist vor allem auch eine Verbeugung vor dem Alter und der ungebrochenen Lebensfreude zweier Männer. Vater Frank Manning ist zweiundneunzig Jahre alt, sein Sohn Chazz Young zweiundsiebzig. Einmal im Jahr ziehen die beiden Tanzprofis für vier Wochen von Harlem nach Herräng, um Anfänger in den Swing einzuführen. Es gibt keine direkte Flugverbindung zwischen Harlem in New York und Herräng in Schweden, die beiden betagten Herren mussten auf ihrer Reise ein paarmal umsteigen.

Das Schöne am Swing ist, dass man damit offenbar

sehr jung bleiben kann. Welche andere Bewegungsart feiert schon einen Zweiundneunzigjährigen als ihre Ikone? Frank Manning hatte seine große Zeit in den dreißiger Jahren, als er mit Duke Ellington gearbeitet hat. Lindy Hop war damals ein moderner Jazz-Paartanz, und um ihn dreht sich die ganze Swing-Renaissance. Frank Manning, ein Meister des Lindy Hop, hätte ein Weltstar wie Fred Astaire werden können, wäre da nicht seine dunkle Haut, sagen die Experten. Wir haben noch nie zuvor von ihm gehört und sind vor allem hier, um zu sehen, wie Schweden aus dem Nichts eine große Show zaubern.

Nach dem Zweiten Weltkrieg war die Glanzzeit des Swing vorbei. Frank Manning zog sich die Tanzschuhe aus und verbrachte Jahrzehnte als Postbeamter in New York, bis in den achtziger Jahren der Swing sein Revival feierte und Frank zu neuen Ehren kam. Frank steht in Herräng keineswegs gebückt, sondern sehr aufrecht in einem improvisierten weißen Baumwollzelt mitten im Dorfzentrum zwischen Kindergarten und Grundschule, stampft mit dem Fuß auf den Bretterboden und übertönt mühelos die Musik. Frank Manning mag es gar nicht, wenn jemand den Takt nicht hält. Dreißig Paare haben sich für den Anfängerkurs angemeldet. Frank steht neben einem Tänzer, dem die Musikalität nicht in die Wiege gelegt wurde. Er fasst ihn an der Schulter, stellt sich neben ihn und redet eindringlich auf ihn ein.

»Du musst denken und gleichzeitig zählen«, sagt er. »Count and think at the same time. A one, a two, a three, and go...«

Die Musik ist ansteckend, ein Virus des Frohsinns. Bald reißt sie alle mit, sogar den Tänzer, der seine Beine erst nicht zu bewegen wusste. In der Pause findet sich ein Stuhl für Frank Manning. Er ist umgeben von Bewunderern, wir stellen uns hinten an.

Als wir das versprochene Interview führen, findet er es an der Zeit, die Blumen weiterzureichen: »Es gibt ja so viele Camps, aber das hier ist das größte Swingfestival der Welt. Es ist das einzige, auf dem vier Wochen durchgetanzt wird. Deswegen kommen die Leute; sie schlafen nicht, sie tanzen. Sie tun nichts anderes als tanzen.«

Es ist ein Glück für Herräng, den Swing und die Wasservorräte des nördlichen Schärengartens, dass die viertausend Besucher des Festivals nicht alle gleichzeitig kommen, sondern wochenweise. Wenn sie tanzen, dann schwitzen sie, und wenn sie schwitzen, dann trinken und vor allem duschen sie. Und wenn sie zu viel duschen, dann rufen die Menschen vom Wasserwerk der nahegelegenen Kreisstadt Nortälje an und sagen, dass das Wasser im Hochsommer nicht unendlich sei und die Tänzer von Herräng nur einmal am Tag duschen sollten – und das bitte kurz. Dennoch hängen auf den Herrentoiletten handgeschriebene Schilder: »Männer, wascht euch danach die Hände. 500 Frauen danken es euch.«

Herräng ist seit mehr als zwei Jahrzehnten ein Magnet für den Swing. Aber warum? Die Antwort findet sich in einem gelben Holzhaus am Ortseingang. Dort sind drei Generationen der Familien Lindeman und Zetterberg zuhause. Die Besucher aus aller Welt könnten nicht so einfach das Dorf (samt Gemeindehaus, Schule und Kindergarten) vier Wochen lang in Beschlag nehmen, wenn sie in Herräng nicht starke Verbündete hätten.

Wenn man die zehn versammelten Lindemans und Zetterbergs bei der Kaffeetafel am Samstagnachmittag beobachtet, unterscheiden sie sich wenig von anderen schwedischen Großfamilien. Aber irgendwann vor fünfundzwanzig Jahren hat der Swing sie gepackt und ihr Leben in andere Bahnen gelenkt.

»Wenn alle nur ein bisschen mehr tanzen würden, könnte das der Welt nicht schaden«, sagt Uno Lindeman, der Großvater, und lacht verschmitzt. »Einmal im Jahr verzichten wir liebend gerne auf die übliche schwedische Ruhe. Wir sehnen uns nach dem Festival. Wenn der Juli vorbei ist, wird es hier Nacht, dann werden in Herräng alle Rollos wieder heruntergelassen.«

Die Großfamilie schlägt eine Brücke zwischen den Dorfbewohnern und den bunten Vögeln aus aller Welt. Herräng war einst ein Arbeiterdorf mit einer Kohlegrube. Doch die Zeit der Kumpels ist lange vorbei. Die Lindemans und Zetterbergs blieben nach der Schließung der Zeche in Herräng und arbeiteten hier als Lehrer – bis eines Tages ihre Jüngste, Hanna, dem Swing verfiel.

»Meine Enkelin«, sagt der Großvater, »hat schon als Kleinkind immer durch den Zaun geguckt, wenn die Seiltänzer in Karnevalsmasken durch den Ort zogen.«

Hanna ist nun Anfang zwanzig und zupft vor dem Spiegel im Badezimmer an ihrem Schneiderkostüm herum. Heute Abend ist der große Auftritt der blonden jungen Frau mit der Haltung einer Ballerina. Eigentlich wollte sie Ingenieurin werden, nun tanzt sie bei den Harlem Hot Shots, einer professionellen Swinggruppe aus Stockholm, den eigentlichen Initiatoren des Festivals.

»Das Festival ist gesellig, das Publikum international, die Leute kommen aus der Ukraine und aus Kanada, und alle sind entspannt. Ganz anders, als wenn nur die klassischen Skandinavier unter sich wären.«

Was Hanna sagt, klingt vertraut. Schweden geben sich gerne schlechte Noten in puncto Lebensfreude. Doch man sollte sich hüten, ihnen allzu direkt zuzustimmen. Das hören sie nicht gerne. Also schweigen wir artig.

Im Dorf gibt es auch eine Ecke für Müllcontainer. Sie stehen aufgereiht an der Stirnseite auf einem Platz vor dem Landhandel von Herräng. Zwischen diesen beiden Marksteinen der Zivilisation findet jeden Samstagmittag während des Festivals eine öffentliche Show statt. Die Gäste tanzen für die Einheimischen. Vater Frank Manning überlässt die Goodwill-Veranstaltung seinem Sohn, dem zweiundsiebzigjährigen Chazz Young. Auch Chazz ist eine Legende des Swing: Er trat früher einmal mit Sammy Davis Jr. auf.

Nun steppt er zwischen den grünen Tonnen von Herräng, umgeben von jungen geschmeidigen Menschen, die vorführen, was sie schon können oder hier gelernt haben. Der Landhandel leert sich, die Kunden bilden einen Kreis um die Tänzer und wippen mit den Füßen. Die ältere Generation von Herräng hat Klappstühle mitgebracht. Chazz tanzt mit einer akrobatischen Schönheit aus der Ukraine in einem leuchtend orangefarbenen T-Shirt, und die Zuschauer vergessen kurz die Mülltonnen, den Landhandel und den schwedischen Sommer und wähnen sich mitten in Amerika.

Für manche Zuschauer sind das vertraute Tanzschritte, etwa für den älteren Herrn im Rollstuhl, der im Takt den Fuß bewegt. »Das erinnert mich an meine Tanzstunde 1936 in Göteborg«, sagt er und strahlt.

Als ob das alles nicht schon bunt genug wäre, haben sich Hanna und ihre Freunde noch einen Karneval einfallen lassen, und Hanna führt die Parade durch die sieben Straßen von Herräng an. Der Zug bewegt sich scheppernd und schwingend zum Folkets Hus, das die generöse Gemeindeverwaltung den Tänzern aus aller Welt überlassen hat. Im Folkets Hus regiert die Improvisation: Links ist vorübergehend die Schankwirtschaft »Roter Harem« untergebracht, rechts kämpfen freiwillige Helfer fröhlich und ohne durchschlagenden Erfolg gegen Lücken der Organisation, und oben im Saal befindet sich der chronisch überfüllte Ort des nächtlichen Tanzens.

Frank hatte sich mittags beim Gästetanz eine kleine Pause gegönnt, ist nun aber wieder mit dabei, seinen Sohn untergehakt, beide in bunten Hawaii-Hemden. »Am liebsten mach ich Urlaub in der Karibik, aber Herräng bietet sogar noch mehr: Karibik mit Tanzen.«

Solche Hymnen hört man in Schweden nicht alle Tage. Aber Herräng soll sogar bei Regen funktionieren, mit

Tanzkursen rund um die Uhr und Partys bis in den Morgen. Natürlich wird auch dann Swing getanzt, unterbrochen nur vom Nötigsten, wie essen und vielleicht ein bisschen schlafen. Matt und glücklich ziehen die Tanzwütigen dann wieder heim, und jedes Jahr werden es mehr.

Hanna hat dafür ihre eigene Erklärung: »Herräng ist eben wie Kindergeburtstag – einen ganzen Monat lang.«

Mit dem Hubschrauber in den Kindergarten

Die Sommergäste sind fort, jetzt kommt die Zwischenzeit – der Herbst. Die lichtarme Zeit beginnt: Ab neun Uhr wird es hell, ab drei Uhr dunkel. Das ist die eigentliche Bewährungsprobe, aber auch eine Zeit, um zur Ruhe zu kommen – oder sich zu finden, wie Urban und Lotten.

Lotten, Urban und ihre zwei Kinder haben eine Insel für sich allein. Jungfruskär – die Jungfraueninsel, dreihundert Meter breit und knapp zwei Kilometer lang. Felsen, Wald und Wiese. Eine Handvoll Schafe. Keine Nachbarn weit und breit. Schwiegermutter Midget wohnt auf der Nachbarinsel, die Schule liegt noch eine Insel weiter, auf Nämdö. Für jeden noch so kleinen Weg muss die Familie ins Boot steigen. Zu ihrem Besitz gehören drei Motorboote, zwei alte Flugboote mit Propeller, ein Snowscooter, zehn Paar Langlaufskier und sechs Schwimmwesten.

Kajsa ist sechs Jahre alt, und Gustav ist neun. Beide sind so lichtblond auf dem Kopf, wie es nur durch Seewind und einen Sommer im Freien möglich wird. Die Eltern sind auch blond, ansonsten sehr verschieden voneinander. Urban ist ein echter Schärenbewohner, seefest und meist schweigsam, seine Frau Lotten kommt vom Festland und kann reden wie ein Buch. Gustav kommt wohl eher nach dem Vater, Kajsa hat viel von der Mutter.

Wir haben uns um ihre Bekanntschaft bemüht, weil ihr Leben uns wie ein Rätsel erscheint. Warum leben Menschen mutterseelenallein auf einer Insel direkt vor Stockholms Haustür. Jeder könnte in dieser Gegend, Besitzrechte einmal außer Acht gelassen, eine Insel allein bewohnen. Es ist genau diese Freiheit, die Urban und Lotten hier hält.

Den Sommer haben sie sogar auf verschiedenen Inseln verbracht. Die Ehe zwischen Urban und Lotten basiert insofern auf einer klaren Aufteilung: Urban hat sein Boot und Lotten ihre Insel. Sie hat sogar zwei Inseln: Neben der gemeinsamen Wohninsel Jungfruskär gehört Lotten noch eine eigene Arbeitsinsel. Rögrund ist ein kleines, fast kreisrundes Eiland, das man in einer Dreiviertelstunde zu Fuß umrunden kann, mit einem Aussichtsturm aus Holz, dreiundachtzig Bäumen, einem kleinen Hafen mit Bootshaus, einer ehemaligen Fabrikantenvilla, heute Jugendherberge – und mit einem drei Meter langen Krokodil aus Pappmaschee, das am Strand die Besucher begrüßt. Dorthin zieht Lotten im Sommer. Die Kinder ziehen mit, schnorcheln im Hafenbecken, klettern behände auf den Aussichtsturm und finden Freunde unter den Sommergästen.

Der Sommer dauert zehn Wochen. In dieser Zeit muss Lotten von früh bis spät arbeiten. Die Inselherberge verfügt über einundvierzig Betten und ein kleines Restaurant im früheren Bootshaus. Lotten ist zwar nicht auf sich allein gestellt, aber sie ist hier die treibende Kraft. Urban hält sich während dieser Zeit im Hintergrund. Er fährt zahlende Gäste zwischen den Inseln hin und her. Nur die größeren Inseln werden ganzjährig mit dem Linienschiff angesteuert. Für die anderen Wege ist Urban mit seinem Motorboot zuständig, als steter Bote zwischen den Inseln.

So war es im Sommer. Doch nun hat sich der Schärengarten schlagartig geleert, die wenigen Segler, die sich im Sund begegnen, winken sich fröhlich zu wie eine verschworene Gemeinschaft. Die Tage werden schnell kürzer. Schien die Sonne im Sommer fast rund um die Uhr, so macht sie sich nun rar.

Die Insulaner sind wieder unter sich und rücken enger zusammen. Das gilt auch für die vier Bewohner der Jungfraueninsel, die sich nach der langen Arbeitsphase der Eltern wohl erst wieder finden müssen.

»Wenn wir im Sommer so viel schuften, reden wir gar nicht. Oder wir machen nur kurze Ansagen, was wer wann tun muss. Keine Zeit. Manchmal ist das schwer, und dann trösten wir uns damit, dass wir für das Reden im Winter noch genug Zeit haben«, sagt Lotten, fuchtelt mit den Händen und lacht dabei. Sie steht am Steuer ihres Kabinenkreuzers, den Kartenplotter im Blick, und fährt Slalom zwischen zwei Inseln. Sie trägt einen roten See-Overall, der am Bein geflickt werden müsste, das Handy hängt an einem Band um ihren Hals. Lotten spricht mit einer Altstimme voll Vitalität und Lebensfreude.

Gleich wird das Schulboot vorbeikommen, und Lotten sucht die Stelle, an der sie sich verabredet haben. Das Schulboot hat heute genau zwei Passagiere an Bord, ihre beiden Kinder. Kajsa und Gustav gehen auf die Dorfschule der größeren Insel Nämdö.

Der Übergabepunkt ist eine Stelle zwischen zwei Inseln, mitten auf dem Wasser. Die Kinder werden über die Reling auf das kleine Motorboot der Mutter heruntergereicht. Sie rangeln um den besten Platz am Bug und lassen sich den Fahrtwind durch die Haare wehen. Kajsa entdeckt als Erste den Vater, der sich von Süden mit seinem Boot nähert. Die beiden Boote werden aneinander vertäut, und die Lektion kann beginnen.

Kajsa und Gustav lernen von den Eltern, was man früher zum Überleben im Schärengarten brauchte, nämlich Geduld für das Glücksspiel des Fischens. Eine Leine wird in kurzen Abständen mit Haken versehen und ins Wasser gelassen. Sie ist an einem Stock verknotet, den Lotten in rhythmischen Bewegungen hochreißt und dann wieder absinken lässt.

Urban und Lotten kennen diese Stelle von früheren Fischzügen und hoffen, dass der Hering sich auch heute wieder blicken lässt. »Entweder ist es so wie jetzt und man bekommt gar nichts, oder man fängt ganz viele. Dann steht man da und zieht und zieht und zieht.«

Eine Stunde später haben sie Glück. Gustav hat die Angel übernommen, und plötzlich spürt er Widerstand in der Leine. Was sie da aus zehn Meter Tiefe ziehen, gilt heutzutage als Delikatesse: Hering. Es ist gar nicht lange her, da war Hering ein Standardgericht im Schärengarten und hing den Insulanern spätestens ab Weihnachten zum Hals raus.

Strindberg hat, bevor er sich den Verwerfungen der bürgerlichen Ehe zuwandte, das sonderbare Volk auf den Schären aufs Korn genommen. Eine seiner Geschichten handelt vom Pastor Nordström, der nur einen einzigen Elch im Jahr schießen durfte. Doch dann kreuzte die Yacht des Kronprinzen vor der Insel auf – und Ehre, wem Ehre gebührt: Der Pfarrer trat zurück von seinem Schießrecht. Er wurde zwar mit einer silbernen Tabaksdose entschädigt, doch wie er auch rechnete, der Elch hätte ihn mit frischem Fleisch bis nach Weihnachten versorgt, die in Geld umgesetzte Tabaksdose war ein vergleichsweise schlechtes Geschäft. Das Geld reichte nur bis November, und so blieb es den ganzen langen Winter lang beim Einerlei des gesalzenen Herings.

Im Boot der Familie füllen sich zwei Eimer mit frischen Heringen. Jetzt, da sie wissen, in welcher Höhe die Heringe stehen, wittern sie die Chance auf einen ganzen Schwarm. Urban misst die Entfernung und lässt die Leine wieder nach unten gleiten. Es funktioniert. Die Kinder juchzen bei jedem neuen Fang. Doch dann wird es langsam dunkel und kalt, und der Angelunterricht endet in einem Sonnenuntergang. Die Heringe von heute Nachmittag werden zwar nicht bis Weihnachten reichen, aber sie stärken doch das Unabhängigkeitsgefühl.

Daheim auf Jungfruskär bewohnt die vierköpfige Familie ein rotes Holzhaus aus dem achtzehnten Jahrhundert. Vom kleinen Naturhafen, der langsam verlandet, führt ein Bohlensteg durch den Wald zum Haus. Die Decke der Küche ist niedrig, und in der Ecke steht ein Eisenherd. Urban und Lotten befeuern ihren Ofen mit Holz aus dem eigenen Wald. Sonst gibt es keine andere Wärmequelle, bis auf zwei Elektroheizkörper im Kinderzimmer. Im Wohnzimmer stehen ein Fernseher und ein Computer älteren Baujahrs.

»Die Freiheit hier draußen möchte ich gegen nichts eintauschen. Es ist die Freiheit, mich in einem schönen Sommer morgens um drei Uhr nach Sonnenaufgang auf den Rasen zu setzen. Oder mich im Winter zu verkriechen. In der Stadt, da gibt es Einsamkeit. Hier habe ich mich noch nie einsam gefühlt«, sagt Lotten.

Es gibt keine feste Landverbindung und keine reguläre Fährverbindung auf ihre Insel. So haben sie es gewollt. Dafür können die Kinder morgens, bevor sie zur Schule gehen, die Schafe füttern.

Schärenbewohner sind fast alle Tausendsassas. Niemand könnte hier überleben, der nur eine Sache beherrscht. Lotten verwaltet die Ausleihe in der Inselbibliothek auf Nämdö, Urban tischlert. Lotten hat außerdem mehrere Naturlehrpfade auf Jungfruskär angelegt, für die Segler, die im Sommer zu Dutzenden den Weg in den Naturhafen auf der Ostseite der Insel finden. »Die sitzen doch sonst nur faul im Cockpit«, sagt sie.

Urban ist derjenige, der nach den Stürmen im Inselwald aufräumt. Lotten schert die Schafe und strickt Pullover. Von all dem könnte die Familie hier draußen kaum ihr Leben bestreiten, gäbe es nicht eine gemeinnützige Stiftung, die zu den großen Besitzungen im Schärengarten gehört: die Schärenstiftung.

Im Besitz der Stiftung sind auch die beiden Inseln Jungfruskär und Rögrund. Leute wie Urban und Lotten sind nach ihrem Geschmack: Sie sorgen für einen lebendigen Schärengarten und eine intakte Natur, und sie schaffen Erholungsmöglichkeiten für die Stockholmer. Lotten als Herbergsmutter auf Rögrund, ihr Mann Urban als Aufseher für Jungfruskär und ein halbes Dutzend anderer Inseln. Er kümmert sich um kranke Vögel und verdächtige Ölspuren am Strand, kutschiert den Abfall auf das Festland, setzt Bojen und repariert Bootsstege. Doch reich werden sie damit nicht. Ständig geht irgendetwas in ihrem Maschinenpark kaputt. Jetzt ist es der Außenborder von Lottens Boot, der sich nur noch von Hand kippen lässt. Die Hydraulik hat ihren Geist aufgegeben. In den flachen Hafen vor der Haustür gelangt sie mit ihrem Boot nicht mehr ohne weiteres. Sie muss am anderen Ende der Insel anlegen – und die Kinder müssen mit ihr im Dunkeln durch den Wald gehen. Weder Kajsa noch Gustav machen allerdings den Eindruck, als ob sie das stören würde.

Ein großer Teil des Einkommens geht für Treibstoff drauf, und eine gehörige Portion Grips fließt in die tägliche Reiseplanung. »Hier draußen zu leben, hat sehr viel mit Logistik zu tun«, sagt Lotten. »Das Planen, das dauert lange. Wer soll mit welchem Boot zu welchem Platz fahren? Wird es zufrieren? Ist es sehr windig? Hat man ein größeres Boot, kann man nicht überall anlegen, wegen des Tiefgangs. Man muss das richtige Boot für die Fahrt wählen.«

Doch es gibt Tage, da kostet sie der Transport nichts.

Eines Morgens ist das Eis gefroren. Es war schon ein paar Tage lang kalt, nun ist die Eisdecke fünf Zentimeter dick. Wenn das Eis dreimal so dick wäre, könnten sie mit dem Scooter in die Schule fahren; wenn es wieder tauen würde, käme der Kabinenkreuzer durch die Eisschollen. Doch zum Maschinenpark gehört noch ein Verkehrsmittel, das es vielleicht schaffen könnte: ein Hydrocopter Marke Eigenbau. Auf ein gewöhnliches Motorboot ohne Kiel ist hinten ein Automotor montiert, der einen Flugzeugpropeller antreibt. Lotten setzt sich die Ohrenschützer auf, denn das Gefährt macht einen Höllenlärm. Nach einer Proberunde durch die Bucht, in der der Hydrocopter immer wieder im Eis stecken bleibt, beschließt Lotten, diesmal doch lieber auf staatliche Hilfe zu bauen.

Es ist kein Märchen, sondern eine dieser humanen Gesten, die dem Geist von Bullerbü entsprechen: Schweden garantiert seinen Bürgern das Recht auf gleiche Lebensbedingungen. Wer auf den Schären mit erstem Wohnsitz gemeldet ist, kann sich bei Bedarf einen Hubschrauber bestellen, und der Bedarf lässt sich nach den Regeln des gesunden Menschenverstands feststellen.

Die Kinder haben ein Recht auf Schule und Kindergarten. Ohne Hubschrauber könnten sie bei diesem Wetter nicht dorthin gelangen. Lotten nimmt das Telefon und spricht mit der Leitstelle der Hubschrauberstaffel, die von einem kleinen Flugplatz nördlich von Stockholm aus den ganzen Schärengarten bedient. Am nächsten Morgen um kurz vor acht Uhr stehen Gustav und Kajsa mit gepackten Ranzen im Haus und blinzeln durch die Eingangstür. Lotten bleibt im Hintergrund und passt auf, dass die beiden nicht zu früh losstürmen. Der Helikopter landet etwa fünfundzwanzig Meter entfernt von der Eingangstür mitten im Vorgarten. Die Kinder ducken die Köpfe und laufen unter den Rotorblättern zur Kabinentür. Der Pilot hilft ihnen beim Anschnallen, Kajsa streckt beim Abflug die Zunge heraus, und weg sind sie. Das ganze Manöver hat vielleicht drei Minuten ge dauert, und Lotten kehrt leise fröstelnd zurück ins Haus an die Kaffeetafel.

Diesen Abholservice kann die Familie auch bei Krankheit in Anspruch nehmen oder zum Einkaufen auf dem Festland. Sie brauchen dazu einen festen Wohnsitz auf den Schären und etwas Geduld.

Es liegt nahe, den Hubschrauber in den Kindergarten als Luxus zu betrachten, aber Lotten lässt da nicht mit sich diskutieren: »So luxuriös finde ich es nicht, für uns ist es manchmal die einzige Alternative, um irgendwohin fahren zu können. Man kann die Insel außerdem nur an drei Tagen, nämlich montags, dienstags und freitags, mit dem Hubschrauber verlassen. Am Abend zuvor erhält man ab achtzehn Uhr die Information, wann es morgens losgeht, und am Tag des Fluges erfährt man erst nach elf Uhr, wann man wieder zurückfliegen kann.«

Kaum drei Minuten später sind die beiden Kinder aus dem Hubschrauber ausgestiegen und laufen die hundert Meter vom Landeplatz am Hafen zum Schulgebäude. Die Schule ist der Mittelpunkt der kleinen Inselwelt. Hierher kommen alle Schüler der umliegenden Inseln.

Die Schule ist auch der Ort, an dem sich die Wege von Lotten und Urban kreuzten. Lotten arbeitete hier als Lehrerin. Das ist jetzt dreizehn Jahre her. Sie kam vom Festland und wohnte anfangs in einem kleinen Haus bei der Schule, in dem es höchstens dreizehn Grad warm wurde. Urban besuchte sie und fand ihr Haus so zugig, dass er ihr anbot, die Wände abzudichten. Lotten behauptet im Scherz, nicht sie, sondern Urban sei es gewesen, der sich an der Temperatur störte. Lotten hatte, so sagt sie, einen guten Start in den Schären. Zunächst konnte sie sich als Lehrerin einen Namen machen. Erst dann wurde sie Urbans Frau. Andere würden ihr Leben lang das Anhängsel des Mannes bleiben, die Zugereiste.

Doch der Kreis um sie herum wurde kleiner. Mehr

und mehr Nachbarn zogen in die Stadt, der Kinder wegen. Noch nie waren die Schären so gut erreichbar – und noch nie war es so leicht, sie zu verlassen.

Es gibt auf der kleinen Insel auch Fronten, Menschen mit starken Gefühlen und alten Rechnungen. Man kann sich über alles zerstreiten, selbst über die neue Farbe für die Dorfkirche. Soll sie nun weiß bleiben oder rot werden. Es gibt Feindschaften, etwa die zwischen Lotten und der früheren Lehrerin, die im Zorn ihren Abschied nahm, nachdem die Schulinspektion zur Visite vom Festland kam und angeblich erhebliche Mängel feststellte. Anders als früher ist niemand verdammt auszuhalten. Früher waren es die Kinder, die die Eltern zwangen, sich zusammenzuraufen. Doch die Kinder werden selbst zur Minderheit.

Nirgends wird das so deutlich wie in der Schule in Nämdö. Während hier im Sommer noch zehn Kinder unterrichtet werden, lassen sie sich jetzt im Winter an zwei Fingern abzählen: Gustav sitzt mutterseelenallein auf der Schaukel, Ronja, das einzige andere Schulkind in der Grundschule, ist mit der Lehrerin Stina drinnen im Haus. Stina ist die Nachfolgerin von Lotten, eine resolute, freundliche Person um die dreißig, mit dunklen langen Haaren. Im Sommer haben die Kinder ihr einen Klappstuhl geschenkt, damit sie mal zur Ruhe kommt. Stina ist jetzt die Seele der Grundschule und beobachtet deren Niedergang mit Sorge.

Einmal die Woche fahren die beiden Schüler gemeinsam mit ihrer Lehrerin nach Runmarö, eine Nachbarinsel eine halbe Stunde entfernt, damit sie in einer größeren Gruppe arbeiten können. Ronja hätte gerne mehr Umgang mit anderen Mädchen. »Es gibt Tage«, sagt Stina, »da liegen Gustav und Ronja im Clinch: schwierig, wenn der einzige Spielkamerad schmollt.« Auf dem Stundenplan steht heute das Einlegen von Heringen. Der Raum ist viel zu groß für die Lehrerin und ihre Schülerin Ronja. Die Heringe auf dem Holzbrett sind deutlich in der Überzahl.

In der Vorschule gibt es auch nur noch zwei Kinder: Kajsa und Linus. Die beiden backen Plätzchen für das Luciafest am dreizehnten Dezember, den Tag des Lichts. Im Gefühlshaushalt der Schweden rangiert Lucia dicht hinter Weihnachten. Jedes Mädchen in Schweden möchte einmal die Lucia sein, einmal den Lichterkranz auf dem Kopf tragen und den Zug in die Kirche anführen. Das gilt natürlich auch für Kajsa. Am dreizehnten Dezember ist es dann endlich so weit: Lottens Frauenchor singt Weihnachtslieder, die Pastorin ist vom Festland mit dem Boot gekommen, die Kirche ist warm und hell erleuchtet. Von allen kleinen Inseln sind die Kirchgänger gekommen, Dunkelheit hin oder her, um das große Fest zu feiern, gemeinsam zu singen und den vier Kindern zuzusehen. Die ziehen in weißen Umhängen durch die Kirchentür, die Kerzen auf dem Kopf.

Wenn es ein Bild für den Bevölkerungsschwund hier draußen gibt, dann dieses: ein Zug von vier Kindern, und vierzig Erwachsene sitzen auf den Bänken. Aber das Singen ist dennoch schön, und es wärmt, genauso wie in all den hundert Jahren zuvor in der Dorfkirche von Nämdö. Spät am Abend geht es mit dem kleinen Motorboot zurück nach Jungfruskär. Kajsa schläft während der Fahrt auf Lottens Schoß ein, Urban erklärt seinem Sohn den Sternenhimmel.

Lotten, Urban, Kajsa und Gustav wohnen gern in ihrem stillen Paradies direkt vor der Millionenstadt. Allein mit sich und der Natur – und einem kleinen Paradox. Denn manchmal fehlt es ihnen an Menschen, die die Ruhe mit ihnen teilen wollen.

Mit dem Postboten im Packeis

Am schönsten ist Stockholms Archipel im Winter, wenn mit der großen Kälte das Eis kommt. Nur wenige Fahrrinnen zu den größeren Inseln werden offen gehalten. Die Fähren verkehren selten und kommen nur noch im Schritttempo voran. Die kleine Welt draußen in den Schären friert zu. Die Einheimischen sind jetzt unter sich und freuen sich jeden Morgen, wenn ein lautes Gebrumme die Stille unterbricht.

Jan Kennebäck muss nicht klingeln, er kündigt sich schon von weitem an. Luftkissenboote machen viel Krach und ziehen weite Kurven. Manche Inseln wären im Winter völlig von der Welt abgeschnitten, wenn es nicht Menschen wie Jan Kennebäck gäbe, der täglich die Post in die Außenschären bringt. Jan Kennebäck ist ein blonder, schlanker Mann Mitte vierzig und seit vielen Jahren im Dienst der Post. Er trägt eine Brille und, wie alle, die hier draußen leben, praktische Kleidung gegen Wind und Wetter. Er hat keine Uniform. Meistens lächelt er. Er kann gut zuhören, das wird auch von ihm erwartet.

Im Sommer ist er mit dem Boot unterwegs, im Winter muss er auf ein anderes Gefährt umsteigen. Mit dem Boot kommt er dann nicht durch das Eis, auf Skiern will er nicht fahren, und der Helikopter ist zu teuer. Im Winter besucht er seine achtzig weit verstreuten Kunden mit dem Luftkissenboot, einem Eigenbau aus Plastik mit einem Automotor und einem Propeller am Heck. Die Werft ist hier draußen in den Schären angesiedelt, der Motor ist ein Zweiliter-Vierzylinder von Rover, das Gehäuse aus Fiberglas, der Propeller stammt von einer Cessna.

Diese Unikate werden auf einer Nachbarinsel gebaut und haben sich als sehr zuverlässig erwiesen. Der Tüftler Peter Ivanov sitzt heute persönlich am Steuer des Postgefährts. Wenn der Motor läuft, pumpt sich das Luftkissen auf; ist es dann prall gefüllt, schiebt der Propeller am Heck das Gefährt mit Tempo siebzig über das Eis. Es kann überall fahren, auf dem Eis, durchs Wasser (also auch durch die Fahrrinnen der Fähren) und selbst in die Vorgärten hinein. Täglich fliegt Jan Kennebäck fünfundsechzig Seemeilen durch sein Revier. Schweden pflegt immer noch das Ideal gleicher Lebensbedingungen für alle, egal wo sie wohnen, und so reicht das Standardporto auch für Postwege bis zu den entlegensten Inselchen.

Es sind vor allem die Alten, die ganzjährig auf den Schären wohnen, für die Jan ein fester Bezugspunkt in ihrem Tagesablauf ist. Kinder und Enkel sind in die Stadt gezogen. Die Alten bleiben unter sich.

Für sie ist der Landbriefträger Jan Kennebäck mehr als nur ein Postbote. Sie warten geduldig auf ihn, auch wenn sie in der Kälte stehen müssen, um ihre Briefmarken zu erstehen, wie der Rentner Göran. Er hat seinen Schlitten mitgenommen. In dem kleinen Hafen stehen fünf Häuser, alle ochsenblutrot. Nur aus einem der Kamine steigt Rauch.

»Wenn es einem schlecht geht«, sagt Göran, »kann man Jan Kennebäck leicht dazu überreden, dass er einem etwas einkauft und mitbringt. Dafür braucht man ihn nur anzurufen.« Der Postbote verbindet nicht nur die Inseln mit dem Festland, er leistet auch Dienste, die nicht in seinem Vertrag stehen.

Zwischen Gällnö, Lådna und den anderen tausend Inseln kann man sich leicht verfahren, vor allem, wenn man zwischendurch seine Post sortieren möchte. Jan Kennebäck sitzt in der zugigen kleinen Kabine und kämpft dagegen an, dass seine Brille beschlägt. Er ist einer der wenigen Postboten, der sich kutschieren lassen kann. Ein GPS weist ihm den Weg. Tatsächlich sehen sich die Inseln bei Tempo fünfzig sehr ähnlich, aber das ist eine Bemerkung, die man sich bei den Insulanern besser verkneift.

Im Winter entfallen lästige Wege, etwa vom Anlegesteg bis zum Kassenhäuschen. Das rote Mobil propellert sich mühelos bis vor die Tür, erzeugt dabei aber eine riesige Schneewolke. Als die sich wieder gelegt hat, wird ein Mann sichtbar, der dort vor dem provisorischen Bankschalter wartet.

Heute ist Freitag, und freitags ist Jan in Personalunion auch für die Bank zuständig: Er zahlt Renten aus, und man kann Rechnungen bei ihm begleichen – alles an einem Schalter. Der Schalter dient normalerweise den Einwohnern von Lådna als Wartehäuschen. Das Häuschen ist rot und aus Holz, ungeheizt, aber dennoch gut geeignet für kürzere Bankgeschäfte. Jan zahlt dem Rentner Lennart, der mit einem kleinen Schlitten über das Eis gekommen ist, die Rente aus. Lennart reibt sich die Hände.

Jan Kennebäck hätte den Beruf verfehlt, wenn nun nicht noch Zeit für einen kleinen Schwatz bliebe. Schließlich ist er ein einzigartiger Informationsträger.

Lennart aus Lådna klopft Jan auf die Schulter und schmunzelt: »Na ja, er bringt immer auch den neuesten Klatsch und Tratsch mit. Er weiß einiges, redet mit vielen Leuten.«

Während Jan erzählt, was er gerade von den Bewohnern auf der Nachbarinsel erfahren hat, kriecht sein Fahrer Peter Ivanov ins Gebläse des Luftkissenboots. Irgendetwas klang unrund. Peter Ivanov streckt den Zeigefinger aus und demonstriert uns die Technik: »Man kann das Luftkissenboot gut mit einem Einkaufswagen vergleichen, den man mit nur einem Finger im Kaufhaus herumfährt. Genauso ist das, wenn man Luftkissenboot fährt. Man muss rechtzeitig die Kurven nehmen.«

Jan liefert auch Waren aus. In den zwei großen Paketen, die er aus dem Luftkissenboot hebt, befindet sich Wolle, seit Wochen erwartet von einer rotbackigen Frau, die daraus Pullover stricken will, um sie im Sommer an die Touristen zu verkaufen.

»Was ich an meinem Job liebe«, sagt Jan, »sind die Menschen hier, meine Kunden. Das ist ja ganz anders als in der Stadt.«

Weiter geht es mit Tempo siebzig zwischen den Inseln hindurch. Peter, der Fahrer, blickt abwechselnd auf sein GPS-Gerät und durch die vereiste Windschutzscheibe. Luftkissenboote fahren in großen Schleifen, sie haften nur lose auf dem Eis. Kurven werden seitwärts angesteuert. Es ist schön mitzufahren, aber auch schön, wieder auszusteigen.

Wir stehen im Vorgarten einer alten Dame, die sich gut daran erinnern kann, dass Jans Vorvorgänger mit Skiern vom Festland über das Eis kam. Sie ist hier aufgewachsen und lebt nun allein in einem zweistöckigen Holzhaus aus dem achtzehnten Jahrhundert. Eine Rauchfahne steht über dem Haus, in der guten Stube warten warme Getränke. Margaretha hat Kinder, Enkelkinder und auch Urenkelkinder, aber die kommen nur an den Wochenenden zu Besuch aus Stockholm. Jan hat die Route so gelegt, dass er bei Margaretha eine Pause einlegen kann, und die sechsundachtzigjährige Dame revanchiert sich mit Zimtwecken, Keksen und frisch aufgebrühtem Kaffee. Sie lässt anklingen, dass Jan und sein Fahrer sich unter der Woche ein wenig häufiger sehen lassen könnten. Viele Gäste habe sie nicht. Umso willkommener sei der Besuch des Postboten einmal in der Woche.

Der Schärengarten steht schon lange unter Naturschutz. Wenn es nach den Bewohnern ginge, würden sie Jan Kennebäck gerne in diesen Schutz einbeziehen, ihren zuverlässigen Draht zur Außenwelt.

Sommer unter Schweden im eigenen Haus

Bei allem Bemühen um eine kritische Distanz zum Gastland werden wir eines Tages schwach. Ein Jahr vor dem Abschied aus Schweden beschließen wir, unserer Sehnsucht ein Schnippchen zu schlagen, und kaufen uns ein Sommerhaus aus dem Jahre 1906.

Das Haus ist ein klassischer ochsenblutroter Traum mit weißen Fensterrahmen, gelegen an einem kleinen Stichkanal in einem Dorf an der Ostsee, in der Nähe von Stockholm. Am Kanal steht ein kleiner Bootsschuppen mit einer selbstgezimmerten Bank und einer Tischplatte aus einer alten Tür. Drumherum sind Tische und Stühle aufgestellt. Es duftet nach frisch gebackenen Waffeln und Erdbeerkuchen. Wir feiern Einstand, und dreißig Nachbarn kommen. Diejenigen, die nicht kommen, haben sich schriftlich entschuldigt. Die letzten Gäste brauchen etwa zwanzig Minuten, um mit all dem gegenseitigen Vorstellen fertig zu werden. Wer in Schweden auf ein Fest eingeladen ist, steuert nicht direkt die Getränke an. Erst wird sich vorgestellt: mit freundlicher Miene und großer Geduld. Wenn man seine Gäste am Eingang darauf hinweist, dass dort hinten der Kuchen stehe, heißt es: »Erst einmal müssen wir doch guten Tag sagen.«

Günter Grass hat Recht. Es gibt in diesem Land eine unverdorbene Bürgerlichkeit, unerschüttert durch Kriege und größere Krisen. Schweden ist ein Land, in dem Traditionen gepflegt werden, wo man sich am Speisekalender durchs Jahr hangeln kann und wo die Abiturienten Mützen tragen, die in Deutschland unmöglich wären, weil man damit reaktionäre Verbindungen assoziieren würde. Es gibt Traditionen wie das Krebsessen oder das Lichterfest Lucia, die einen durch das Jahr steuern, quer durch alle Schichten. Der kleinste gemeinsame Nenner umfasst auch die Monarchie: Im Bootshaus hängt eine Flaggenordnung, der ich entnehmen kann, dass ich bei allen Bemühungen um korrektes Flaggen doch bitte die Namenstage der Königsfamilie nicht vergessen solle:

»Zwischen dem 1. März und dem 30. Oktober wird die Flagge um acht Uhr morgens, sonst morgens um neun gehisst. Eingeholt wird sie bei Sonnenuntergang, aber niemals später als um 21.00 Uhr. Den Wimpel kann man ohne Rücksicht auf diese Regeln flaggen.«

Es folgt eine ausführliche Liste der Flaggentage, ein gutes Dutzend vom Neujahrstag über Mittsommer bis hin zu Weihnachten. Doppelt vermerkt sind König, Königin und Kronprinzessin Victoria, jeweils mit Geburtstag und Namenstag. Die Flaggenordnung enthält am Ende noch einen warnenden Hinweis: Man möge nicht versäumen, an den Geburtstagen der eigenen Familienmitglieder und den speziellen Tagen der Heimatgemeinde zu flaggen.

Die eine Hälfte der Schweden hält sich an die Flaggenordnung, die andere nicht. Das heißt aber nicht, dass diese Symbole zum Spott freigegeben wären. Es ist auch keineswegs egal, was da hängt. Wir flachsen auf dem Fest ein bisschen herum, und Madelene, eine jüngere Nachbarin, sagt: »Du musst dich nicht daran halten, aber vielleicht ist es besser, wenn du hier keine deutsche Fahne hisst.«

Unser Haus weist in andere Zeiten. Es wurde 1906/1907 gebaut, als Wohnhaus eines Schusters. In den dreißiger Jahren zog seine Witwe im Obergeschoss drei Enkelkinder auf und fütterte sie durch mit Kartoffeln und Rote Bete aus dem Garten, in dem wir heute Federball spielen. Das Untergeschoss vermietete sie an Sommergäste.

»Tant Andersson«, wie man auf Schwedisch sagt,

»war ein Ausbund an Lebensfreude und Integrität«, erklärt uns Camilla, die grauhaarige Nachbarin, die 1946 ein paar Wochen als Sommergast mit ihrer Mutter in dem Haus verbrachte, das wir gerade gekauft haben. Damals ging Tant Andersson gelegentlich zu Fuß die zwanzig Kilometer in die Kreisstadt Norrtälje und auch wieder zurück, weil sie das Geld für den Bus nicht erübrigen konnte.

Ein Gastgeschenk rührt uns besonders: Bertil, der einundachtzigjährige Nachbar, kommt mit einem handgeknüpften Fischernetz und dem Versprechen, uns die besten Fischgründe zu zeigen. Doch erst einmal muss der Städter fischen lernen. Bertils Frau heißt Gun und wurde in unserem Haus geboren. Sie war eines der drei Enkelkinder von Tant Andersson, hat dort ihre Kindheit verbracht und später die Apfelbäume in unseren Garten gepflanzt.

Bertil und Gun wissen alles über das Leben am Rande der Schären: wie man aus alten Strommasten brauchbare Stützen für den Bootssteg baut und was mit den Äpfeln passiert, die man zu pflücken vergessen hat. Die Rehe interessieren sich besonders für Äpfel, die Elche bevorzugen die hängengebliebenen Pflaumen. Die Elche leben, so erzählen uns Bertil und Gun, auf der kleinen vorgelagerten Halbinsel Masholmen und kommen regelmäßig über ihr Grundstück gelaufen. Wenn man frühmorgens still am Fenster sitze, könne man sie sehen. Leider würden sie ziemlich unsanft durch den Garten trampeln.

Die Geschichte von dem Elch, der so viel vergorenes Obst fraß, bis er einen Schwips hatte und gefährlich wurde, wird bei solchen Gartenfesten gerne aufgewärmt.

Zwischen Tant Andersson und uns gab es noch eine dreißigjährige Zwischenzeit, in der das Haus dem schwedischen Künstler Pär Arthur Nordlander gehörte. Er liebte das Meer, was man seinen Bilder ansieht, aber auch den beiden Seezeichen im Garten, die die sichere Einfahrt von der Ostsee in den kleinen Stichkanal weisen.

Beim Rundgang durch Haus und Bootsschuppen, Nebengebäude und Holzhaus entsteht ein Bild in meinem Kopf: Wahrscheinlich ist der Künstler Nordlander mit einem Hammer in der einen und einer Säge in der anderen Hand begraben worden. Beim Kauf hatten wir den Erben der Einfachheit halber gesagt, sie sollten uns alles Inventar überlassen, und nun sitzen wir hier mit sechs Sägen, vier Beilen, einem Dutzend Hämmern und drei Werkzeugbänken. Der Reisekoffer im Kabuff, der sich so merkwürdig schwer anfühlte, enthält zwei Hobel und weitere Sägen.

Wir reihen uns damit in die schwedische Normalität ein. Allenthalben finden sich schwedische Männer im Sommer auf den eigenen Baustellen. Es gilt als selbstverständlich, die nötigsten handwerklichen Tätigkeiten selbst auszuführen. Die Do-it-yourself-Mentalität ist so eingefleischt, dass es der Ausbildung einer eigenen Handwerksschicht hinderlich geworden ist.

In den Papieren, die unsere Vorbesitzer uns hinterlassen haben, findet sich auch der Hinweis, die Zuleitung zum Warmwasserbereiter unter der Küchenspüle sei nur provisorisch geflickt. Das stimmt. Wir hätten das gleich ernst nehmen sollen. Die Wasserleitung Marke Gartenschlauch hält noch einen Sommer lang, bis sie dann eines späten Abends platzt. Wir suchen verzweifelt den Haupthahn und finden ihn nach langen Minuten im Schuppen von Nachbar Bertil, den wir im Schlafanzug aus dem Bett geholt haben. Währenddessen läuft die Küche voll. Es dauert drei Wochen, bis sie wieder trocken ist.

Professionelle schwedische Handwerker sind bestimmt sehr tüchtig, aber auch sehr selten. Ohne diesen Mangel wäre die Karriere eines Mannes nicht denkbar gewesen, der in einer populären öffentlich-rechtlichen Fernsehsendung viele Jahre lang werdenden Heimwerkern Tipps gab. Er heißt Martin Timel, und mit einem gewissen Sarkasmus sprechen die gelernten Handwerker manchmal vom Timel-Effekt. Der Fernsehheimwerker Timel soll Folgekosten in Milliardenhöhe ausgelöst haben, darunter viele Wasserschäden durch unsachgemäße Anschlüsse.

Wann immer wir mit unserem Handwerkslatein am Ende sind, erweisen sich unsere neuen Nachbarn als sehr hilfsbereit. Der Mangel schafft Nähe. Das Sommerfest hat uns mit einem festen Beraterkreis zusammengeführt, mit Nachbarn, die sich im Winter gegenseitig aus dem Graben helfen und im Sommer Motorsägen tauschen. Sie sind freundlich und auskunftswillig, wann immer wir »schwedische Fragen« stellen, etwa, ob man Holz grundieren müsse, wenn man anschließend mit ochsenblutroter Farbe streichen wolle. (Die Antwort lautet übrigens, dass man keine Grundierung braucht.)

Nachdem die Nachbarn noch einmal gebührend die Waffeln und den Erdbeerkuchen gelobt haben, ist das Fest zu Ende. Es begann um 16 Uhr und endete um 18 Uhr. So stand es in der Einladung. Kurz vor sechs haben sich die letzten Gäste verabschiedet. In den nächsten Tagen werden wir mit einem Dank begrüßt: »Tack för senast« – »Danke für das letzte Mal.«

Jetzt ist an uns zu rätseln, wann wir die Häuser unserer Nachbarn kennenlernen werden. Haben wir vielleicht zu üppig eingeladen? Zu überschwänglich agiert, zu laut unsere Begeisterung herausgekräht?

Das richtige Maß gilt in Schweden als besonders wichtig: nicht zu viel und nicht zu wenig, eben »lagom«. Es ist allemal besser, nicht aufzutrumpfen. Ausländer treffen nicht immer gleich den richtigen Ton, und man darf nicht vergessen, dass selbst Norddeutsche für Schweden geografisch gesehen Südländer sind, die gerne reden und ihre Gefühle zeigen.

Doch die Zeichen guter Nachbarschaft mehren sich nach dem Fest: der Blumenstrauß vor der Tür, der Hinweis auf reiche Blaubeervorkommen ganz in der Nähe und der Kredit im Kaufmannsladen.

Und als dann eines Tages Nachbar Bertil morgens um sieben mit dem Netz an der Tür steht und zum Fischfang ruft, hat der Sommer unter Schweden richtig begonnen.

Anhang

Dank
und Literatur zum Weiterlesen

Dank

Ohne Jutta, Philipp und Lotta gäbe es dieses Buch nicht. Ohne Karin und Noel hätten wir Schweden nicht lieben gelernt.

Regina Kammerer gebührt Dank für die Inititalzündung zu diesem Buch und Ursula Bergenthal für die liebevolle Bearbeitung des Manuskripts.

Dank an die Gefährten, vor allem an Dieter Stypmann, Matthias Jung, Thomas Schimmack, Martin Hüsges und an Jörgen Detlefsen und Tatjana Reiff. Lisa Widegren und Sara Gustafsson haben uns den Rücken freigehalten, ebenso wie Linda Hollmann und Karin Wanbo. Ich danke Ralf Lampe, Helmut Hansen und Evelyn Gerndt für die gute Zusammenarbeit, ebenso wie Kristjan Anderson, Thomas Blohm und Perttu Laaksonen.

Korrespondenten brauchen einen guten Haussender (wie den NDR) und wohlgesinnte Chefs daheim. Ich danke Volker Herres und Andreas Cichowicz, dass sie mich dorthin ließen, wo ich immer hinwollte.

Korrespondenten fahren nicht ins Blaue, sie brauchen geduldige und begeisterungsfähige Redakteure daheim. Dank vor allem an Christine Hasper (»Feature«), an Verena Formen (»Weltspiegel«) und unsere besonderen Freunde in der ARD: Stephan Bergmann und Karola Baier, Rolf Dieter Krause und Renate Bütow, Torsten Amarell, Johannes Müller, die Tagesthemen in Hamburg und das Mittagsmagazin in München.

Das Buch ist während eines Sabbatjahres entstanden. Für die tatkräftige Unterstützung danke ich Dagny Herzog von der NDR-Personalabteilung.

Wesentliche Anregungen kommen von Berthold Franke, Jörgen Detlefsen, Thomas Schimmack, Carmen Jakobs und meinem Bruder Stephan Bünz.

Einige Journalisten-Kollegen oben im Norden sind mir in den fünf Jahren ans Herz gewachsen: vor allem Helmut Steuer, Thomas Borchert, Robert von Lucius, Agnes Bührig und Alexander Budde, Gerhard Fischer, Hannes Gamillscheg und Reiner Gatermann.

Für Hilfe und Ratschläge danke ich Ralf Krautkrämer, Andreas Umbreit, Victoria Harnesk, Gustaf und Inger Taube, Ingrid Törnqvist und Peter Haakanson, Bertil und Gun Norman, Cita Högnabba, Laila Stenseng, Reinhard Krause (Alfred-Wegner-Institut) und Volker Christmann.

Nicht zuletzt danke ich meinem Großvater Hugo Bünz, der sich vor hundert Jahren als Erster in der Familie auf den Weg in den Norden machte.

Spillersboda/Sundängen im Frühling 2008
Tilmann Bünz

Literatur zum Weiterlesen

Almqvist, Carl Jonas Love, Die Woche mit Sara, Rowohlt, Reinbek bei Hamburg 2005.

Blixen, Tania, Babettes Fest, Manesse, Zürich 1992.

Bührig, Agnes/Budde, Alexander, Schweden. Eine Nachbarschaftskunde, Christian Links, Berlin 2007.

Damm, Sigrid, Tage- und Nächtebücher aus Lappland. Bilder von Hamster Damm, Insel, Frankfurt a. M. und Leipzig 2002.

Enzensberger, Hans Magnus, Ach Europa! Wahrnehmungen aus sieben Ländern, Suhrkamp, Frankfurt a. M. 1989.

Fogelström, Per Anders, Stadt meiner Träume, Verlag Volk und Welt, Berlin 1964.

Franke, Berthold, »Das Bullerbü-Syndrom. Warum die Deutschen Schweden lieben.« Merkur NR 706, März 2008

Gudmundsson, Halldór, Halldór Laxness. Eine Biographie, btb, München 2007.

Hammarström, Tommy/Wästberg, Per/Hagman, Tore, True North. The Grand Landscapes of Sweden, Bokförlaget Max Ström, Stockholm 2001.

Høeg, Peter, Fräulein Smillas Gespür für Schnee, Hanser, München/Wien 1994.

Jacobi, Jutta, Zarah Leander. Das Leben einer Diva, Hoffmann und Campe, Hamburg 2006.

Kastura, Thomas, Flucht ins Eis. Warum wir ans kalte Ende der Welt wollen, Aufbau-Verlag, Berlin 2000.

Kirsch, Sarah, Islandhoch, Steidl Verlag, Göttingen, 2002.

Laxness, Halldór, Die Islandglocke, Steidl, Göttingen 1993.

Lindström, Inga, Das Haus auf den Schären, Marion von Schröder, Berlin 2007.

Müller, Wolfgang, Neues von der Elfenfront. Die Wahrheit über Island, Suhrkamp, Frankfurt a. M. 2007.

Nansen, Fridtjof, Auf Schneeschuhen durch Grönland, 1888–1889, Edition Erdmann, Lenningen 2003.

Niemi, Mikael, Populärmusik aus Vittula, btb, München 2002.

Schneider, Reto U., Kaum Gespür für Schnee. Am Rande der Welt, NZZ Folio Nr. 7, Zürich 2004.

Steuer, Helmut/Neuwirth, Herbert, Anders reisen, Schweden. Ein Reisebuch in den Alltag, Rowohlt, Reinbek bei Hamburg 1995.

Strindberg, August, Die Leute auf Hemsö, Winkler Weltliteratur, München 1984.

Strindberg, August, Welt der Schären, Diogenes, Zürich 1991.

Umbreit, Andreas, Spitzbergen mit Franz-Joseph-Land und Jan Mayen, Reisehandbuch, Stein, Welver 2007.

Svensson, Birgitta/Krohn, Dieter, Du kannst, År 9, Textboken, Bonniers Utbildning, Stockholm 1999.

Walsøe, Per, Goodbye Thule, The Compulsory Relocation in 1953, Tiderne Skifter, Kopenhagen 2003.

Wikström, Jeppe, Harmony of the Stockholm Skerries, Bokförlaget Max Ström, Stockholm 1994.

btb

**Der Bestseller von
Mikael Niemi**

Populärmusik aus Vittula
Roman. 304 Seiten
ISBN 978-3-442-73172-5

Ein kleines Dorf im äußersten Norden Schwedens in den wilden sechziger Jahren: Matti und sein schweigsamer Freund Niila träumen von der großen weiten Welt. Als der Rock'n'Roll Einzug hält im kleinen Tal, ist ihre Zeit gekommen ...

»Das großartigste Buch des Jahres – und auch noch des letzten und des kommenden Jahres dazu.«
Brigitte

»Wer diesen hinreißenden Roman nicht kennt, der hat was verpasst!«
Focus

www.btb-verlag.de

btb

Halldór Gudmundsson

Halldór Laxness
Eine Biographie

864 Seiten
ISBN 978-3-442-75142-6

Die große Biographie über den isländischen Schriftsteller und Nobelpreisträger für Literatur Halldór Laxness (1902-1998). Eine spannende Geschichte über einen europäischen Autor in einem Jahrhundert der Extreme: Von Hollywood bis Moskau, vom katholischen Kloster bis zum kommunistischen China – Laxness' bewegtes Leben steht exemplarisch für die Vielfalt literarischer Strömungen im 20. Jahrhundert.

Ausgezeichnet mit dem Isländischen Literaturpreis.

»Spannend und kurzweilig wie ein Roman.«
Süddeutsche Zeitung

www.btb-verlag.de